人口・家族・生命と
社会政策

日本の経験

杉田菜穂 著 *Sugita Naho*

法律文化社

目　次

序　章　課題と方法 …………………………………………… 1

第Ⅰ部　人口論と社会政策

第1章　少子化問題と社会政策 ▶ミュルダールと高田保馬 ……… 14
1　はじめに　14
2　ミュルダールの所説　15
3　高田の所説（Ⅰ）　22
4　高田の所説（Ⅱ）　28
5　むすびにかえて　32

第2章　人口問題と社会政策論 ▶米田庄太郎と海野幸徳 ……… 38
1　はじめに　38
2　米田庄太郎の人口論　39
3　海野幸徳の人口論（Ⅰ）　44
4　海野幸徳の人口論（Ⅱ）　49
5　むすびにかえて　54

第3章　〈社会学〉系社会政策論の展開 ▶戸田貞三の所説を中心に ………… 59
1　はじめに　59
2　戸田の人口論　62
3　戸田の社会政策論　70
4　むすびにかえて　79

第Ⅱ部 人口問題と児童政策

第4章 人口問題と児童対策 ▶ 1920年代の状況を中心に ……… 86

1 はじめに　86
2 優生学の導入と人口統制―1920年代を通じて　88
3 「社会学的ないし生物学的人口論」と社会問題　93
4 人口問題と社会政策―その日本的帰結　98
5 むすびにかえて　102

第5章 児童権論の展開と社会政策 ▶ 1933年児童虐待防止法を見据えて …… 108

1 はじめに　108
2 児童権論の展開　109
3 児童政策の展開と児童虐待の実態　112
4 「児童虐待防止法」の形成　117
5 法制定の成果　125
6 むすびにかえて　129

第6章 戦前における感化事業の到達点 ▶ 少年教護法をめぐって ……… 134

1 はじめに　134
2 少年教護法前史　135
3 感化から教護へ（Ⅰ）　139
4 感化から教護へ（Ⅱ）　144
5 「少年教護法」の形成　150
6 むすびにかえて　154

第Ⅲ部 人口問題と社会政策

第7章 社会事業学から厚生学の提唱へ ▶ 続・海野幸徳論 ……… 162

1 はじめに　162

2　優生学から社会事業学へ──戦前を通じて　163
　　　3　社会事業学から厚生学へ──戦後への展開　172
　　　4　むすびにかえて　181

第8章　人口政策論の水脈を求めて▶永井亨の人と思想 ……… 184
　　　1　はじめに　184
　　　2　人口政策をめぐる戦前　185
　　　3　「人口資質」の解釈をめぐって──永井亨と永井潜　192
　　　4　人口政策をめぐる戦後　199
　　　5　むすびにかえて　206

第9章　永井亨と新生活運動 …………………………………… 211
　　　1　はじめに　211
　　　2　永井亨の人口問題観　213
　　　3　戦後人口政策の展開と永井　216
　　　4　新生活運動の理念　220
　　　5　新生活運動の展開　226
　　　6　むすびにかえて　231

終　章　出生政策と家族政策▶史的回顧 ……………………… 234
　　　1　はじめに　234
　　　2　日本における家族政策概念の展開　235
　　　3　戦後日本における家族政策の系譜　249
　　　4　むすびにかえて　259

引用・参考文献　265
あとがき　277
初出一覧　279
関連年表　281
事項索引　285
人名索引　288

序　章
課題と方法

1　課題提起

　今日，先進諸国をはじめ多くの国が出生率の低下に直面し，その対策として出生促進的な政策を採用している。日本では，1990年の「1.57ショック」を契機に出生率の低下が重要な行政課題として浮上し，以来いわゆる少子化問題をめぐる論議が大きな高まりをみせたのは周知のとおりである。少子化対策は社会政策でいうところの家族政策に分類されるが，日本に関していえばそれ自体実に今日的な研究テーマなのである。
　それに対して，いくつかの西欧先進諸国は早くも戦前に出生率の低下が問題とされた経験を有しており，家族政策の起源もそこまでさかのぼることになる。出生減退防止策とも呼ぶべきそれは人口政策的な意義が強く，今日でいうところの「あくまで結婚や出産は個人や夫婦の自由な意思によるという理念に基づく」家族政策とは，その理念において隔たりが認められる。とはいえ，その概念自体は早くも戦前の西欧先進諸国において成立していたのである。
　ひるがえって同時期の日本，すなわち戦前日本の人口をめぐる状況はどうであったか。西欧の動きに対置しうる政策展開はみられなかったのか。これこそが，本書全体を貫く問題意識である。一般に，戦前期の日本といえば過剰人口の問題が前面に出されがちである。しかしながら，日本の出生率もその低下が始まったのは早くも戦間期のことである。歴史人口学が明らかにするところによれば，日本における人口の近代化，すなわち多産多死から少産少死への人口転換という過程は，明治期末の死亡率の漸減に始まり，1920年頃からの出生率の低下へと続く戦前期にその起点を有しているのである。
　もっとも，それはあくまで今日的にみた場合にいえることである。当時の日

本では食糧や失業との関わりで過剰人口が問題として認識されており，西欧先進諸国のように少子化が社会的な問題として把握されることは少なかった。したがって，その存在がみえにくいのも当然のことではあるが，当時の日本でも「先駆的な少子化論」ともいうべき議論が存在していたことに注目する必要がある[1]。『人口・家族・生命と社会政策―日本の経験―』と題する本書は，戦前期日本における少子化論の系譜をはじめとして，それと密接に関連するテーマを明らかにすることが主な課題である。

戦前期の議論を掘り起こすという本書の性格上，その意図するところを少しでも明白なものとするために，前もって2，3述べておきたい。

まず第1は，そもそも本書で取り上げようとしている「先駆的な少子化論」は，これまで必ずしも明確な形で史的に位置づけられてきていないということである。先にも触れたように，今日活発に議論される少子化は，専ら現代的な問題として論じられがちである[2]。しかしながら，実際には戦前にもそれをめぐる議論が，西欧先進諸国だけでなく日本でも展開されていた。少子化をめぐる先駆的な思想および議論を把握すること，それによって少子化問題を史的に捉え直すことは，決定的に重要というべきである。なぜなら，それは「人口問題と社会政策」というテーマに対して，以下のように新たな角度からの問題提起になりうるからである。

本書で取り上げる「先駆的な少子化論」の登場は，西欧先進諸国において家族政策をめぐる動きがみられた時期とほぼ重なる。その意味で，「人口問題と社会政策」というテーマは，その取り扱いに強弱はあったにせよ，日本も西欧先進諸国とほぼ同じだけの歴史を有してきたというべきである。もちろん，当初日本では〈量〉の問題としての出生率の低下は問題として認識されておらず，それが両者の政策形成に差をもたらしたことは否定しえない。しかしながら，当時，西欧・日本を問わず社会政策をめぐる議論との関わりで重要な意味をもったのは，むしろ人口の〈質〉の観点であった。ここで論じる「先駆的な少子化論」は，まさにその〈質〉をめぐる議論を重視している点にこそ特徴が認められ，そこに「人口問題と社会政策」というテーマの日本的起点として重要な意味を見出すことができるのである。その発掘作業は，結果として「人口政策」

と「社会政策」の接点そのものを史的に問い直すことにもなる。

　第2は，戦前日本における児童社会政策や〈社会学〉系社会政策論の史的展開により眼を向けるべきだということである。本書はその対象とする時期の中心に1920年代を据えているが，当時日本ではここで取り上げる児童および人口問題を含む生活過程に関わる幅広い問題に対処しようとする議論が活発に展開され，都市を中心に地域レベルでの社会政策が実現しつつあった。その意味で，1920年代は日本社会政策史上における1つの画期をなす。[3]　ともすれば労働問題がその重要なテーマをなしてきたとみなされがちであるこの時期に，生活問題，そのなかでも本書で取り上げる児童や人口といった領域も当時の重要なテーマであった。その事実を描き出すことで，日本社会政策史の全体像の把握に努めたい。

　ちなみに，本書で先駆的な少子化論者として取り上げる人物は〈社会学〉系の社会政策論として1つに括りうるものである。[4]　戦前日本における社会学をベースにする社会政策論は，社会学史上，あるいは人口論史上には位置づけられてはいても，社会政策史研究のなかでは十分に光が当てられてこなかったといってよい。[5]　伝統的な社会政策論を〈経済学〉系と呼ぶならば，戦前期の社会政策をめぐる〈社会学〉系と〈経済学〉系の交差は「生活政策」と「労働政策」，「社会事業」と「社会政策」といった社会政策の概念規定をめぐってその根底に横たわる問題に大変貴重な事実を提供する。〈社会学〉系社会政策論者としての先駆的な少子化論者は，単に児童や人口といった生活問題の領域について重要な主張を行っていただけでなく，〈経済学〉系と対置される存在として，当時の社会政策論に影響を与えた一大勢力とみなすべきなのである。

　この日本社会政策史の再考とも関わるが，第3の点は児童や人口といった生活政策をめぐって，戦前までさかのぼっての西欧との比較対照を行うべきだということである。近年，社会政策における国際比較が盛んに議論され，家族政策に関してもそれが著しく進められている。[6]　とはいえ，西欧先進諸国との比較でいえばその対象とされる時期は専らここ十数年であり，戦後に限られているといってよい。その背景には，戦前の西欧先進諸国と日本をみる際，家族政策が成立していた西欧先進諸国に対して，それ以前の状態であった日本という見

方が横たわっていると思われる。本書で明らかになるように，戦前の西欧先進諸国で体現した家族政策と称される政策の内実は，今日的な眼からみれば社会政策と人口政策が混ざり合ったものであり，具体的には児童政策，女性政策，優生政策を含むものであった。

　このような視点から家族政策の展開を追究すると，西欧と日本のより正確な比較対照が可能になる。戦前期の日本に関しては，これまで児童政策，女性政策，優生政策についてその展開があくまで個別に追いかけられてきたが，児童政策，女性政策，優生政策の3つを含むものとしての家族政策という視点を加えれば，社会政策の史的展開における国際比較の新たな視座を切り開くことにつながるであろう。往々にして「家族政策前史」として位置づけられる戦前期日本の政策展開をこうしたアプローチによって本書が描き出すことができれば，戦前期のこの領域における西欧と日本の比較対照，すなわちその共通点と相違点を見出すことにつながるはずである[7]。

　以上述べてきたように，本書はまず何より，これまで必ずしも正確な形で把握されてきたとはいえない戦前日本の少子化論を掘り起こすことを第1の目的としている。そのうえで，〈社会学〉系社会政策論の再構築，さらには西欧との国際比較における新たな視座を切り開くことをも見据えているのである。

2　構成と内容

　さて，本書の序章と終章，あとがきを除いた部分，すなわち本論は，それぞれ3つの章で構成される以下の第Ⅰ部から第Ⅲ部までで構成される。

　第Ⅰ部　人口論と社会政策
　　第1章　少子化問題と社会政策―ミュルダールと高田保馬
　　第2章　人口問題と社会政策論―米田庄太郎と海野幸徳
　　第3章　〈社会学〉系社会政策論の展開―戸田貞三の所説を中心に
　第Ⅱ部　人口問題と児童政策
　　第4章　人口問題と児童対策―1920年代の状況を中心に
　　第5章　児童権論の展開と社会政策―1933年児童虐待防止法を見据えて

第6章　戦前における感化事業の到達点——少年教護法をめぐって
　第Ⅲ部　人口問題と社会政策
　　第7章　社会事業学から厚生学の提唱へ——続・海野幸徳論
　　第8章　人口政策論の水脈を求めて——永井亨の人と思想
　　第9章　永井亨と新生活運動

　第Ⅰ部では，起源としての「家族政策」に眼を向けるとともに，日本における「先駆的な少子化論」と呼ぶべき論議を取り上げる。続く第Ⅱ部では，その「先駆的な少子化論」との関わりで戦前期における児童社会政策の形成を明らかにする。それに対して第Ⅲ部は，〈社会学〉系社会政策論者の政策論に焦点を当てた。戦前までさかのぼる「先駆的な少子化論」は戦後へと連なる人口政策論の系譜として把握することができ，それが戦前期の社会政策論の一勢力をなしていた。

　さて，それぞれの章について，その問題意識を開示しておこう。
　第1章では，ミュルダール夫妻（スウェーデン）と高田保馬（日本）にスポットを当て，両者の少子化論を中心に取り上げるとともにその交錯点を整理する。すでに述べたように，家族政策の起源は戦前の西欧先進諸国にある。ミュルダール夫妻がその提唱者とされ，1930年代のスウェーデンにおける政策形成にも重要な役割を果たした人物である。他方で，同時代の日本に眼を移すと少子化を見通し，人口問題の重要性を喚起する思想があった。その1つがここで取り上げる高田の所説である。その存在は，これまで必ずしも十分な形で光が当てられてきたとはいえない日本における少子化論の系譜を呼び起こしてくれる。そこで，本章ではこれら2人の思想をその社会背景も含めて対比した。それにより明らかになることだが，高田の少子化論はその扱われ方において，ミュルダール夫妻とは対照的に不運といわざるをえない運命をたどることになる。そのことは，人口問題，さらには人口思想がすぐれて歴史的状況に制約されることを再確認することにもつながるはずである。

　第2章は，日本における少子化論の系譜をさらに追い求めたものであり，その起点は第1章で取り上げる高田の思想からさらにさかのぼることになる。本章では，より早い段階から出生率の低下に言及していた米田庄太郎と海野幸徳

の思想を軸に,日本における「先駆的な少子化論」を一層立ち入って論じている。先駆的な少子化論者の政策的な主張の特徴としては,何よりも優生学(ユーゼニックス)への傾倒を指摘することができる。先にも述べたように,当時の日本社会はどちらかといえば過剰人口が「問題」として認識され,その対策が議論の中心であった。その意味では,当時出生率の低下が問題とされていた西欧先進諸国とは真逆の状況というべきであるが,当時この先駆的な少子化論者は人口の〈量〉の議論とともに優生学を根拠に〈質〉の議論をも展開していた。この事実は,これらの論者が戦前の西欧社会における家族政策から影響を受けたことを想起させる。なぜなら,当時の出生率の低下を背景とした家族政策には,時代思潮としての優生学が一定の影響を与えていたからである。ここに,戦前の日本と西欧社会を結びつける接点を見出すことができる。

　第3章で取り上げるのが,戸田貞三である。「家族社会学の創始者」という評価が物語るように,戸田は戦前,戦後を通じて家族論者としての活躍を続けるが,戦前の戸田は人口問題に関する発言も行っていた。本章では,これまでほとんど注目されてこなかった「人口論者」としての戸田に光を当てるとともに,それとの関わりで展開される社会政策論も取り上げる。人口問題をめぐって戸田は,第2章で取り上げる米田や海野と共通する人口の〈質〉をめぐる観点を提示する一方,社会政策をめぐっては,社会事業とは区別されるものとしてその定義を試みている。あまり知られていないが,戸田は「社会政策と連帯責任」(1926年)や『社会政策』(1931年)といった社会政策を主題に論じたものを遺していたのである。第2章で取り上げた高田保馬とともに,戸田は日本社会学の「第二世代」と呼ばれる位置におり,戦前と戦後をまたがって活躍する社会学者としての評価をはじめ両者の対照も実に興味深い。

　以上,第1章から第3章が第Ⅰ部のテーマ「人口論と社会政策」を構成する。続く第Ⅱ部では,「先駆的な少子化論」と関わって1933年に成立する児童社会政策(児童虐待防止法と少年教護法)の形成過程が明らかになる。

　第4章では,第Ⅰ部で明らかにした米田や海野,高田等の「先駆的な少子化論」を「社会学的ないし生物学的人口論」として把握し,彼らを中心に組織された「日本社会学院」(1913年設立)の活動から,その社会問題観を明らかにす

る[8)]。それは，優生学を仲立ちとして人口の〈質〉の問題と社会問題を結びつけ，優境という概念を持ち出すなどの特徴的な議論を展開するものであった。日本社会学院は当時の学問組織の1つであるが，少なくとも社会政策史を論じるうえでこれまでその活動が重視されてきたとはいえない。しかしながら，先駆的な少子化論に眼を向ければその存在は大きな意味をもつことになった。さらに本章の後半では，その社会問題観が当時の社会政策形成にどのような影響を与えたのかについて考察している。1927年，内閣に人口食糧問題調査会が設置されるが，日本ではこれが人口を主題とする最初の政府機関であった。その設置と重なる形で，児童や女性の保護問題が，とりわけ児童の保護が人口の〈質〉という観点から論じられることになるが，そこには先駆的な少子化論者が共有していた社会問題観の影響を見出すことができる。

　第5章・第6章では，日本の児童社会政策の起点として児童虐待防止法（1933年）と少年教護法（同年）に注目する。

　まず，第5章で取り上げるのが児童虐待防止法である。本法の成立は，「（親とは切り離した）子どもの権利」の観念を具現化したという意味で，戦後へとつながる児童社会政策の重要な起点をなす。また，その成立に先立つ1920年代は日本における「児童と社会政策」の萌芽期として重要な意味をもつ。児童社会政策の成立には児童権論の展開が必要不可欠であるが，1920年代には社会的な存在としての児童に眼が向けられ，先駆的な児童権論が展開されていく。さらにはそれを根拠に，一部の都市で先駆的な児童保護施策が実現している。そのことを考えれば，まさに1920年代の重要な動きに押される形で児童虐待防止法が実現したといえる。しかし，1933年の児童虐待防止法は，戦後児童福祉法が成立するとともにそこに吸収される形で姿を消していく。そのことも影響してか今日その存在は忘れ去られつつあるといってよいが，児童社会政策の史的展開における日本の独自性ということを意識したとき，同法のもつ意味はきわめて大きいといわざるをえない。

　続く第6章で取り上げるのが，少年教護法である。本法が成立するのは児童虐待防止法と同じ1933年のことである。それが感化法という前史を有している

（感化法が改正される形で成立した）という点からすれば，新たに形成された児童虐待防止法とは性格を異にするが，感化法から少年教護法への展開と児童虐待防止法の形成は，ともに1920年代を通じて大きな動きをみせることになった。それを促したというべき人口問題をめぐる当時の社会的・政治的背景との関わりを考えると，両法の関連性に眼を向けないわけにはいかないのである。にもかかわらず，少年教護法およびその前史としての感化法をめぐる研究はこれまで刑事政策（刑法・少年法）史との関わりや少年教護事業と感化事業の違いといった分析視角に限られてきた。本章は，少年教護法の成立，いいかえれば感化法から少年教護法への展開を，児童虐待防止法との関わりも含めて社会政策の史的展開という観点から把握しようとするものである。

　第Ⅰ部・第Ⅱ部は，戦前日本における人口論や児童政策等のテーマを追いかけている。それに続く第Ⅲ部では，第2章で取り上げた海野幸徳のほか，新たに永井亨の所説を取り上げて，本テーマの日本社会政策史への位置づけを試みる。

　そのような意図から，第7章では「再び」海野を取り上げる。第2章ではその人口論に焦点を当てて論じたが，海野はその人口論を足がかりに社会事業学の構築を志していく。海野の後半生ともいうべき社会事業の理論化に向けて取り組む時期を追いかけるのが，本章である。それは1920年代終わりに着手され，30年代を経て戦後「厚生学」として提唱されるが，そのプロセスは十分な形で解明されてきていない。さらに，この時期の海野と対置されるべきは大河内一男の社会政策の理論化に向けた取り組みである。周知のように大河内は，1930年代を通じて日本社会政策論に大きな影響力をもっていく。その大河内社会政策論とは「社会政策は資本主義社会において労働力を保全，培養するために必要な政策（社会政策＝労働政策）である」とするものであり，両者の交錯は社会政策と社会事業の関連性を再考するにあたって実に示唆的となる。

　第8章では，永井亨の思想を軸に人口政策をめぐる戦前と戦後のつながりを論じる。人口政策の戦前から戦後への展開といったとき，まず思い浮かぶのがその間に横たわる「戦時人口政策」であろう。「産めよ殖えよ」に象徴されるそれは，史的事実として決して無視できるものではない。しかしながら，それ

を強調することで，大正・昭和初期人口論争に起点をもつ人口政策立案に向けた動きがあったことを見逃してしまうことになりかねない。ここでいう人口政策は，同時期の西欧先進諸国の動向と対置しうる「社会政策的人口政策」である。永井は，その社会政策的人口政策立案に向けた動きを，人口を主題とする日本で最初の政府機関である人口食糧問題調査会（1927〜1930年）の設置から戦後にかけて一貫してリードしてきた。にもかかわらず，彼の存在はその経歴の一部である協調会（労資協調を目的として労働紛争の防止や調停，社会問題の調査などを事業とする財団法人，1919年設立）との関わりで論じられるにとどまっており，人口政策の立役者としては正面から論じられてこなかったのである。

続く第9章では，1950年代に企業体レベルで展開される「新生活運動」を取り上げる。本運動は永井亨がその思想的基盤を提供したという意味で，第8章の内容と大いに関わりをもつ。周知のように，終戦後の日本は深刻な過剰人口問題に直面する。1950年代を通じて日本の出生率が急激な低下を経験するのはよく知られているが，それを裏づけるものとして語られるのが優生保護法とここで取り上げる新生活運動である。新生活運動は，その目標として人口問題の解決（＝人口の「量的調整」）と社会道徳の樹立（＝人口の「質的向上」）の2つを掲げ，そこに実践としての「家族計画」と「生活設計」を結びつけるものであった。この新生活運動の時代をもって，量的な課題としての過剰人口問題が姿を消すことになり，本書を通じて取り上げてきた「人口問題と社会政策」の戦前からの系譜が大きな転機を迎えることになる。

終章では，「家族政策」という概念が日本でどのように展開してきたのかを追いかける。冒頭でも触れたように，「家族政策」という概念が広く普及するのは「少子化問題」として出生率の低下が重要な行政課題として浮上した1990年代以降のことである。もちろん，それ以前にも家族政策という言葉が用いられているケースはあるが，統一的な定義のないままそれぞれの文脈で用いられてきたというのが実態である。そこで，本章では第1章で論じるスウェーデンとの関わりに焦点を絞って，日本で「家族政策」をめぐる言説がどのような形で取り上げられてきたのかを史的に描き出していく。それによって，家族政策という概念がいかに多義的に用いられてきたかということが浮かび上がるが，

本書で論じる先駆的少子化論としての〈社会学〉系社会政策論や児童社会政策の形成は「家族政策の日本的展開」というテーマそのものといってよい。

さて，以上が本書の構成とその概要である。各章はもともと個別に書かれた論文であるため，それぞれ独立性を残している。とはいえ，先に提起した筆者の問題意識がこれらすべてに貫かれており，それは，まさに日本における少子化論の系譜等を明らかにし，その史的意義を社会政策論の視点から新たに再編成しようとするものである。

  ＊ 本書での引用・論述に際しては，今日の人権の視点からみて不適切な用語・表現であっても，当時の思想・社会をありのままに描き出すためそのままの形で用いている。また，旧字体が含まれる引用に際しては，一部修正を施している。

1) 本書を通じて「先駆的な少子化論」と呼ぶものは，戦前日本における少子化を見通した議論である。ここでいう「先駆的」とはなんら価値判断を含まず，したがって「先行する」と同義である。
2) 例えば，社会政策学会第109回大会（2004年10月）の共通論題は「少子化・家族・社会政策」であったが，そこでは主として1970年代半ば以降の少子化に焦点をあわせた議論が展開された（その内容は，社会政策学会編『少子化・家族・社会政策』社会政策学会誌14号，法律文化社，2005年）。
3) 近代日本の社会政策を生活政策の視点から分析したものとして，玉井金五『防貧の創造――近代社会政策論研究――』啓文社，1992年，がある。本書と杉原薫・玉井金五編『増補版　大正・大阪・スラム』新評論，1996年，から多くの示唆を得ることができた。
4) 〈社会学〉系社会政策論については，玉井金五・杉田菜穂「日本における〈経済学〉系社会政策論と〈社会学〉系社会政策論――戦前の軌跡――」大阪市立大学経済学会『經濟學雜誌』第109巻第3号，2008年，で論じている。そこでは戦前に焦点を当てたが，今日的な動向を中心に「社会政策と社会学」というテーマを論じたものに，武川正吾『社会政策の社会学――ネオリベラリズムの彼方へ――』ミネルヴァ書房，2009年，がある。
5) 「先駆的な少子化論」を社会学史に位置づけたものとしては，川合隆男『近代日本社会学の展開――学問運動としての社会学の制度化――』恒星社，2003年，秋元律郎『近代日本と社会学：戦前・戦後の思考と経験』学文社，2004年，等がある。人口論史に位置づけたものとしては，市原亮平「日本社会政策学派の人口論とその分化――続日本人口論史2――」『関西大学経済論集』第7巻第2号，1957年，等がある。
6) 周知のように，近年の福祉国家の国際比較が活発に議論されるきっかけを提供したのはエスピン・アンデルセンである［エスピン・アンデルセン 1990］。それに関わる業績として，埋橋孝文『現代福祉国家の国際比較：日本モデルの位置づけと展望』日本評論社，1997年，等がある。

7) この点については,「社会国家」という概念を参照すべきである。それは一般に福祉国家と呼ばれる国家体制をさしてドイツで用いられる表現であるが,川越はその形成と「優生学」の対応関係を指摘する［川越 2004ほか］。「優生学」は本書を通じてもキー概念となるが,戦前期における家族政策の展開は,市野川が指摘する「優生学と福祉国家の親和性」を考える1つの材料となるだろう［市野川 2000］。
8) 「社会学的ないし生物学的人口論」は,日本におけるマルサス研究の展開を論じるなかで市原亮平が用いた呼称である［市原 1957c］。

第Ⅰ部

人口論と社会政策

第1章
少子化問題と社会政策 ▶ミュルダールと高田保馬

1 はじめに

　日本の少子化問題が，公に論じられるようになったのは1990年代以降のことであり，その意味でごく今日的に現れた問題である。とはいえ，少子化をめぐる政策論議はここ数年で一気に高まりをみせ，少子化問題は社会問題の1つとして定着しつつある。さらに，これまで長きにわたって増加局面にあった総人口が減少に転じ，人口減少社会が現実のものとなることで，人口現象を社会現象の1つの構成要素として扱うことは今まで以上に欠かせなくなっている。少子化に関する研究としては，これまでその是非を問うものから出生率低下の要因を探るもの，保育や雇用といった少子化と関わる政策の分析など，さまざまな視角から研究がなされてきたが，その多くは今日的なところに焦点が絞られている。それに対して，本章では少子化に関する古典的な思想を通じて「少子化問題と社会政策」というテーマを史的に捉え直すことを試みたい。

　今日的な課題と認識されがちな少子化問題およびそれをめぐる議論にも，一定の歴史がある。西欧先進諸国に眼を向ければ，19世紀終わりから20世紀初めにかけて出生率の低下が問題として認識されている。また，日本でも早くから出生率の低下を論じた学者がいた。そのことに着目して，具体的にここではさかのぼること両大戦間期にスポットを当てたい。それは，世界的にみればスウェーデンにおいて注目すべき家族政策の理念が登場した時期であり，日本でいえば本格的な人口政策の黎明期にあたる。以下では，両大戦間期のスウェーデンと日本，それぞれにおける人口思想（スウェーデンのミュルダール夫妻（Gunnar and Alva Myrdal〔1898～1987, 1902～1986〕）と日本の高田保馬〔1983～1972〕）を取り上げる。その意味では，少子化に関する社会政策思想の研究であるが，さら

にここではほぼ同時代に出されたこれら2つの思想を、その社会背景も含めて対比させた。その際、両大戦間期という時代は、人口問題、人口思想がすぐれて歴史的な性格を有していることを描き出すのに重要な意味をもった。

行論の都合上、ここで「家族政策」と「人口政策」という概念の関係について触れておこう。今日多くの先進諸国が人口減少防止のためにとっている出生促進的なインセンティブをもった社会政策は、一般に家族政策と称されている。家族政策とは、結婚・出産は個人や夫婦の自由な意志によって決定されるべき問題であるという基本原則に立ちながら、それらに対して社会的支援を行う政策であると定義されるのだが、それが人口に対してなんらかの間接的な影響を与えうる限り、家族政策は広義の人口政策に含まれるといえなくもない。日本の家族政策史でいえば、1990年代初めを「1.57ショック」「少子化」「少子社会」という人口イデオロギーの現れと、それに裏づけられた少子化対策の出現によって人口問題としての出生率の低下が定位することになった時期と位置づけることができる[1]。1990年代以降展開されている少子化対策は、その背景に（それまで少なくとも明確にされていなかった）出生率低下に対する危機感が存在しており、出生促進策的な政策意図がうかがえるからである。もちろん、用語上の問題として、1990年代以降の家族政策を人口政策と呼ぶべきであると主張するのではないが、それが歴史的に「家族政策」と「人口政策」の接点に眼を向けるべきという問題提起になりうるということである[2]。以下では、社会政策と人口政策の接点にも眼を向けつつ議論を進めたい。

2　ミュルダールの所説

（1）時代背景——福祉国家胎動期

西欧先進諸国は、19世紀半ばから20世紀初めにかけて順次出生率が人口置換水準を下回る状況を経験している。スウェーデンは19世紀に30前後で安定して推移していた普通出生率（人口1000人あたりの出生率）が20世紀に入って急速に低下しており、周辺国と比較してスウェーデンの出生率低下は短期間で急激に進行したとされる［Carlson 1990：1-7］。

Karl Gunnar Myrdal (1898〜1987)

出所: http://www.nobelpreis.org/japanese/wirtschaft/myrdal.html

Alva Reimer Myrdal (1902〜1986)

出所: http://www.nobelpreis.org/japanese/frieden/myrdal.html

この人口状況を受けて，1920年代から30年代にかけて専門家の間で人口論争が過熱している。この論争は，主に1910年に制定されていた産児調節を禁止する法律をめぐって，人口増加を歓迎し，産児制限の普及を抑制すべきとする主張と，産児制限による家族の制限を容認し，人口の減少は経済的に望ましいとする主張に分かれていった。ミュルダールは，そこからは距離をおいて当時の人口論争を以下のように批判するところから始めた。ミュルダールによると，ひとつのグループは，スウェーデンや多くのヨーロッパ諸国が19世紀以降，とりわけ戦争や不況から経験した人口減少の危険を警告する。その多くは保守主義者，聖職者で，疑いなく出生率の低下に貢献する避妊具の使用を妨げる法律の必要性を唱えた。また，女性に自由を与えることは，家族の崩壊につながるとも主張した。他方，もうひとつのグループの多くは社会民主主義者で，産児調節を尊重し，生殖行動におけるさらなる自由を主張するものだが，これらの主張は全体として人口減少のリスクが考慮されていない，と [Bok 1991：116-117]。

この主張は，1934年に刊行された『人口問題の危機』(Kris i befolkningsfrågan) で詳細に展開されるが，それは出生率低下の問題を「スウェーデン民族（消滅）の危機」と表現することで，単に専門家を刺激するにとどまらなかった。この文献は400頁にわたる学術書にもかかわらず広範な社会層に読まれ，その結果人口問題に関心が集まり，人口問題がメディアを通じて激しく論じられるに至っている。ミュルダールは，この問題の帰するところは人口減少か社会改革かであるとして，差し迫った社会改革の必要

性を訴えた。何より児童家庭の経済状況の改善が出生率の上昇をもたらすとして，社会改革で目指されるべきは次代を担う子どもたちのために社会全体で負担を担う結びつきの強い新しい社会の実現であるという。改革の基礎は，女性や子どもの権利を十分に考慮し，家族の形成を促すものとして，それを具体化する家族政策理念と，それに基づいた予防的社会政策（子どもと家族を重視した社会政策）を提起した。

　ミュルダールの主張は，結果的に1932年に政権を獲得した社会民主党のハンソン政権下で広く受け入れられ，その後の福祉政策形成に大きな影響を与えることとなった。ここでは，ハンソン政権下で形成された福祉政策の内容を検討することを直接の目的としないので，それに立ち入ることは避ける。しかし，当時なされた改革の大部分はミュルダールの『人口問題の危機』に拠る，あるいはそこからヒントを得ており，後にスウェーデン福祉国家を特徴づけることになる。1935年の「人口委員会」設立はその象徴ともいうべき出来事であり，それは出生率の低下および来るべき人口減少の問題を深刻に受けとめ，その対策を立案するための組織であった。ミュルダールはその委員を務め，とりわけ1935年から1938年にかけては議会に政策を勧告する事務局長として精力的にその仕事に打ち込んだ。この委員会は，1935年5月の設立以降人口問題に関わる包括的な調査を実施し，報告書としてまとめている。その基調は人口問題解決（人口増殖）のための児童家庭福祉施策の必要性を認めるもので，それに沿って児童家庭を支援する施策が形成されていった。とりわけ，1937年の議会は「母と子との議会」と呼ばれるほど多くの児童家庭を支援する施策が提起あるいは採用された議会であると評されている［Myrdal, A. 1939 ; Myrdal, G. 1940］。1938年には人口委員会がいったん解散し，1941年に（第2次）人口委員会が再組織される。その間にミュルダールはアメリカに渡ったため，人口委員会の仕事に打ち込んだのは1938年に至るまでのことであった（人口委員会の詳細は，図表1-1・1-2）。しかしながら，その原点にはミュルダールの主張が存在したのである。

図表 1 - 1　スウェーデン人口委員会の動き

1934年　ミュルダール『人口問題の危機』の初版刊行
1935年　人口委員会設立（5月） 　　　　　人口問題に関する調査・報告を行う組織であり，ミュルダールのほか，政治家，医者，優生学者，統計学者，ジャーナリストで構成された。1935年，1936年，1937年には，それぞれ必要な13の分科委員会（※1）が設立され，ミュルダールは1937年（2月）以降，メンバーに加わっている。 　　　　　1938年の解散までに，17の報告書（※2）を提出。それらは，事実上家族に影響を与える社会法の総領域をカバーしていたとされる。また，この委員会から提出された提議の大部分が内閣により採用され議会によって立法化されていく。 　　　　　※1　住宅に関する委員会，女性労働に関する委員会，児童の年金に関する委員会，田園地域の住宅に関する委員会，失業保険に関する委員会，失業に関する委員会，老齢年金等に関する委員会，健康保険に関する委員会，歯のケアに関する委員会，医療に関する委員会，教員訓練組織に関する委員会，小規模農場改革に関する委員会，レクリエーションに関する委員会 　　　　　※2　1935年　女性従業員の出産休業に関わる法律に関する報告書 　　　　　　　　1936年　妊婦のケア，産科学組織および母親と子どもに対する予防的ケアに関する報告書・家族に関わる税制に関する報告書・政府の住宅建設に対する貸付に関する報告書・妊婦扶助に関する報告書・不妊に関する報告書・避妊具抑制法に関する報告書・性的問題に関する報告書 　　　　　　　　1937年　人工妊娠中絶に関する報告書 　　　　　　　　1938年　栄養物摂取の問題に関する報告書・子どもの衣料に対する政府扶助に関する報告書・結婚および出産と女性の所得に関する立法の現状に関する報告書・田園地域の人口減少に関する報告書・人口に対する社会倫理に関する報告書・保育園，幼稚園および学童のためのサマーキャンプに関する報告書・特定の人口統計調査に関する報告書・人口委員会の最終報告書
1938年　人口委員会解散（12月）
※　ミュルダールは，1935年から1938年にかけて，人口委員会の仕事に精力的に携わった。厳密には，1937年8月にカーネギー財団から黒人問題の研究に加わらないかという話がもちかけられ，当初は断ったものの，1938年初めには考えが変わり，1938年の人口委員会ミーティングにアメリカ出張を理由に欠席するなど，次第にその関心を移していったとされる。その背景には議会が戦争に備え軍事費支出を拡大し，コストがかかる人口委員会の提案を実施に移さなかったことがある。結局，普遍的な児童（家庭）福祉政策の充実は戦後以降のことになるが，ミュルダールの思想，あるいはそれに基づく1935～1938年の「人口委員会」から出された報告が，スウェーデンの戦後早い段階における児童家庭指向の社会法制定に寄与したとされる（人口委員会の成果については図表1-2参照）。 　　　　　↓
1941年　（第2次）人口委員会設立

［Carlson 1990；Myrdal, A. ほか 1939］ほかをもとに筆者作成。

図表 1-2　スウェーデン人口委員会（1938年まで）の成果

人口委員会から提案された政策の根底を貫く原則は以下の3点に要約される。
(1) 個人の自由と社会的関心が両立しうるようにされねばならない。産児調節の知識が周知されることにより，国家として両親によって望まれてできた子どものみを欲する。
(2) 人口政策の量的目標と質的目標の融合が確立されねばならない。長きにわたる定常人口という量的な目標は，子どもの健康と福祉の改善と同時に起こる手段によってのみ追究されるべきであり，それにより次世代の質が高まる。量的影響と質的影響が相容れない場合は，質的影響が優先されるべきである。
(3) 宣伝教育と経済的な改革は対等（同時並行）でなければならない。家族の価値に対する積極的姿勢と家族関係を統御する力は公的な学校制度および任意の成人教育を利用した教育的宣伝を通じてなし遂げられなければならない。他方で，社会改革は児童家庭を後援する所得再分配を含めて遂げられねばならない。経済的改革を伴わない宣伝が集団に向けられるのは，無駄であり社会的に誤っている。また，経済的改革は民主主義社会において教育を通じて価値や態度になんらかの変化がなければ政治的に可能にはならない。なぜなら，有権者の中で子どものいない市民が大多数を占めているからである。

これらの原則に基づき，人口委員会から以下の議案が出された。
・スクール・トレーニング：性教育を含む家庭生活に関わる教育の実施
・産児制限や家族内の問題に関する個別相談の実施
・避妊具の使用許可，および普及
・人道的，生物学的，社会的見地からの人工妊娠中絶の許可
・精神障害者・精神薄弱者に対する強制不妊手術（断種）の実施
・子どもを扶養するコストの等配分（所得再分配）
・無料出産制度※
・妊婦および乳幼児のための健康センターの設置※
・妊婦を対象にしたマタニティー・ボーナスの支給※
・母親への資金援助※
・児童年金創設※
・周囲の扶養が期待できない子どもへの前渡し手当制度の創設※
・貧困家庭の子どものための手当
・児童家庭のための住宅制度
・結婚（新世帯準備）貸し付け※
・学校給食の無料化等，食育に関わる制度の創設※
・子どもの健康管理と医療コストの社会化
・教育にかかる費用の社会化※
・結婚女性の雇用対策
・就学前教育制度とそのための施設創設
・都市および田園地域の環境改善
　　（※は1937年の議会で提起あるいは採用されたものであり，これが「母と子との議会」と呼ばれる所以である。）
1930年代までにもたらされた一連の改革は，現物給付が特徴であった。改革は1941年設置の第2次人口委員会へと引き継がれ，政策・制度の創設，拡充がなされた。

［Carlson 1990；Myrdal, A. ほか 1939］ほかをもとに筆者作成。

（2）ミュルダールの思想

　ミュルダールは，人口問題を社会がどういう方向へいくべきかという目標とそのために計画される政治的な行動に関わるものとして扱った。出生率の低下によって生じる人口問題は「人口を再生産できない状況を絶つためにいかにして人を得るか」という政治的内容を含みもっているため，人口問題は強く政治的理想や政治的関心に支配されることになる。また，人口問題は個人の倫理的あるいは宗教的な価値観とかなり密な関係を有している一方，「社会の生産物の支配権あるいは分配を異なる社会階級や家族，個々の市民にいかに帰属させるか」という重大な政治問題をもっている。そのため専門家の間でも意見の差の開きが大きく，またその論議は世論を構成する市民のそれぞれ様々な境遇から複雑に浮かび上がる感情の不一致と階層間の利害関係等によって社会的な感情を激しくかき立てることになる［Myrdal, G. 1940：3-31］。

　このように，人口問題の性格を指摘したうえで，民主主義社会における人口問題は市民生活の社会経済的基礎を変化させるほどの力を有しており，人口という要因が民主主義社会の長期的な運命にとって決定的な要素となるという。ミュルダールによれば，この重大かつ困難な問題に対する政策として，民主主義的な人口政策に到達する主要な手段を包含するものとして存在するのが「社会政策」である。「社会政策は，私にとって人口集団の物心両面の福祉を向上させるためにとられる政治的手段の複合体を意味する。民主主義社会における出生率の低下という人口問題は，その解決の方向がその国の将来の社会的・経済的運命を決定づけるに非常に重要な意味をもち，その解決手段を包含しているのが社会政策である」［Myrdal, G. 1940：38-39］と述べ，民主主義社会における人口問題の解決手段として社会政策を位置づけた［Myrdal, G. 1940：32-41］。

　民主主義諸国は追ってスウェーデンが経験したような問題に直面するとして，ミュルダールは1930年代におけるスウェーデンの社会改革を先例として強調した。再生産率を下回る人口状態による社会経済的な影響は，その初期の変化の後20年から40年の間隔をあけて社会的に認識される。それは人口状態からして国と一文化の存続が危険にさらされているということが明白に示された段

階であり，人口問題が社会的に認知されれば世論——人口問題における積極的態度——が生まれる。人口問題における積極的態度とは個人と国民とを一種の心理的同一物とみることであり，そこでは国民が永遠に存続していく集団的な一単位として考えられ，市民は彼ら自身の死を恐れると同時に民族の消滅も恐れているのだという。スウェーデンでは1930年代に至って人口問題における積極的態度が形成され，それが個人の自由および民主主義の他の規範を犯すことなく人口政策を遂行せねばならないという問題を解決し，社会の社会的，経済的改革の加速を要求する急進主義をさらに強化したという［Myrdal, G. 1940: 42-123］。一定の人口減退が認知され，世論がその減退趨勢を好まないという状況に達したとき，人口目標として純再生産率を100％に引き上げることが政治問題になる。その解決手段としての民主主義的人口政策をミュルダールは予防的社会政策と呼んだが，「人口政策は概して社会政策以外の何ものでもない」［Myrdal, A. 1945: 2］と述べ，人口政策と社会政策をまったく区別しない（人口政策が社会政策に含まれる，あるいは人口政策と社会政策を連結する）態度を表明するに至っている。

　最後に，スウェーデンにおける福祉政策展開過程について，当時の西欧社会の時代思潮であった優生学との絡みからみる視点に触れておきたい。両大戦間期の西欧社会は，イタリア，ドイツ，フランスを中心に「人口増加戦」を繰り広げていた。優生政策といえば1930年代のナチスドイツのそれがよく知られるが，北欧諸国でも福祉政策展開過程において優生政策がとられたことが明らかになった。それは，1997年にサレンバが書いたスウェーデンの日刊紙の記事「福祉国家スウェーデンにおける人種純化政策」[4]によるが，1930年代に展開されたスウェーデン福祉国家政策は，児童家庭政策という形で再生産過程の支援であるとともに，再生産過程に国が介入することで，優生学的な意味での質的な人口政策の側面ももちあわせていた点に言及している。もっとも，ミュルダールは例えば以下のように述べて人口政策の生物学的な側面を強調する点を批判していた。「衛生学者や優生学者は，人口問題の生物学的な側面に拘束されている。この側面は極めて大事ではあるが，社会は一個の有機体ではない」［Myrdal, G. 1940: 27］。あるいは共産主義やナチズム（ドイツ国家社会主義）を批

判し，それらとスウェーデンにおける社会改革の違いを強調する態度を示していた。しかし，実態として当時スウェーデンで展開された人口（児童福祉あるいは家族）政策は，生物学的見地と福祉的見地が絡み合う形で体現していったことは否定できない。

　ここでは，優生政策の実態を取り上げ，それを批判するというものではもちろんない。しかし，事実として優生学的な見地からの人口政策が児童家庭政策展開と絡み合っていた，あるいは当時の家族政策の体現は，優生学的見地からの人口政策と重なる形であったと認識することは，それなりに意味をもつ。なぜなら，当時の西欧社会において優生学が時代思潮であったことや，スウェーデンは中立国としてそこから一定の距離を保っていたとはいえ，周辺国が「人口増加戦」を繰り広げていたという背景は児童家庭政策展開を促進する力になりえたことは間違いないし，今日まで引き継がれるミュルダールの家族政策理念と当時のスウェーデンにおけるその体現とを時代状況に即して考えねばならないことをも示唆してくれるからである。

　以上，ミュルダールの思想を取り上げて，必要な検討を加えてきた。ミュルダールは，民主主義社会における出生率の低下という人口問題の性格について深く考察し，それが含みもつ政治的内容ゆえの人口政策の難しさを指摘した。そして，その民主主義社会における人口問題に対する人口政策として導き出したのが，家族政策の理念であり，予防的社会政策である。ここで，ミュルダールの最大の功績は人口問題に対する市民の政治的態度と，家族を形成する者，児童養育者としての市民の個人的態度をいかに結びつけるかという問題の答えとして導き出した家族政策理念であり，それを人口政策と社会政策を結びつける形で体現したことにあることを強調しておきたい。

3　高田の所説（Ⅰ）

　高田の所説は，2つの時期に分けて取り上げる。それは以下で明らかになるが，両大戦間期を通じて高田の所説のもつ意味合いが変わるからである。高田の人口に関する所説は大正・昭和初期に集中して出されており，まず本

節においてはそれらを取り上げる。続く4節では，高田の所説が戦時下を通じて利益社会化の遅延，貧乏の道徳化という形でイデオロギー的側面を強め，軍部の動きを擁護するイデオロギーとして機能していった時期に焦点を当てる。

高田保馬（1883〜1972）

出所：[金子 2003d]

(1) 時代背景―人口政策黎明期

それまでも徳川時代に行われた人別改など，地域的な人口調査は行われているが，全国規模でそれが行われるのは，明治期以降のことである。1872年に戸籍が編製され，当時の日本の総人口は3311万人であると集計された。これは直接の人口調査によるものではなく，厳密さには欠けるものの，実質的意義における近代的な人口調査の始まりであった。その後，1898年の戸籍法の実施に伴い人口動態調査票による人口動態統計は1899年に開始され，1920年には「国勢調査ニ関スル法律」に基づく，全国規模の人口静態調査である国勢調査の第1回が実施された。[5]

この第1回国勢調査により日本の総人口は5596万人であると確定され，それを受けて当時多くの人口研究成果が発表された。そのほとんどは第1次世界大戦以後の不況による国民の生活苦にもかかわらず急速なペースで増え続ける人口を憂うもので，特に人口と食糧の問題に眼が向けられている。「日本の近代的人口問題を時代の大問題とする動機となったのは，いわゆる『米騒動』である。1918年，米穀の偏在，米価の大暴騰に起因して各地でこの騒動が勃発し，人口と食糧との不均衡がしばらく政治的な，また社会的な問題となった」[山口 1990：48]とされるように，この時期は1920年に第1回国勢調査によって確定された総人口と食糧問題が結びつく形で人口過剰の問題が日本社会に定位した時代である。

それを受け，政府レベルで人口政策確立に向けた動きが見られた。「人口過剰問題」に取り組むべく，1927年，人口を主題とする最初の政府機関である

「人口食糧問題調査会」が内閣に設置されたのである。この調査会は，人口部と食糧部からなっていて，本会設置当初の人口問題は食糧問題との絡みで捉えられていた。その後，1930年代に入ると時代状況に変化が現れる。世界恐慌の影響による失業問題の深刻化である。このように，1920年代から30年代を通じて人口問題の基調は食糧問題から失業問題へと移っていくが，そのうえに1917年頃から流行したスペイン風邪による死亡率の急上昇，1923年の関東大震災等が合わさる形で，人口と食糧の問題，人口と失業の問題をはじめとする人口問題のあらゆる側面が浮き彫りになっていった。

このように，両大戦間期の日本は，近代的人口統計の確立，さらには人口政策の黎明期であると位置づけられる。このような動きと併行して，この時期国勢調査によって確定された人口をめぐって人口論議が高まった。それらのほとんどが急速な人口増加を憂慮するもので，過剰人口を憂う世論が広く浸透していた。そのなかで異論を唱えた学者が，ほかでもない高田保馬である。

高田は1926年，「産めよ殖えよ」という論文を発表し，過剰人口はなんらの問題ではなく，真の人口問題は出生率の低下のほうであると主張した［高田1926］。「私から見れば，これ人口問題の対策いかんということは何らの問題でもない。（中略）真の問題は来るべき出生率の減少—人口増加の止むことをいかにして防止すべきかにある」［高田1927：91］。このように述べて，人口増加に応じてすべての文化的な活動，特に経済活動が盛んになれば，国内はな

図表1-3　日本の出生率
（1910〜1928年）

第1回国勢調査以前	
1910年	33.9
1911年	34.0
1912年	33.3
1913年	33.2
1914年	33.7
1915年	33.1
1916年	32.7
1917年	32.3
1918年	32.2
1919年	31.6
第1回国勢調査以後	
1920年	36.2
1921年	35.1
1922年	34.2
1923年	34.9
1924年	33.8
1925年	34.9
1926年	34.8
1927年	33.6
1928年	34.4

＊普通出生率…人口1000人あたりの1年間の出生数

［Takata 1931：43］をもとに筆者作成。

お多数の人口を養う余地がある，商工業立国の基礎が確立しないのは，生活費が不相応に高いためである，と主張した。これに対して，激しく反論したのが河上肇である。

河上は，高田の「産めよ殖えよ」を労賃を引き下げて労働時間を引き延ばせば，資本家的生産が栄えるとする資本家弁護論の一例として激しく批判した［河上 1926］。それを受けて，高田は河上の解釈が途方もない見当違いであると反論する。「私が今日の生活程度が不相応に高いというのは決して資本家の利潤を減殺するほどに高い，という意味ではない。国民の努力乏しというのは，それが経済的範囲に関する限り，国民の生産力を増やす努力乏しということである」［高田 1927：115］。

この高田の論文「産めよ殖えよ」から始まった河上－高田人口論争が大正・昭和初期人口論争の発端である［南 1980：121］。その後，多くの人口・経済学者を次々と巻き込む形で1934年まで続くこととなるが，この論争は「正しいのはマルクスの人口論かマルサスの人口論か」という学説論争に発展し，人口増加が貧困の原因であるとするマルサス人口論に立つ学者と，過剰人口は資本主義の経済体制が生み出す失業に起因する貧困層であるというマルクス主義に立つ学者に分かれる形となった[8]。そのため，「マルサスを否定する，マルクスを否定する」という立場をとっていた高田は，人口論争から外される形になってしまった。また，過剰人口を問題とする世論が広く浸透するなかで，「憂慮すべき真の人口問題は，人口の増加ではなく出生率の低下である」というほぼ逆の異論を唱えた高田は，当時その論のインパクトにより社会的反響を得はしたものの，政治的影響力をもちうるはずがなかった。

（2）高田の思想

高田は社会の基礎をなしている「人口（の量的・質的変化）」を社会変動の根本要因として捉え，それに基づいて社会の変動を説明しようと試みた。それが人口（＝社会学的）史観であり，高田の功績としてよく知られている（［高田 1925］。引用は［金子 2003b］。図表1-4参照）。人口史観が提起されたのは1925年のことだが，それまでにも高田は人口に関わる所説を多数発表している。以

下，行論の都合上それらのなかで「来るべき出生率の低下こそが真の人口問題である」と高田が主張する根拠となったものに限定して取り上げよう。

　高田によれば，当時の日本ではまだはっきりと現出していなかったものの，出生率の低下は死亡率の低下とともに文明諸国に共通する一般的現象である。そして，その性質について以下のように分析した。死亡率と出生率の減少は，相平行するものではなく，むしろ正反対に逆行する（「生死減少逆行の法則」）。死亡率の低下は死亡率の高いところに大きく，死亡率の低いところに小さい。ところが，出生率の低下は出生率の高いところに大きくあらず，必ずしも出生率の低いところに小さくない。そして，各国の死亡率はいずれ均斉に向かうと考えられるが，出生率はむしろその差が広がるであろうとした。その根拠として以下の2つを指摘する。1つが出生率と死亡率の最小極限の違いであり，もう1つが出生率は相対的福利（福利＝保健・衛生と，力の欲望＝誇示の欲望）に制約されるのに対して，死亡率は絶対的福利（福利のみ）に制約されるという違いである。ここで高田が出生率を制約するという力の欲望（誇示の欲望）は，社会的勢力（権力，富力，威力，才能）を他に誇示しよう，またはそれを認知させようとする欲望である。力の欲望は競争本能に由来する。それは，単に自身が現在の社会的・経済的地位を不満とし，より高い地位に立ちたいとする欲求

図表1-4　高田の人口史観

（基　礎）		（上部構造）
社会の量質的組立　⟶　社会的関係	⟶	政治的法律的制度
	⟶	経　済
	⟶	観　念

【説明】　基礎となる社会の「量質的組立」は，多くの人々が密集し，性質的に異質の者が社会的相互作用をしないで単に「共存」している状態をさす。異質性の具体的内容は，宗教的信念，政治上の意見，言語，風俗，権力，富等に加えて生理的，心理的異質。この「量質的組立」をもった人口が，「社会関係」を決定。「社会関係」の内容は，分業，階級，社会的集団の分立。そして，社会関係がその上部構造としての社会の固定的組織（特に政治的法律的制度，経済，観念）を規定する。

［高田 1925：321］をもとに筆者作成。

にとどまらず，その子女に将来，高い教育程度と安固な生活を保障しようとする願望にも及んで，出産の問題についても慎重ならしめる[9]。

競争本能は客観的に窮乏している下層，というよりはむしろ上・中流層に激しく発揮される。その結果，出生率について高水準を維持しているところと低水準にあるところの差は必ずしも均斉に向かわない（「出生率増差の法則」）。高田はこのことは，一社会のなかで都市より田舎が，富者より貧者の出生率が高い傾向があることに現れているとした。それは，都市の方が田舎よりも，貧者よりも富んだ者の方がより力の欲望が強いことによる。

以上のことは，人口統計資料が十分である同時期の西欧諸国の統計を用いて論じられるが，日本についても当時入手可能であった東京市，大阪市の統計書について考察を加え，「日本においては貧富と出生率との関係は西欧諸国におけるがごとく明ならず。然れどもただ特に富有なる区において出生率の小なる事実のみは明白に知り得られる」［高田 1918：114-115；高田 1940（金子 2003a）］と述べ，日本においてもすでに都市部の富裕層に出生率の低下傾向がみられることを指摘した。

さらに，西欧諸国との比較で日本の特徴についても言及している。高田によれば，当時西欧先進諸国ではっきりとみられた出生率の低下は，個人主義が極端に浸透したことにより，市民が社会の将来を思うことが乏しいことに起因する。高田が出生率を左右する指標としてあげるのは，都市化（田舎と都市の出生率の差に着目している），有配偶者数および婚期，死亡率の変動，経済的変化（ここでは米価との関係を例に述べている）と心理的要因としての過度な個人主義思想であるが，このなかでとりわけ心理的要因を重視していた。すなわち，西欧諸国の出生率低下の主要因は個人主義思想であり利益社会化した社会である。それに対して，日本は伝統的に共同社会的であり，人口増加とともにいずれは利益社会の方向へ進まざるをえないが，現時点でその共同社会性が利益社会化を防いで（遅らせて）いるのであると説明した［高田 1920：240］。

ここで，「出生」ということに大きな意味をもつ「家族」についての高田の見解を掘り下げておく。高田は家族の成り立ちについて，それは確かに愛情によって形成されるのだが，家族の成立が「子を育てる」ということによること

を強く意識した。そして「家族というものが将来において恐らくその団結を緩め，あるいはさらにそれが滅びてしまうかもしれない」[高田 1929：266] とその将来を展望した。そして，家族の成立について，以下のように説明する。母が子どもを育てなくてはならない。ところが，母が独力をもってしては，社会のある時代において，子どもを育てることはできない。したがって，家族をつくる必要から，婚姻が生まれてきた。こう考える高田は，「婚姻の結果としての子供を育てる家族」ではなく，その経済的団体としての側面を強調したのである。そして，家族の成立の根本として女性が自ら負けることによって男性に勝った，いいかえれば今日の家族の成立は，母が自分の独力をもって子どもを育てることができないがために，ある一定の男子に向かってその子どもをともに育てようと求めた結果であるとその本質を説いた。

さらに，今後ますます分業が進歩し，発達する結果として，すべての仕事がきわめて部分的になり，仕事が部分的になればなるほど，種々の人を利用する機会が多くなる。その結果として婦人が仕事を得やすくなり，男女の社会的収入の差は必ずしも将来このままいくとは限らない。そして，いずれ女性が個人としての地位を確立するに至れば，子どもを育てるところの費用を男に負担させる必要がなくなり，家族は将来において崩壊する，そうでなくてもその団結を弛めるのは1つの必然であると主張した。今日の状況からすれば，高田がこの時期においてかなり正確に家族の将来を見通していたことがわかるだろう。

4　高田の所説（Ⅱ）

前節で扱った大正・昭和初期の日本は，食糧問題，さらには失業問題と人口過剰という形で人口問題が認識され，いかに過剰人口をおさえるかに解決策を求めた時代であった。ところが，その後満州事変から日中戦争，第2次世界大戦へというように戦時体制へと時代の流れが変わって，政府は過剰人口の解決を領土拡張政策（植民地政策）に求めるようになった。後述するように戦時下に至っては高田の思想が受け入れられる時代状況が形成されるが，それは皮肉にも戦時下の民族主義と結びつくことで，高田の評価を下げることにつながっ

てしまうことになる。

　1938年，厚生省が設置され，翌年にはその付属機関として人口問題研究所が創設される。さらにその次の年，1941年に厚生省が「人口政策確立要綱」を提出，閣議で決定される。この要綱には，「東亜共和圏の建設と発展に向け，内地では昭和三五年の総人口一億人を目標とする」といった記述とともに，出生増加の具体的方策が微細にわたって規定されており，戦時下の人口政策の象徴といえるものである。また1943年には，文部省直轄の民族研究所が設立され，高田はその初代所長に就任し，この研究所が廃止となる1945年まで民族政策に関わる仕事に携わるなど，高田の人口思想はイデオロギー的側面を強めることになる。

　ただし，この節で取り上げる高田の「国民皆貧論」は利益社会化の遅延化，貧乏の道徳化という形でイデオロギー的側面が強いのは事実として，その主張は前節で取り上げた『人口と貧乏』（1927年）をはじめ，すでに唱えられていることに注意が必要である。そうした主張が再びこの時期，『貧者必勝』（1934年）に代表されるある種のイデオロギーに形を変えて発表されたのである。この2つの著作を比較すると，『人口と貧乏』から『貧者必勝』へと，その主張がイデオロギー的側面を強めていくのが見て取れる。

　『人口と貧乏』は大正・昭和初期人口論争の時期に発表された著作である。そのなかで，高田は当時叫ばれていた生活難の原因は年々増加する人口にあるのではなく，第1次世界大戦によって上昇した国民の生活水準が戦後の不況時においても下がらないためであると主張した。そして，一般に生活難を解決する方法として商工業を振興させること，および産児制限が考えられているが，商工業の急激な振興ということは，当時の生産能率の低さと資源の乏しさからして安易にできることではない。産児制限についても，実行して国内の人口が減れば，互いの生活の内容はもう少し高くなり，豊かになるかもしれない。しかし，そのときに暮らしの難儀がなくなるかどうかは疑問であるという［高田 1927：102］。

　高田は，問題とされている生活難というもの自体を正確に捉え直さねばならないとしている。一般に生活難は食べることができないことと解されている。

しかしながら，実際「めしが食えない」といっている人は，本当にめしを食うことができないのではなく，現在の収入をもってしては，世の並の暮らしをやっていくことができないというところに，生活難の本当の意味があるという。そして，生活難の解消のために必要なのは，現在の生活水準をいくらか下げることであると結論づけた。欲望の高まる社会は階級別の社会であり，上の階級のそれと下の階級のそれが著しく相隔てれば刻々と欲望が高まるとした。以上が大正・昭和初期人口論争の時期に書かれた『人口と貧乏』における「国民皆貧論」である。

次に，『貧者必勝』における「国民皆貧論」をみよう。そのなかで，高田は資本主義における社会問題——資本と労働の階級的懸隔をいかにして短縮すべきかの問題——の解答としての社会思想に言及し，そのほとんどは欧米輸入のものであるとした。「欧米思想の基調は，あくまで利益社会的なものであり，個人主義的なものである。自然を征服して，個人の欲望従属範囲を拡大しようとする欧州的個人の個人主義は，結局自己の生活内容をいよいよ豊富ならしめ，生活程度を益々高くしなければ承知しない。故に，今までの思想はほとんどすべて，無産者の地位，生活を引き上げてこれを高いところに接近せしめようとしている」［高田 1934a：73-74］と述べ，階級的懸隔の短縮にはこうした下の引き上げとは別の側面，すなわち上の方の切り下げを強調する形で高田は「国民皆貧論」を主張した。それによると，日本の地位を今日のところに引き上げているのは団結の力であり，貧しくて生活程度の低いものほど社会に対する団結の念は強い。いわば共同社会的である。そして，国民の低い生活水準が日本の経済を伸張せしめていく根本の動力であるが，そうしたなかで高い階級の地位を切り下げる政策の有効性を訴えた。[10]

このように，前者『人口と貧乏』(1927年)と『貧者必勝』(1934年)には，その主張のどこに重きがあるかにおいて明らかな違いがある。それは，前者が過剰人口問題を重視し，そこに横たわる生活難の本質を説こうとしたものであるのに対して，後者は欧米諸国と日本社会を比較して，日本の共同社会性を高く評価するところに力点がおかれている点である。1937年の論文「人口政策について」においては，大正・昭和初期の人口論争まで振り返って当時認識されて

いた人口食糧問題としての人口問題は解決したともいえるに至り，過剰人口の問題は失業の問題としてのみ存在するという。このように人口問題がただ過剰人口の問題という一面のみを有するならば，問題は実質において社会問題となってしまうとして，「人口問題には他の重要なる一面がある。それは民族の立場から人口を見ることである」［高田 1940：33-36］と民族の立場からの人口問題を強調した。

そして，人口過剰に対してとるべきは消極的方針＝産児制限ではなく，積極的方針＝人口をいかに吸収するかであるとする。そこで求められるのは，産業活動の振興，移植民による海外への展開，そして社会政策的な人口政策であり，国民の生活水準に対する考慮であると主張した。高田にとって，人口政策は民族のための政策であり，同時に主として社会政策である。ただ，それは欧州流の社会政策ではなくして，根本の原理を異にするものであり，それは全体的政策といえるものであるという[11]。そして，それは日本民族の強みである「格別に親密な結合を作り上げている共同社会性」［高田 1940］により実現するという。高田によれば，共同社会的であることは社会がまだ若いということである。理知打算の支配がまだ行われず，個人が自己を中心として行動せず，すなわち個人主義的な気風がまだ生じず，社会への従属，社会への吸収がなお強いことを意味する。この共同社会性が日本の産業，軍事，国際的地位の躍進を支えていると指摘した[12]。

このように戦時下で強まる高田のイデオロギー的側面は，1944年の民族研究所所長就任という形で象徴され，後の高田評価に大きく影響することになった[13]。というのも，高田は初期の著作においても出生率の動向の対比について，共同社会（日本）－利益社会（西欧）という対比を指摘していたが，それが戦時下において〈共同社会〉対〈利益社会〉という構図になり，日本の共同社会性を「日本の強み」といった形で表現することでイデオロギー的側面を強めていってしまったからである。

これまで論じてきたように，ミュルダールと高田は，ほぼ同時期（両大戦間期）に出生率の低下という人口現象に眼を向けた。ミュルダールは民主主義社会における人口問題の政治性を指摘し，出生率の低下という問題の解決手

段として社会政策を提起した。それを実際にスウェーデンにおいて体現し，社会改革――国民の政治的態度と個人的態度を結びつけること――に成功した。他方の高田は，人口現象からその背後にある社会的要因を分析し，勢力説や利益社会化説，人口史観を提唱して来るべき出生率の低下を把握した。利益社会化による出生率の低下は必然であるとし，日本でも利益社会化が進めばやがて出生率の低下が起こり，それが「真の人口問題である」としている。ところが，これら２つの思想は，それぞれの国が当時直面していた人口問題の違いにより，扱われ方が大きく異なった。当時出生率の低下が問題視されていたスウェーデンでは，ミュルダールの思想が広く受け入れられ，当時人口過剰を憂う世論が浸透していた日本では，高田の思想の評価は高いものではなかった。

5　むすびにかえて

　この両者の扱われ方における差も踏まえて，人口政策と社会政策の関係という観点から，再度２つの思想を捉え直しておきたい。そのため，ここで新たに高田の論文「人口政策の欠乏」（1935年）［高田　1935b：22-24］を取り上げる。これは，西欧先進諸国と日本における人口政策の状況を対比させ，日本における社会政策と結びつけた人口政策の樹立を提起するものである。
　高田は，社会の地盤が人口にあるという立場から，日本の人口政策はただ生きるものに，詳しくいえば，生まれようとする胎児に，生きよと号令をかけるだけ（生存権保障の欠如）であり，西欧先進諸国と比べて日本の人口政策に対する関心が欠如していることを指摘した。そして，人口の量に関する政策（総量の統制）を以下のように把握した。総量の統制は，一方において，出生，したがって婚姻の助長または阻止の方針となって現れ，他方において生まれたものの生活の上に加わる統制となって現れうる。その生まれたものの生活に関する政策は，一方において，それは医療保健に関する政策であり，他方において，それは生活保障の政策である。前者は生命を脅かす危険の取り除きに関する政策であり，後者は生活を可能にする条件に干渉するもので

あるとし，これらは一般に人口政策といわれるものではなく，いわゆる社会政策と称されるものであるとする。とはいえ，民族の隆昌という観点からすると明らかに有力な人口政策であると述べ，そこに社会政策と人口政策の重なりを見出した。[14]

　この論文に示された高田の見解をミュルダールの所説と対照し，人口政策と社会政策の関係という観点から，2つの思想をそれぞれ整理すれば，以下のようになる（図表1-5参照）。人口政策には量的な側面（出生率等）と質的な側面（優生，生活の質等）があるが，ミュルダールは，〈量的〉人口政策と〈質的〉人口政策を結びつけたうえで人口の質的な問題を強調していた。「国民の富の主要部分は人口の質に存する」と主張し，「人口政策は社会政策全般以外の何者でもない」と述べたように，人口問題に対する国民の政治的態度と家族を形成する者，あるいは児童養育者としての国民の個人的態度をいかに結びつけるかという困難な問題を解決する術として人口の質向上の重要性を強調し，その解決手段として社会政策を導き出した。いってみれば，人口政策と社会政策の連結を試み，それらを一体化する形で捉えたのである。すなわち，人口政策と社会政策の関係は，ミュルダールによれば，人口政策（〈量的〉人口政策＋〈質的〉人口政策）＝（予防的）社会政策となる。

　他方で，高田は人口政策の2つの側面，〈量的〉人口政策と〈質的〉人口政策を分けて考え，〈量的〉人口政策は「出生，したがって婚姻の助長または阻止の方針となってあらわれるであろうし，他方において生まれた者の生活の上に加わる統制となってあらわれる」とし，後者の生まれた者の生活に関する政策（医療保健に関する政策と生活保障の政策）が，いわゆる社会政策と称されるものであるとした。そして，質的な人口政策については，量的な人口政策とは区別し，具体的には優生政策を意味するものとして捉えていた。すなわち，人口政策と社会政策の関係は，高田によれば，「人口政策は主として社会政策である」が，その「主として」が意味するのは，人口政策＝〈量的〉人口政策であったということである。それゆえ，高田にとっては〈量的〉人口政策＝出生政策（婚姻の助長または阻止の方針となってあらわれるであろうもの）＋社会政策（医療保健と生活保障に関するもの）であった。

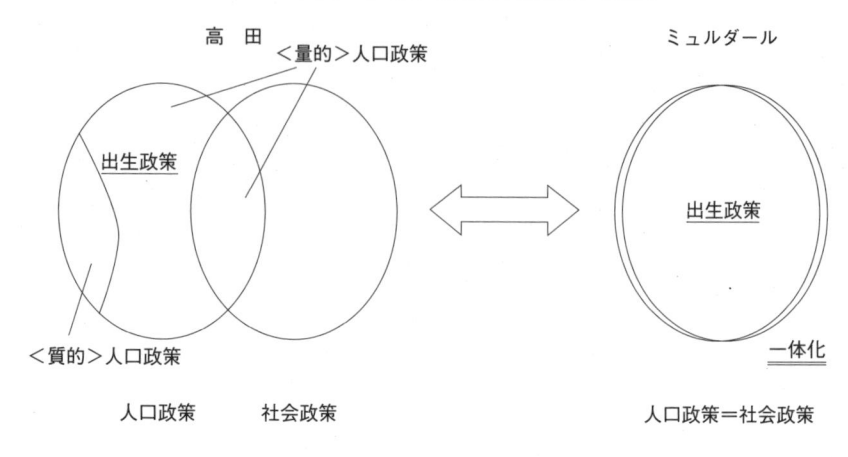

図表1-5　ミュルダールと高田—出生に関わる政策の
位置づけ（人口政策と社会政策の関係）—

　　　高　田　　＜量的＞人口政策　　　　　　　　ミュルダール

　　　出生政策　　　　　　　　⇔　　　　　　　出生政策

　＜質的＞人口政策　　　　　　　　　　　　　　　　　一体化

　　人口政策　　　社会政策　　　　　　　　　　人口政策＝社会政策

　ミュルダールと高田では，出生に関わる政策を人口政策と社会政策の関係のなかで，どこに位置づけるかという点で異なる。高田は社会政策を〈量的〉人口政策に関わるものとして捉え，出生政策とは一線を画すものとして考えた。それに対して，ミュルダールは社会政策と人口政策を連結あるいは一体化させる形でそのなかに出生政策を位置づけている。また，〈質的〉人口政策に対する見解も大きく異なる。高田は人口政策を〈量的〉政策と〈質的〉政策に分けて捉え，出生政策に〈質的〉政策を含めなかった。他方で，ミュルダールは〈質的〉政策も含めている。もっとも，この点は両者の思想というよりは，日本と西欧の当時の人口をめぐる背景がかなり影響している。今日的な眼でみれば，人口政策と社会政策は，その目的において普遍的といえる家族政策と，人口情勢によりかなり左右される人口政策として区別しても，結局，その手段において区別が明確ではない。本章で取り上げたスウェーデンは，すでに19世紀終わりから20世紀初めにかけての出生率低下を経験した。そして，1930年代の社会改革により，人口政策と社会政策が密接に結びつくことになる。他方で，日本は戦後に至るまで人口政策と社会政策は比較的別個に捉えられ展開してきたといえよう。それは日本に限らない。世界的に広く，家族を対象とする社会

政策が取り入れられるようになったのは第2次世界大戦後のことであるとされるが，それは，人口政策から家族政策へと転換がなされる形で取り入れられたのである。

ミュルダールと高田の対照は，単に人口問題およびそれに結びつく人口思想が社会的，かつ政治的文脈から切り離せないことを示す好例となるだけではない。人口政策と社会政策の関係という観点から2つの思想を整理することで，人口政策と社会政策の史的展開における東と西の対比が浮かび上がるのである。

1) 低出生という人口現象自体に問題性はない。それが特定の価値関心と結びついたときに「人口問題」として認識されることになる。実際，日本で人口置換水準を下回る低出生趨勢が始まったのは1970年代半ばであるが，その当時は低出生が「人口問題」として認識されていない。
2) 「人口政策」という言葉は，あまり耳慣れない。それは，第2次世界大戦においてとられた領土拡張政策や民族優越思想を連想させるものだからとされている（例えば，阿藤誠『現代人口学 少子高齢社会の基礎知識』日本評論社，2000年）。
3) ここでは，「ミュルダール」をもって「ミュルダール夫妻」(Gunnar and Alva Myrdal)を意味している。本来，夫妻を分けて論じるべきかもしれないが，本書に取り上げた範囲のことは夫妻と一括しても差しつかえないほど見解の一致をみている。なお，筆者とは異なる観点からミュルダールを分析した最近の研究として，浅井亜希「スウェーデン福祉国家と人口問題―ミュルダール夫妻の『言説の政治』―」『北ヨーロッパ研究』第4巻，2008年，藤田菜々子「1930年代スウェーデン人口問題におけるミュルダール―『消費の社会化』論の展開―」『経済学史研究』51-1，2009年，がある。
4) 記事の全文は，「第一章 サレンバの衝撃」二文字理明・椎木章編著『世界人権問題叢書38 福祉国家の優生思想―スウェーデン発 強制不妊手術報道―』明石書店，2000年。
5) 日本における人口統計の歴史については，厚生省大臣官房統計情報部編『人口動態統計百年の歩み』厚生省大臣官房統計情報部，2000年，に詳しい。
6) 調査会一覧については，財団法人人口問題研究会編『人口情報昭和57年度版 人口問題研究会50年略史』財団法人人口問題研究会，1983年。
7) それは，第1回国勢調査直前（1910〜1919年）の普通出生率が1910年の33.9から1919年の31.6として公表されており，1920年に公表された36.2がそれらと比べて相対的に高かったことが影響している（図表1-3）。高田は，後の論文で，第1回国勢調査で確定された総人口（とそれをもとに算出された出生率）の不正確さを指摘し，出生率の趨勢について，正確には日露戦争以降，継続的に出生率の低下傾向がみられると主張している[Takata 1931]。

また，今日の歴史人口学の視点からも大正期の日本が人口減少を経験していることが指摘され，1920年代が人口の近代化（人口転換）の始まりであると認識される。例えば，鬼頭宏は当時の人口動態について以下のように述べる。「出生率は都市部では20世紀初めから低下していたが，1920年代の半ばを過ぎると郡部でも低下が明確になってきた」[鬼頭 2000]。

8) 「1920年代の中頃には，盛んに『人口論争』が起こり，西の方では高田保馬，河上肇，向坂逸郎，東の方では矢内原忠雄，福田徳三，小泉信三，上田貞次郎ら日本の経済学者が，この論争に参加していた」とされる[金子 2003b：244]。

9) この点は，後の著作『勢力論』(1940年) [金子 2003c] のなかでより詳しく論じている。

10) 日本の社会政策研究において著しい影響を及ぼしてきたとされる大河内一男は，高田の「国民皆貧論」を「戦時生産力増強のための非合理的な精神主義」であって，現実性がないと否定し，戦時統制経済期，国力増強，生産性の向上には，労働者の高賃金・高能率・生活安定こそが大事であると主張した。また，社会政策の学問的性質についても論争がなされている。
　高田が社会政策を「平等に向かう政策」であり，「階級的懸隔の短縮を目ざす政策」と主張したのに対し，大河内は「労働力の確保と培養のための労働者政策」であると主張した（2人の論争は，大河内一男『社会政策論の史的展開』有斐閣，1972年，および高田保馬『経済学論』有斐閣，1947年，に収められている）。

11) 1944年，高田は「民族研究所」の所長に就任する。その年に発刊された紀要のなかで，相手の民族を引き上げようとせず，あくまでそれとの距離を強化しようとするものを「利益社会的接近」，相手の民族との距離を縮め，それと接近を図ることによるものを「共同社会的接近」と呼んで「東亜の一体化」を強調した[民族研究所 1944]。

12) このように，西欧先進諸国（利益社会）：日本（共同社会）という点が強調されるわけだが，他方でこの時期，高田は国内において都市（利益社会的）：農村（共同社会的）という把握をしていた。高田は都市化について「この現象，すなわち国民全体の都市化を国家的見地からみれば，一方では都市の発達は商工業の発達であり，富の増進であり，生活レベルの向上であり，さらには個人的自由の発達という意味で祝福すべきである。しかしながら，都市生活が共同社会的要素を奪い去ることは否めない」と述べる。そして，人口の都市集中を刺激する原因の1つとして国家が全国的な社会政策的施設を怠っていることを指摘する。そのことから，高田は都市人口集中といった都市問題の解決に必要な社会政策的施設を設けるだけでなく，都市に加えて農村（高田にとっては都市が利益社会的，農村が共同社会的）にも通じる統一的，あるいは全国的方針をもつ社会政策的施設の充実を怠ってはならないと主張した[高田 1934b]。この主張は，後に「利益社会化の遅延」「共同体的感情が強い生活保守主義」といった評価につながり，高田評価を下げることにもなった。

13) この点はすでに指摘されており，高田を再評価しようとする動きがある。例えば，金子勇編著『高田保馬リカバリー』ミネルヴァ書房，2003年。

14) 質的な人口政策（ここでは優生学）に対する高田の見解は，その比較的初期の著書で

はあるものの,『社会学的研究』(宝文館, 1918年, 348-349頁) に示されている。それによると, 優生学の主張の実現は社会に重大な影響をもたらすので, 当然慎重な是非の考察を加えるべきであるという態度を示している。

第2章
人口問題と社会政策論 ▶ 米田庄太郎と海野幸徳

1　はじめに

　第1章では，家族政策の提唱者であるミュルダール夫妻（スウェーデン）と，ほぼ同時期の日本で出生率の低下を論じていた高田保馬の人口思想を取り上げた。

　そこでもふれたように，高田は大正・昭和初期における人口論争のなかで，過剰人口（当時の食糧と人口の不均衡）を憂う世論が浸透するなかに少子化論を投じた。それは，今日的な眼からみれば後に問題とされる少子化を見通すものとして注目に値する。ところが，大正・昭和初期における高田の少子化論は，当時の人口状況という歴史的制約によって，それほど評価されることはなかった。確かにそのことは不幸ともいえるが，大正・昭和初期人口論争における少子化論として，その主張とともにその名前が刻まれたことについては，十分銘記すべきであろう。

　では，高田の主張のみをもって，当時の少子化論を代表させてよいのだろうか。というのは，人口論史のなかには必ずしも取り上げられてこられなかったが，少子化論といえる議論は，実はさらにさかのぼって展開されている。すなわちそれは，高田の師である米田庄太郎（1873〜1945）によってである。「明治40年9月社会学科ただ一人の専攻学生としてその教えを受けてから在学3年，卒業後3・4年，かれこれ6・7年も講義に列席し，同時に毎月何回か訪問して親しく個人的教示を受けたので，この身につけている社会学的教養はすべて先生から受けついだともいい得る」［高田 1948：114］と高田自身も述べるように，高田が少子化論を主張できた背景には米田の存在があった。米田は高田を育成した人物としては広く知られるが，米田がすでに人口問題としての人口減

少について説いていたということ（=「米田の少子化論」）はそれほど重視されていない。

そこで、本章は高田の少子化論よりさらにさかのぼって先駆的な少子化論を再度捉え直すことにしたい。以下、次節では米田の人口論を取り上げ先駆的な少子化論の起点として新たに米田を位置づける。それに続いて、ほぼ同時代の人口論者である海野幸徳（1879〜1955）の所説もあわせて取り上げるが、それが何を意味するのかは、行論上明らかになるであろう。いずれにしても、これらを高田以前の先駆的な少子化論として捉え直すことで、これまで必ずしも正確な形で史的に把握されてこなかった「人口問題と社会政策」というテーマに対して新しい角度からの問題提起になると考えられる。また、以下で明らかになるが、その先駆的な少子化論において、ユーゼニックス（優生学）の主張が一定の意味をもっていたことに注目したい。したがって、そのことは当時の日本社会でユーゼニックスがどのように受け入れられたのかという問題に対してもなんらかの示唆となる。というのも、出生率の低下を背景とする家族政策はその起源からして人口政策と社会政策が結びついたものであり、当時の西欧社会では時代思潮としてあったユーゼニックスがそれに一定の影響を与えていた。だとすれば、まだ西欧社会の状況に程遠い同時期の日本において登場したユーゼニックスは、いったいどのように機能したのであろうかという興味深い問題が生じるからである。

2 米田庄太郎の人口論

米田は、戦前日本において社会学の確立に大きな役割を果たした人物であり、社会学者としての肩書きで知られている[1]。とはいえ、米田は以下で取り上げる人口問題論を含む社会問題についても活発な言論を行っており、政策論的な側面が強い業績も数多い。以下では本章のテーマ上、米田の人口問題に関する議論に限定して取り上げる。「現代文明国における人口状態について、注意すべき問題が少なくないといっても、余はその中において根本的に最も重要なものは、出生率減少の傾向と都市集中の傾向の二者であると思う。これら二つの現

米田庄太郎（1873〜1945）

出所：［中 2002］

象は，共に現代文明の精神の，特に人口状態の上に発現するものであって，人類発展の将来に対して重大な影響を及ぼすものである」［米田 1910：21］。米田がこう述べたのは，なんと1910年のことである。

米田によれば，出生率の低下はフランスにおいて最も早くはっきり現れたが，それは現代文明国一般に通じるものである。欧州諸国の統計から，文明が大きく発達している諸国において出生率が次第に低下する傾向があるものの，文明の発達が相対的に遅れている諸国における出生率は比較的高く，低下の傾向も依然現れていない。このことから，いまだ国勢調査が実施されていないため正確には知りえないが，現代文明の発達と出生率の低下傾向には相関があり，日本も「現代文明がますます普及し発達するに従って，出生率低下の傾向が起こる」と推測し，欧州にみられる現象を以下のようにまとめた。

(1)　現代文明国において，現代文明の普及発達の大きい国民ほど出生率低下の傾向が大きい。
(2)　同じ文明国においても，出生率低下の傾向は教育ある階級および資産のある階級において強く現れる。
(3)　同じ文明国においても，この傾向は現代文明の普及発達の大きい場所，すなわち都市においてほど著しく一層強く現れる。

これら3つの事実を総括して考えれば，出生率低下の傾向と現代文明の普及発達とは相関関係があるということに帰着するという［米田 1910］。

次に，その原因についてである。出生率低下の原因に関する学説は，西欧先進諸国を中心として少なくないが，米田によれば，それらは以下の3つに包括することができるという。

1　有機的作用説：一定の原因から有機的あるいは生理的に自ら出生率低下の結果を生じるとみるもの。有機的作用をなす原因は自然的原因，社

会的および精神的原因とみるものに分かれる。
2　人為的作用説：一定の原因によって，人々が人為的あるいは意識的，計画的に出生を制限することによって出生率の低下が生じるとみるもの。
3　複合作用説：有機的作用説と人為的作用説の結合によって出生率の低下が生じるとみるもの。

米田はこれらのうち3の複合作用説の見地から，有機的作用よりは人為的作用を重んじる立場をとる。そのうえで，諸家の説を適宜批判し取捨することで「現代文明の精神」という観念の下に人為的作用の一切の原因，さらには有機的作用の原因の大部分をも包括することができるとした。そして，現代文明の現象の大部分を理解しうるもの，さらには出生率低下の根本要因として米田は現代文明の精神，すなわち「三種の要求」を提起する。

(1) 人格の自由発展の要求
(2) 自由活動の要求
(3) 自由享楽の要求

これらの要求が(1)→(2)→(3)の順に発動するところに，現代文明の発展が行われるという。そして，(3)の自由享楽の要求がその他の2つの要求を離れて単独に発動するところに現代文明の弊害のもとがあると考える。個人主義の著しい発展，精神病の増進，花柳病の蔓延等の有機的作用の主要な原因，さらには，社会的毛細管力の発達，女子の解放および発展，貯蓄心の発達，富の増進，都市の発達その他の人為的作用の主要な原因は，結局「三種の要求」の発動または自由享楽の要求の不順当な発動によるのである［米田 1911a］。

米田の説明では「出生率低下の傾向＝現代文明の精神の発動が人口状態の上に起こした一種の現象」ということになる。そして，出生率の低下という人口問題と，それに対応する政策として以下のようにまとめた。

(1)　出生率低下の傾向は無制限に進むものではない。社会的，倫理的作用によって，この傾向に自ら一定の限界が成立する。
(2)　出生率低下の傾向は，しまいに人口の減少を起こすことになる。
(3)　人口の減少そのものは害悪ではなく，その結果はすべて有害なものではなく，有益なものも多い。

(4) ユーゼニックスの原則及び主旨に従って，出生率低下の傾向中に現れる勢力及びこの傾向そのものを利用する形で，人種的改善を図るべきである。現時点では先ず劣悪分子の減少及び根絶の方面から進むべきである。
(5) つまり出生率低下の傾向は現代文明の性質上当然起きるべきものであるから，ただこれを悲観するのも益がなく，またこれを無差別的に押しとどめてやめさせようとするのも効き目がない。この傾向を利用することで「人種的改善を図るべき」である。　　　　　　　　　　　　　［米田 1911b］

　このように，米田は現代文明がますます普及し発達するにしたがって日本にも出生率減少の傾向が起こると主張した。また，当時の米田にとっては「出生率低下の傾向に対応する政策は人種改善策であって，それを社会政策の根本である」と考えており，ユーゼニックスの主張に賛意を表していた。その姿勢は，その後広く社会問題を論じるにおいても貫かれることになる[2]。人口問題に関していえば，米田の研究はその後出生率減少の社会学的考察という方向に進められた。1917年には，出生率減少について「女に子を生ます政策」という論文を公にするが，それは女と産児および育児との関係を科学的に研究することを促したものである。

　米田によれば，現代文明が最も進歩する諸国において出生率低下の重要な直接要因は，盛んに避妊が行われることであるが，それは女が子を生むことを好まなくなってきたという一傾向であるという。従来の社会学上の解釈では，子を生み，子を育てることは女の本来の要求であって，それは社会が強制的に課した職務ではないと考えられる。しかし，女が自ら好んでこれをなすことには満足できなくなってきているとし，米田は「女は本来子を生むのを好まない者であるのではないか」という問題提起をする。それは，男女は本来相和合するものであるという前提を覆し，男女の衝突を男女間に本来存在する一傾向として認めることで女と産児および育児との関係を科学的に研究することを唱えるが，この問題に関して興味ある説としてホリングウォースの論文「子どもを生みかつ養育するように女を促す社会的方策」［Hollingworth 1916］を取り上げている。

　それによれば，子どもを生むことと母性本能について以下のことがいえると

いう。
1　子どもを生み，これを養育することは，種族または国民の存在および膨張に対して，必要欠いてはならないものとなること。
2　子どもを生み，これを養育することは，女において大きな苦痛であり，またその生命にも危険であり，さらに多年の面倒な苦労と犠牲とを含むものとなること。
3　母の本能というものは，高い出生率を維持することに含まれる，苦痛，危険および面倒な苦労を女が自ら進んで求めるほど，強烈な力を備えて，すべての女に存在するものであることを示す，確実な証拠はまったく存在しないこと。

いわゆる社会的保護者（＝国）は，子どもを生み，養育させるために「女を統御する」には世論，法律，信仰，社会的暗示，教育，慣習，社会的宗教，人格理想，芸術，人格者，啓蒙，幻想，および社会的評価等あらゆる社会的手段を利用しているが，女がそれによって現に支配されているという事実を十分に認識するようになれば，それらの手段は無効となり，そのときはじめて母性本能の真の効力を測定することができるという。そして，いまや，「最も望ましい産児者である最も賢明な女子が産児及び育児に関する社会的方策の真義を，充分に意識する時代がきている」という。子どもを生むことがまったく女の任意事業となったときでも，子どもに対する自然の欲望は，おそらくは維持しうるであろうが，国民の膨張のために余分の人口が望まれる場合には，金銭においてか，または名誉においてか，いずれにしても十分な報償を女に与える方法しか残らない。この説を参考に，米田は「女は本来子を生むのを好まない者であるのではないか」と問いかける。そして，当時盛んになった婦人運動，母子保護の要求の根本的な要因について，以下のように説明した。近世までは，人間の自由あるいは権利として獲得したものを男子のみが占有してきたが，女子の人間意識が大いに強まってくるまでは，女子はあえてその論理的矛盾を覚らなかった。それが，女子の理性が発達して，彼女等の人間意識が大いに強まることで，女子がこの論理的矛盾を意識してきた，と［米田 1917；米田 1920；米田・小林 1920］。

このように，米田は後に来る出生率の低下を強く確信し，その要因の社会学的考察に取り組んだが，他方で出生率低下に対応する政策としての人種改善策について論及していたことは前述した。米田が出生率低下に対応する策として人種改善策に触れた時期（1910年）は，ちょうど列強各国のなかで日本が生き残っていくためには日本人をよりよいものに改善しておくことが必要であるという関心が日本社会で高まっていた。もちろん，それまでにもユーゼニックスをいち早く日本に紹介した福沢諭吉や『日本人種改良論』（1884年）の著者，高橋義雄等がいたが，日本でユーゼニックスが学問として取り上げられるようになるのはこの時期であった［鈴木　1968］。まさに，先に取り上げた米田の論考「現代文明国における人口問題（其一）」が書かれた1910年に，ユーゼニックスに関する体系的な著作『日本人種改造論』が公刊されたのである。その著者が後述する海野幸徳であるが，本書は日本で本格的にユーゼニックスを導入した最初の著作とされている［鈴木　1968］。米田の人口問題論，および米田のいう出生率低下に対する政策にユーゼニックスが結びついていたことは，ユーゼニックスが当時の人口問題においてなんらかの役割を担ったと考えられることを暗示しているが，以下で取り上げる海野はユーゼニックスの立場から社会問題としての人口問題にアクセスするという経歴をたどることになり，まさにそのことをわかりやすく体現してくれる。

3　海野幸徳の人口論（Ⅰ）

　先に触れたように，海野はユーゼニックスを本格的に日本に導入した人物の1人であるとともに，社会事業の実践，理論化を通じてその発展にも大きく貢献した。海野は，その初期においてはユーゼニックスの立場から人種改造論を説いて人種改造が社会問題の根本解決であると主張したが，その後社会事業への取り組み，社会事業理論の確立へと関心を移していった。市野川容孝が「自己批判でもあるのだが，言説としてふれ回ったところで，優生学は何一つ現実化しない，というのである。海野は，優生学を言説としてではなく，実践として受肉させるために社会福祉に転身したのである」［市野川　2002：151］と述べ

るように，ユーゼニックスから社会事業へという経歴をたどる海野の社会事業論のなかには，強弱はあってもユーゼニックス的発想が貫かれることになる。実は近年，これまで十分に把握されてこなかったユーゼニックスに関わる海野の業績を明らかにした文献目録が公表された［平田 2005］[3]。それをみれば『日本人種改造論』（1910年）に始まるユーゼニックスを主題とする一連の業績は，1920年代初めまでの時期と1940年代に固まって出されていることが見て取れる。正確には1914年に病臥したため，しばらく海野の業績は途絶えるが，その頃を境にユーゼニックスから社会事業へとその重点を移していくので，それに沿って以下，海野の思想を2つに分けて扱うことにする。

海野幸徳（1879～1955）

出所：［中垣 1981］

　海野は『日本人種改造論』（1910年）において，当時の進化論諸説を紹介したうえで，人間社会においては自然選択が作用せず，逆選択が生じるので，人類をよい方向にもっていくために人種改良が必要であると主張した。特に日本人種の特質とその改造について，以下のように論じる。生存競争には身体的・精神的・社会的な側面があるが，日本人種は白人種に比べて身体的，精神的には欧米に劣っているが，その国家心により社会的には優れている。したがって知識を増進し，身体を強健にし，道徳心を増加するために「形質を淘汰改造し，外囲を改変して日本人種を改造するべき」である，と［海野 1910；荻野ほか 2000］。そして，その翌年の著作『興国策としての人種改造』（1911年）においては，人種改良が諸々の社会問題の根本的な解決策であると主張するに至る。富国強兵は政治，経済，教育，宗教，の源泉であり根底である国民形質より来る。国民形質を改良する人種改造は，一種の興国策となるべきものである。人種改造には積極的人種改良，消極的人種改良（「一切の社会的，国家的，人種的欠陥の清除」）があるが，消極的人種改良は，諸々の社会問題＝社会主義問題，生活難問題，婦人問題，救貧問題，悪質者処分問題，慈善問題を根本的に解決す

るものであると定めた。そして諸々の社会問題に対する人種改造以外の解決法は，あくまで「補助的なもの」であり，人種改造と相まってはじめて完全に社会問題を解決することができるとした。

　一方，同書において海野は，人口減少についても言及する。それによると，「人口の増加は食物の増加と平行し比例する」という立場から，当時の西欧先進諸国の統計が示していた人口増加率が低下し，しかも食物は漸次増加しているという状況を病的現象であるとみる。そして，その原因は妊娠することが少なくなった，いいかえれば人為的に避妊した結果であると指摘した。人口と食物との増加は平行し比例するとすれば，食物の増加があるときは，人口もまた増加しなければならないのだが，それが（一見）成り立たない理由を，海野は「社会的生存（相対的生存点）」という概念に求めている。海野によれば，上流社会と中流社会と下層社会の結婚の程度，生活の程度はそれぞれ異なっている。結婚の程度も，生活の程度も，最低限結婚や生活を維持するのに必要となる「絶対的な程度」のほかに「相対的な程度」があるという。結婚についても生活についても，絶対的な可能程度は3階級を通じてさほど差がないが，相対的な可能程度には大差がある。物質的文明が進み，人類の欲望が大きくなるに従って，相対的生存点は次第に高まる。海野によれば，相対的生存点の水準によっては，特定の階級の一員として「社会的生存」を遂げることができなくなることが生じるという。このときの状態は，社会的生活（相対的生存点）を標準として算定するから，一見人口対食物の原則に反するようにみえても，食物のみ増加して人口の増加しない社会であっても，「人口と食物の増加率は相比例し相平衡する」という鉄則は動かないのである。

　そのうえで，人口増加率低下の要因であるとした避妊について以下のように説明した。避妊は，社会的生活を遂げるためになされる。避妊を行うには克己自制の精神と責任義務の観念が必要であるが，そのいずれもを欠く下層社会では避妊が行われないという。それに対して中流人士には克己自制の精神ならびに責任義務の観念があるから，子女の教育に腐心すること，貯金すること，社会ならびに国家に貢献すること等といったことから生殖作用を放棄または停止しなければならないことになり，避妊が行われるという。そのため，人口が減

少することは，その実質において中・上流社会の縮小であって，下層社会の縮小ではない。さらに，海野は「貧人のなかには悪質者が多い」と考えており，「人口減少＝中・上流人士が減少し，下層社会が膨張している」という現象を「病的」としたのである。こうして，海野はその後，社会問題を人口の質の問題と結びつけ，人種改造の必要性を強く主張することになる［海野 1911；南 1997］。

　例えば，当時叫ばれていた生活難の問題についても以下のように説明し，それを根本的に改善するには人口政策のほかにはないとする。マルサスを否定した海野によれば，「人口と食物は常に比例し，平衡する」。そうすると，人口が増えても「人口が食べ物をこえて独り増加する」ということはないのだが，人口が増えると「絶対的生存点」の問題が出てくる。人口が，一定の食べ物が養育する人口数を超えて増加するときは，「社会的生活」から程度によっては「絶対的生存点」に切り込んで，動物的生存に至ることになるというのである。そこに余裕のない生活，すなわち生活難が生じるとし，海野はこれを「相対的生活難」と呼んだ。

　そして，この相対的生活難の原因を以下のように説明した。この相対的生活難を招く人口の増加は，結婚可能者の数によって決まるものである。結婚可能と人口増加の関係は，とりわけ戦争や悪疫の後の人口の激増にはっきりと認知することができる。つまり，戦争や悪疫によって多数の死者が出れば，人口が減って空席ができるため，本来結婚不可能であった者が結婚可能になって人口が激増する。この「結婚不可能者が結婚可能になって産出された子女は，本来結婚不可能者によってもたらされた子ども」であるから，ただちに人口の偏倚を取り戻すことになるという。したがって，生活難を救治するには，確かに絶対的生存の状態から社会的生活に至らしめればよいのだが，その根本にある問題は人口の偏倚を増すことにつながる人口増加であると指摘した。

　このように海野は，生活難の救治のためにも人口の質の問題を強調することになる。人口の増加は結婚不可能者が結婚可能となることで，そこから産出された子女が人口の偏倚を増すことで社会の乱れとなり，社会はそのために社会病に強迫されることになるという。現時の社会においては，人口が過大である

がために諸種の社会病を醸成し，社会は衰退の徴を発し始めていると警告した。「現代においては量の問題は重要なものではなくて，質の問題が重要なのである。国家又人種の昌栄興隆は優秀な個体の産出にあって量には関しない。人口の増加は国力を増加せしめず，かえって諸種の社会病を引き起こす源泉であるから，生活難の根本的救治策としては，吾人は国民の質を改造することに腐心し，常に食糧と人口との関係を調整するに努めなければならない。食糧と人口の関係を認識し，根本的にそれを調整することが生活難の根本的合理的科学的救治策である」［海野 1912b］と述べ，人口の質の問題を訴えている。

　さらには，「国家の採用している社会政策中にはすこぶる不合理なものがあって，文明国の政治家は貧民や悪質者の手代又は番頭たるがごとく，劣悪者の利益と幸福とを増進するのみに腐心し，識見低平，深く人類社会の実情を洞察せるの明を欠き，愚にもつかぬ政策を以て，其減少せんとする貧民を製造し，其絶滅せんとする悪質者を増加しているのである」［海野 1912a：268-269］と述べ，人口問題をあくまでその量の問題で議論する，あるいは人口の増加をもって国家や人種の興隆であるとみなす考えを強く批判し，社会問題を根本的に解決しうるユーゼニックスによる人種改造を説いた。

　人種改造の方法として当時の海野が具体的に主張したのは，生殖における分業，すなわち「生殖分業」である。分業を基礎として成立する現代の文明社会にあっては，人類社会は分業によって成立しているが，生殖のみこの圏内から脱し，無差別的であるのは，世人が遺伝学上の知識に乏しいからであるとする。世人は境遇あるいは教育によって人類は造成されるものと考え，「白痴」や「低能者」を教育したり，到底治療できない悪癖を矯正しようとするが，それは，人道上可能であっても，科学上は不可能であるため，人類平等観は遺伝学生物学の賛同できないところであるという。人類は根本的には遺伝の産物であって，境遇の産物ではない。そうであるから，才能が遺伝するならば，人類は生殖の分業によって，改良し改造することができると述べ，人類を才能に従って階級別にすることは，重大な意味のあることであるとし，それに基づいた「科学的，合理的，人為的な人口整理」を人種改造上の理想と位置づけた［海野 1912c］。

ところが，1914年からの病臥を経て，海野の思想は大きく転回する。特に1919年に発表した論考「優生学の界限に就いて」においては，以下のように述べた。「私は，だんだん優生学には界限があるということ，それは甚だ不十分な学科であるということ，その概念が不明でずれていくと学そのものが亡滅に瀕することなどを考えてまいりまして，数年の病中にもしばしばこういう思想が私を苦しめました」[海野 1919：57；海野 1924b]。このように，海野はユーゼニックスが生物学的である限り，「劣生種を処分する」というような単純な論法をとるほかなく，複雑な人類的文化的な問題を取り扱うに適しないということを声高に叫んでいるようにしかみえないという見解を示し，それが生物学的なユーゼニックスの限界であるとした。そして，海野はユーゼニックスを超えて一新境地，一新科学の建設に努力したいと宣言するに至るのである。

4　海野幸徳の人口論（Ⅱ）

本節では，海野がユーゼニックスから社会事業へとその関心の重点を移していった過程を検討するが，その際，海野がユーゼニックスと社会事業の関係をどのように捉えたのかということに着目したい。前節で述べたように，ユーゼニックスに限界があると考えるに至った海野は，社会改良策として社会事業を位置づけることを試みる。そこで，海野が優生学との関わりで社会事業について述べた論考「優生学と社会事業」（1922年）を取り上げよう。

海野はまず，社会事業という概念を以下のように考える。一般に考えられる様々な境遇に対処する社会事業を「境遇による社会事業」とすれば，その他に「遺伝による社会事業」があるとする。そして，ユーゼニックスは素質の観点から単純に優生を研究の対象とするという見地に立って，後者である遺伝を扱うと考えられがちだが，海野は，一般に優境学の対象とされる外囲（＝境遇）もユーゼニックスに関わるものであり，優境にも重きを置いてユーゼニックスは優生と優境という2つの概念を同時に包含するものであるという見地を採用し，外囲もユーゼニックスと関わるものと考える立場をとった。そのうえで，とりわけ遺伝による社会事業においては，優生，すなわち改良すべき人種的性

質が何かという改良の対象を決める概念を規定する必要があるが，海野はそれをさしあたり「生存」と規定する。そして，境遇による社会事業と遺伝による社会事業を含む「社会事業」によって人類の生存を攻究することは，生物学を超越して1つの独立した学問体系を形作るのだという。こうして，ユーゼニックスと社会事業を結びつけることで生物学的な優生学の限界を超えようというのである。

そして，当時一般に文化の発展が非常に目覚ましいと考えられていた状況に対して疑問を唱える。海野は，道徳および知能の質が進歩発展したか，文化の性質が変化したかという観点からみれば，日本人は先代人と比較して量的には非常に進んだが，質的には同じであるとみなし，当時の状況を以下のように語る。「現代人の文化が量的に発達するのみで，質的には少しも発展しない結果，人類文化史上の悲劇というものが生まれ出ている。我々の時代は，痛切にこういう病癖に悩まされている時代である。量的な発展性という我々の生存様式が，現代人の衰弱症精神病という諸々の疾患を起こして現代文明を脅かしている」［海野 1922：18-19］。このような見方をすれば，ただひたすらに文化を進めることに反対する思想に到達するのだという。そこにユーゼニックスがよい鍵となり，社会事業のなかにユーゼニックス的意義を導入する必要が生じるが，世人はいまだにこれを顧みないとする。

さらに，「人種の劣生化」が現代の1つの重要な問題であり，優等階級は避妊という人為作用により確実に減縮していると述べる。男でも女でも，知能生活，文芸生活，事業生活，社交などに従事すると，どうしても子どもが邪魔になって，子どもをたくさん生むことができなくなり，それは人類の衰頽という大問題となる。性的な意義においては「女子の家庭化」が要求されるが，他方で人類的な意義においては女子にも職業や政治，その他社会諸般の事業に従事するという男子同様の教化，いいかえれば女子の精神化社会化ということが必要になってくる。こういう相反した要求という矛盾の下に，現代の男女は生活をしているという。そして，ユーゼニックスは単に優等階級の産児を説いたり，これに逆行する事情を取り去ることを勧告したりするのみであったことにその限界があるとし，視野を広げて人類的「生存」の観点，すなわち人種的に改良

すべき性質は何かという観点から，いかに民族劣生化の問題を解決するかということを攻究しなければならない，と考える。かくして，海野は「一時代の人種改良の問題は軽い問題でありまして，生存の問題が重大なのであります」［海野 1922：19］と主張した。

このように，海野は「生存」という概念によってユーゼニックスの範囲を一時代の人種改良から人類の生存の問題へ，生物学の範囲から新たな学問体系へと拡大しようと考えたのである。そして，その新たな学問体系として海野が構想しつつあったのが優生学的社会政策＝社会事業学である。1924年に刊行された『輓近の社会事業』[5]においては，さらに進めて社会事業とユーゼニックスの関係をより具体的に展開する。海野にとって，社会事業は社会改良事業であった。当時の社会の荒廃を「分断的生存様式の現れ」と表現し，その荒廃は充実した生存と生命に達しようとする人類の進化の段階における一過程であるとした。そして，当時における社会問題の取り扱い方について以下のように批判した。現代の社会問題の取り扱い方はきわめて無理想なもので，労働問題，婦人問題，優生問題という個々の社会問題に分断的見地から解決を促そうとするにすぎない。したがって，それぞれの解決が一致し適合することが保証されないという。そして，社会問題の取り扱い方は外的な文化（社会的遺伝）主義（＝「境遇による社会事業」に対応）と内的な生物学的遺伝主義（＝「遺伝による社会事業」に対応）があるが，当時の社会問題の解決は文化主義一点張りであるという。「私は，断固として，優生学的社会改良政策を採らなければ社会の成長は完全に進むことなしと宣言する。文化主義と共に遺伝主義が認められなければ，社会問題は決して完全なものと云われない。内と外から，人類社会は改良されて行くのであるが外的な改良政策ばかりで足りるとするのが現代の通弊である」［海野 1924b：490］とする。結婚により個人の幸福を進めるだけでなく，将来の子孫の幸福を増進するという社会的な人道主義的な構想は，どこからも否定されるものではない。

以上のような海野の（優生学的社会改良主義に基づく）優生学的社会政策＝社会改良事業＝（海野のいう）社会事業学に対して，当時の社会事業はまったく優生学的意義を逸脱したものであるという。当時の社会事業は，労働問題，婦

人問題，優生問題という社会問題を個別に対処しようとするものであったが，それらはユーゼニックス的社会改良策という統合的見解に帰着するべきであり，「優生学的社会改良主義は社会問題解決の一新主義として，早晩必ず認識され，それを含めて統合的に問題を解決しようとする時代もまた従って必ず来るであろう」［海野 1924b：492］と述べる。当時の社会事業においては見逃されているが，生まれる前の政策は生まれた後のものよりも重要であり，人類の社会的生存に有用な特質を選択することを目標としてこれに対立する形質を淘汰することが優生学のいわゆる改良になり，それが優生ということになるという。つまり，優生学の仕事は，優生学的生産法（良き配偶の選択と適者残存）を学の体系に組織することであるとする［海野 1925b］。

このように，この時期の海野にとっては，優生学的社会改良政策としての社会事業学を一科学として構築することが大きな関心事となる。その際，注目すべきは社会事業の領域のなかでも児童保護問題を主題とする論文および文献が，海野が社会事業に関心の軸を移したその初期に集中するということである。津曲裕次が指摘するように，海野の代表的著作とされる『社会事業概論』（1928年），『社会事業学原理』（1930年），『社会政策概論』（1931年）が発表される頃の関心事は社会事業学そのものにあり，児童問題はその一部にすぎなくなる［津曲 1986］。しかしながら，海野が時代思潮としてのユーゼニックス的な視点から社会事業へと関心を移していく際に，「人類生存の完成」を目的とする社会事業の対象として児童保護問題が強調されたが，それは海野のその後の業績につながる重要な意味をもったと考えられる。

海野が児童保護を論じた著作としては，『児童保護問題』（1924年）がある。その巻頭で海野は「近時，我国においても，児童熱というものが高まってきた。全国的児童愛護連盟だの，児童死亡率問題の提唱だの，児童衛生展覧会だのというものが，続々計画されだした。これは，昨年（1923年－引用者）以来のことで，ここに明らかに，貧民本位労働者本位の社会応急策と称するものが一回転したことを示す」［津曲 1986：1］と述べ，児童保護について，さらに以下のように主張した。児童に注意が向かってきたとはいえ，児童はいまだ人間として適当な価値の認識，それより来る，相当な権利を有していない。児童は，小さ

い人間としてみなされるに至っておらず，親は器物同然の所有物として，教師は軍隊を補う兵卒として，雇い主は奴隷として扱う等，子どもの扱いになんら人間味がないという。海野は，世人が子どもを小さい人間として認識しなければならない，と児童愛護の必要を説いた。

このように，児童愛護を訴えるわけだが，海野はあくまでその意義を社会進化，人類発展という文脈に位置づける。「今日，児童愛護の声が高まり出したのは，やはり，その背景として現代における社会進化および人類発展の歴史的意義によるものであることを見落としてはならないだろう」［津曲 1986：26］。本書の目次（図表2-1）をみればわかるように，この点について本書ではそれ以上踏み込んだ議論はなされず，児童保護施設の解説に紙幅の多くを割いている。とはいえ，海野が児童愛護の意義を社会進化，人類発展という文脈で捉えていたことは，海野が児童保護施設のなかで実現しようとした「児童の権利」をどのように考えていたかということにも現れている。海野は，「優生の権利」「養育の権利」「教育の権利」「生存防衛の権利」の4つをもって「児童の権利」とした。そして，児童が一人前の人間になるという要求に対して，これらの権利を無視するものがあったら，社会なり国家なりという社会的保護者がこの権利を支持し，それを実現する手段をとってやらねばならないとしている［海野 1925］（図表2-2）。この海野の規定した4つの児童の権利のなかで，とりわけ「優生の権利」は，人類の社会的生存に有用な特質を選択する優生学的生産法（良き配偶の選択と適者残存）を意

図表2-1 海野幸徳『児童保護問題』の目次

第1章	児童保護の現況
第2章	児童の死亡率
第3章	児童の愛護
第4章	乳児院
第5章	牛乳の公営
第6章	託児所
第7章	学童預かり所
第8章	育児院
第9章	児童保育相談所
第10章	児童中央相談局
第11章	林間学校の効果
第12章	不良少年の処分
第13章	不良児と矯正院
第14章	少年裁判所及保護司制度
第15章	白痴及低能者の労働植民事業
第16章	児童不就学の原因
第17章	児童と活動写真
第18章	児童と性欲教育
第19章	児童と生活改善

［海野 1924a：目次］をもとに筆者作成。

図表2-2　海野のいう「児童の権利」

＊1～3が積極的権利（基本権），4が消極的権利
1．優生の権利（：良く生んでもらうこと）
　　不良児（低能・精神異常）は自分の好みで，不良癖を発現させたのではない。国家は児童に代わり，優れて生まれる権利を世の男女に強要することとなり，児童の優生権というものが認められる。
2．養育の権利（：良く育ててもらうこと）
　　子どもを生み放しで路傍に遺棄する親がいる。親の不行跡のために子どもが養育せられない社会的不正義を容認することは断じてできない。もし，両親において，家庭において子どもを養育する資力がないとすれば，国がこれに代わって養育してやらねばならぬ。公私の慈善団体や慈善家によって拾い上げねばならない。
3．教育の権利（：良く教育してもらうこと）
　　6年の義務教育があるが，食物や学用品の公給といった機運をつくらなければ貧民の子どもに教育を受ける権利を保障することはできない。
4．生存防衛の権利（：虐待，放任，盗奪および不正義を防衛するもの）
　　虐待や放任を受けている子どもが少なくない。無力な子どもに対する虐待，放任，冷遇といった戦慄すべき現状がある。

［海野1925a：4］をもとに筆者作成。

味しており，海野が考えていた社会事業の目的「人類生存の完成」において人類生存がその最初の段階でどう基礎づけられるかが大事であるということを意識したものである。後に海野は，児童保護事業を社会事業のなかの一個別事業と位置づけ，児童保護は海野理論のなかのごく一部となるに至るが，社会事業に研究の重心を移して間もないこの時期の海野にとって，社会改良策としての社会事業は児童保護が大きな意味をもつという意識が強かったのではないだろうか。このようにみれば，海野がユーゼニックスと社会事業を結びつける際，児童保護問題が大きな役割を果たしたわけであり，その意味で児童保護の問題は海野の社会事業学構築の起点をなしたといえる。

5　むすびにかえて

冒頭で取り上げたように，大正・昭和初期に人口の量をめぐって展開された人口論争において少子化論を投じた人物が高田である。高田の少子化論は，当時過剰人口（当時の食糧と人口の不均衡）を憂う世論が浸透していたために，異

論としてそれなりのインパクトをもった。本章では，その少子化論に影響を与えた高田の師，米田の思想までさかのぼって検証を試みたが，米田はかなり早い段階で後に来る出生率の減少を確信していたことが理解できた。米田と高田は，ともに社会的事実としての出生衰退の傾向について，その社会的原因を研究の対象とした。高田は「力の欲望」，米田は現代文明の精神（人格の自由発展の要求・自由活動の要求・自由享楽の要求）によって出生減退の説明を試みている。

他方で，出生率の減少に対する方策ということについて2人の考えを比較すれば，そこには大きな違いがみられる。米田は，やがて出生率の減少が起こるが，それは必ずしも悪いことではなく，ユーゼニックスの原則に基づいて人種改善を図ればよいとする。他方の高田は，ユーゼニックスの主張に対しては批判的な態度を示していた。1916年の論考で，高田はユーゼニックスに対して以下のような見解を示した。ユーゼニックスが有識者の注意を惹き，唱道者の数を増やしているが，世人は批判的吟味なしに漫然とこれに賛同している観がある。優秀な分子の増加，劣等な分子の減少を希求するというのがユーゼニックスの根本な前提であるが，それが自明の真理であるとされ，社会の発達（＝文化の進歩）が無条件に理想であり，そのために種を優良にしなければならないというのは疑問である。ユーゼニックスにおいて文化の進歩が政策論上の最高価値であるとするのは貴族主義的な精神に従うもので，本来社会生活における最高価値が何であるかは倫理学によって答えを与えられるべきものである，と［高田1918］。

ユーゼニックスに対して批判的な態度を示したことからもわかるように，高田は後に来る出生率の減少をあくまで人口の〈量〉の問題として把握し，政治的にもその観点から発言を行った。それに対して，出生率の減少に対応する策として人種改善策をあげる米田は，出生率減少の問題を人口の〈量〉というよりは人口の〈質〉の問題で捉えた。当時の米田は，出生率の減少が必ずしも害であるとは考えず，人種改善のよいチャンスであるとしたのである。米田の人口論の背景には，ユーゼニックスに対する当時の社会的関心の高まりがあった，といえよう。

ユーゼニックスは，19世紀末の西欧社会で人類の遺伝的改良を目的として誕

生した学問である。20世紀初めに出生率の減少が認識され，問題となる西欧先進諸国においては，当時確認された出生率の減少が，必ずしも適者生存となっておらず「逆淘汰」につながると考えられ，ユーゼニックスがすこぶる普及するとともに実際に政策として体現するに至った［松原 2002］。一方，先にも触れたように，日本では1910年頃に「列強各国の中で生き残っていくためには日本人の能力をよりよいものに改善しておくことが必要である」という文脈のなかでユーゼニックスが受け入れられていく。本章で取り上げたもう1人の海野は，まさにこの立場から『日本人種改造論』を記し，ユーゼニックスを本格的に日本に導入しようとしたのである。こうして，米田と海野はユーゼニックスという接点で結ぶことができるが，さらに早い段階で後にくる出生率の減少を予測し，その説明を社会学的なところに求めたという点では，高田を含めて米田－海野－高田という流れで1つの先駆的な少子化論（あるいは，人口減少論）として括ることができるだろう。

　次に，それぞれの出生率の減少に対する方策ということについては以下のことがいえよう。先に米田との比較で述べたように，高田は人口問題を〈量〉の問題で捉え，過剰人口の問題が広く認識されるなかで，真の人口問題は後にくる出生率の減少であるということを訴えていた。他方で米田と海野は，それぞれ「人種改善策は社会政策の根本である」「ユーゼニックス的社会政策」を主張し，〈質的〉な人口政策を社会政策の一部分，それもかなり重要なものであると考えた。2人の主張は，人種改善策，あるいは人口政策として具体的に体現することはなかったけれども，米田はその後社会問題や社会病理を論じるなかで，海野も社会事業へと重点を移すなかでユーゼニックスへの傾倒をみせることになった。米田と海野にみられる出生率減少の議論は〈質的〉人口政策として社会政策と関わりをもっていたといえるのだが，この先駆的な少子化論が政治的に表舞台にあがることはなかった。その理由は，当時日本における人口をめぐる動きを整理すれば明らかである。大正・昭和初期人口論争の時期に人口に関する最初の政府機関である人口食糧問題調査会が設置されるが，その背景には米騒動を直接の原因として人口と食糧との不均衡という問題が顕在化したことがあった。その後世界大恐慌を経て人口に対して仕事が足りない，とい

った仕事と人口の不均衡問題へと展開する。これらはいずれも過剰人口問題であり，〈量的〉な問題である。満州事変以後は，日本民族の量を殖やさなければならないという民族増強政策へと人口問題が大きく転換するが，これもまた〈量的〉な問題である。もちろん，ユーゼニックスへの関心の高まりを背景に，1930年代から〈質的〉な人口問題を法制化しようとする動きはあったが，それが具現化されるのは，1940年の「国民優生法」に至ってのことであった。

　このように，人口政策には〈量〉の側面と〈質〉の側面があるが，戦前期の日本ではその政治的な動きからすれば，〈量〉の側面を軸に動いていたといえるのではないか。他方，西欧先進諸国をみると，〈量〉の側面とあわせてユーゼニックス的動機に基づく〈質〉の側面も重視されていた。後者については，近年ゴーティエをはじめとして家族政策の史的比較研究の視点から関心が向けられているが，その際，戦前期における人口問題，人口政策の展開というのは重要な意味をもつ［Gauthier 1996］。この点については，すでに川越修や市野川容孝がドイツを例に「社会国家」という概念で問題提起を行っている。川越によれば，社会国家とは「都市社会化と人口転換という新たな事態に対応すべく，その構成員を人的資源として捉え，労働，福祉，保健といった多様な領域でその維持ないし確保のための政策を展開する，20世紀型の国民国家の姿」［川越 2004：117］であり，社会国家をみるにおいて「人口・家族政策をめぐる言説と当時の時代思潮であった優生学との対応関係が検討の重要なポイントとなる」［川越 2004：119］と指摘する。一方，市野川は福祉国家＝社会国家であり，それは20世紀の重要な遺産ゆえに「優生学と福祉国家の親和性は，決して省略したり，ごまかしたりすることのできない問題としてある」［市野川 2000］と述べている。

　その意味で，本章で取り上げた戦前期の日本における〈社会学〉系の人口論の系譜は，日本の独自性を再度掘り起こすことにとどまらず，西欧の事例をめぐる研究動向とも十分合致するという点において，単なる人口学説史にとどまらないものを有しているといってよいであろう。

＊　本章では，引用を除いて優生学を「ユーゼニックス」の表記で統一している。それは，本章で取り上げた米田や海野が優生学を論じ始めた時期においては，「優生学」という訳語の定着がみられなかったからである。

1)　米田は1895年，アメリカに渡って，神学を学ぶかたわらギディングスから社会学を学んでいる。また，その後1898年にはフランスに渡り，タルドのもとでも社会学を学んだ。それらはともに心理学的社会学（人間の心理面を重視した当時最新の社会学）であり，米田はそれを日本に導入した人物として知られている。
2)　「国民の頽廃を予防する根本的な方法は，優生学より外にない」［米田 1921：254］と主張したように，米田の社会問題論にユーゼニックスへの傾倒がみられることはすでに指摘されているが［渡辺 1998］，このことはさらにさかのぼってその初期における人口問題論に由来するというべきである。
3)　海野の社会事業領域における業績に重点をおいたものとしては，中垣昌美「海野幸徳とその社会事業研究」・酒井慈玄「海野幸徳の生涯と文献」『龍谷大学論集』第389・390合併号，1969年，等がある。他方で，ユーゼニックスに関する業績は鈴木善次等によって言及されてきた（例えば，鈴木善次「日本の優生学にかかわった海野幸徳」『生物学史研究』No.45，1985年）。とはいえ，これまで十分に全体像が把握されておらず，平田の目録はそれを大幅に改めるものとなった。
4)　海野は1912年から1年間，アメリカへ留学している。その間社会学の知識を吸収するとともに，社会事業の実態を観察する機会に恵まれている。この経験が，人種改造問題から社会問題へとその考察対象を広げていくきっかけを作ったと考えられる。
5)　海野はこの本の巻頭言において，米田から教示を受けたことを述べる。新科学としての社会事業学を構築するために必要な基礎的知識を，米田から学んだのである［中垣 1981：654］。

第3章
〈社会学〉系社会政策論の展開 ▶戸田貞三の所説を中心に

1 はじめに

　第2章では，日本における少子化論の源流として米田庄太郎と海野幸徳の人口論を明らかにした。本章で新たに取り上げる戸田貞三（1887～1955）は，第1章で取り上げた高田保馬と同時代に活躍した社会学者である。

　戸田は「家族社会学の創始者」として広く知られている。例えば都村敦子は，家族政策をテーマとする論考のなかで戸田の著作『家族構成』（弘文堂，1937年）に言及し以下のように述べている。「家族がどのような間柄の親族からなるかを第一回国勢調査（1920年）の千分の一抽出票をもとに初めて分析したのは，家族社会学を創設した戸田貞三であった。戸田貞三は家族構成に注目して世帯を分類し，その構成比を採用する方法を考えた」［都村 2002：22-23］。

　確かに，家族政策は家族問題への対応という意義をも含みもっている。その意味で家族社会学との関わりは否定できない。とはいえ，先にも触れたように起源としての家族政策は人口政策と社会政策が結びついたものである。だとすれば，厳密な意味での家族政策の系譜は，人口問題との関わりでも把握されるべきであろう。その視点から歴史をさかのぼってみれば，先に取り上げた家族社会学の創始者として評価の高い戸田についても興味深い事実が浮かび上がってくる。それは，大正・昭和初期人口論争の時期に人口問題に対する発言を戸田自身が行っていたということであり，それこそが日本における家族政策をめぐる議論の中心的系譜に位置するというべきものだからである。にもかかわらず，これまで戸田をめぐっては専ら家族社会学者としての一面ばかりが強調され，活動の初期において人口をめぐる主張を行っていたことはあまり知られていない。

戸田貞三（1887〜1955）

出所：[川合 2003b]

それどころか，戸田の学説がまとまった形で顧みられるに及んだのは近年に至ってのことである。その契機をなしたのは川合隆男による『戸田貞三著作集』の刊行であった［川合 1993］。川合は，その刊行時を振り返って以下のように述べている。「戸田貞三の社会学に正面から向き合うようになったのは，近代日本の社会学史研究のうえで，ちょうど，大空社という出版社から『何か企画がないか』という問い合わせがあったときに，戸田貞三の社会学やその業績がそれまで日本の社会学界の中心にありながら，あまり顧みられないままにきたのではないかという考えから『戸田貞三著作集』（復刻版）（全14巻＋別巻1，1993年）の企画を提案するようになってからであった」［川合 2003b：vi-vii］。

当著作集の刊行は1993年のことであり，また社会学史研究においてさえ戸田の学説が本格的に検討され始めたのはここ十数年来のことである。したがって，少なくともそれ以前に関していえば，「家族社会学の創始者」という肩書きが独り歩きしてきたといっても過言ではない。川合のほか，戸田の学説を正面から取り上げた最近の業績として，石黒史郎「戸田貞三の初期著作に見出される家族：社会改良，統計法と近代文明社会における家族」［石黒 2007］といったものも見出せるが，戸田が残した膨大な研究業績の全容把握は，そう容易に完結するはずもない。

もっとも，川合をはじめ「戸田社会学」の性格づけは前述した時期から社会学史研究者を中心に進められてきてはいる。また，それと並行する形で，近代社会学史の再評価も試みられつつある。[1] それらによっても明らかにされているように，近代の社会学者の多くは社会問題に強い関心をもっており，その社会学的考察だけでなく，さらには社会事業や社会政策への言及までも行っていたのである。

筆者も，これまで「人口論者」としての彼らの議論に注目し，社会政策との

関わりでその性格に触れてきた。彼らは「出生現象」を社会学的に考察することで，(貧困層に対して) 中・上流階級，(農村地域に対して) 都市地域に出生率の低下がみられることに着目して，早くから後に来る出生率の低下とその対策を論じており，そこに彼らと社会政策の一接点を見出すことができた。

いずれにしても，彼らはなんらかの形で人口問題とその対応に関する発言を行っており，この人口問題に対する見解が後の彼らの評価につながり，その運命を左右することになった。社会学者として同世代に分類される高田と戸田についていえば，戦時下を通じて対照的ともいえる運命をたどる。両者の違いは，この人口問題に対する見解およびそれを根拠とする政策論の差に由来したといっても過言ではない。例えば，戦時下へと時代の流れが変わる以前の大正・昭和初期人口論争の時点で把握すれば，当時の過剰人口を前提とする議論に対して，両者はともに「出生減退」を意識した所説を展開した。つまり，過剰人口問題はやがて解決するとして「産めよ殖えよ」を主張した高田に対して，〈質〉的な問題をも意識していた戸田は，優生学的政策とともに社会政策の必要を主張した。とはいえ，「社会学者」としての両者がその後たどる道は大きく分岐することになる。

その結果については，よく知られるところであろう。戦時下に至って，高田の人口論はある種のイデオロギーとして「戦時人口政策」および「民族主義」の擁護論として機能することになり，それが後の高田評価に大きく影響することになった。一方，戸田については，今日の「家族社会学の創始者」とされる評価が物語るように，戦前，戦後を通じて家族社会学者としての活躍を続けていくが，他方の「人口論者」としての戸田に関する評価はなぜか下されなくなる。

このような認識のもと，これまでさほど注目されてきたとはいえない「人口論者」としての戸田の側面に光を当てるとともに，戸田を社会政策論の系譜においても把握することを試みたい。そこで，続く2節では「階級的内婚制に就いて（上）」「階級的内婚制に就いて（下）」(1926年)，「自然の人口と人工の人口」「自然の人口と人工の人口（承前）」(1928年) を取り上げてその人口論を，そしてその後の3節では戸田の主張する社会政策論に論及していく。戸田が社

会政策を論じたものとしては「社会政策と連帯責任」(1926年)，『社会政策』(1931年)等があるが，これらはいずれも，戸田貞三の年譜や文献目録においてその存在に触れられてはいるものの，踏み込んだ考察がなされてきていないのが実態である。

すでに論じてきた米田や高田等とともに，戸田の所説は日本における〈社会学〉系社会政策論の系譜として把握することができる[2]。すでに米田や高田といった近代社会学者の人口思想を取り上げ，彼らに共通する社会問題および人口問題の社会学的考察をもとにした社会政策との接点に言及してきたが，彼らの「社会政策論」の全貌を根底から明らかにするというところまでは及んでいなかった。それは，米田や高田が「社会政策」への言及を行ってはいるものの，それを体系的に論じた著作が存在しなかったためである。それに対して，社会政策を主題とする著作を遺している戸田の存在は，〈社会学〉系社会政策論者の社会政策論の特質を一層深く把握しうるものとして重要な意味をもつと考えられる。

2　戸田の人口論

まず，「階級的内婚制に就いて（上・下）」(1926年)を取り上げよう。戸田の家族研究のなかで，本論考は人口論から社会政策論へと展開する1つのきっかけをなしたと考えられる。それは，婚姻をめぐる国内外の法制についてその史的展開を中心に論じたもので，人口を主題とする内容ではないものの，「婚姻」の階級的分析に人口論の萌芽をみることができる。

「我国民は古来婚姻に際して，配偶者の身元調べを極めて念入りになす慣習を持って居る」([戸田 1926b]。引用は［戸田 1926a：117］)。冒頭でこう述べるとともに，その身元調べの特徴として配偶者たるべき者の「生理的・心理的状態」というよりは，「身分・素性・血縁関係の範囲・資産状態」に重きがおかれていることを指摘する。

その理由は，配偶者となるべき者の「身分」「境遇」と，自己および自己の所属する家族団体の社会的地位との間に，大きな差異がないということが社会

的に要求されているからであるという。あまりにも「身分」の異なった者の間に婚姻が成立する場合は，当事者が所属する社会（特に当事者と同じ社会的地位にある人々の団体，または当事者と同じような身分にありかつその者と血縁関係のある人々の団体）が当事者に対してある種の反感をもち，ともすればそのような婚姻をなした者を団体から除外しようとすることも少なくないのである。このような傾向も手伝って，婚姻をなす際そのほとんどが相手に「当事者の所属する家族団体は双方がほぼ同じ程度に於いて社会的尊敬を受け，ほぼ同じ様な特権を維持し，ほぼ同じ様な生活形式を持ち，ほぼ同じ様な資産状態にある事を希望して居る」[戸田 1926a：118] のだという。

このように，婚姻をめぐる伝統として「社会的地位・身分」の等しい者同士，いいかえれば各階級の内部に通婚の範囲を限定し，いわゆる「階級的内婚制（Class Endogamy）」を実現することが一般的に望まれてきたのである。この「婚姻に際して双方の社会的地位の『つり合い』を重んずる」という風習は，「現代に於いても強く一般の人々を支配して居る慣習であるが，現代に於いては法制上之を強制する事まれで（中略）極めて特種なる場合を除く外，一般には当事者双方の社会的地位の上下，富の大小，特権の多少と云ふ事の為に，婚姻が法制上禁ぜられて居ると云ふ事は少ない」[戸田 1926a：118] という。

以上のように，婚姻をめぐる慣習について当時の状況に触れたうえで，日本で最も古い成文的法制とみられているという「戸令」までさかのぼって日本の婚姻をめぐる慣習および法制の伝統を戸田は明らかにしている。その具体的な内容は省略するが，「詔」（奈良時代），「貞永式目」（鎌倉時代），「武家諸法度」（江戸時代）等の通婚範囲になんらかの制限を加える法制の存在に言及する。

他方で，戸田は外国の例にも目を向ける。支那，印度，マレー半島，アメリカ，アフリカ等の各種族についても通婚範囲を制限する法制を取り上げ，「身分の上下による通婚範囲の制限，―貴族と平民，自由民と奴隷又は捕虜，支配的位置にある者と被支配的地位にある者，社会的特権を持つ者と然らざる者，優位の階級にある者と劣位の階級にある者との間に，通婚の範囲を直接又は間接に限定する慣習―は可なり広く世界の各民族観に行われて居る様にみえる」[戸田 1926a：156] と述べている。

「婚姻」をめぐる法制および慣習について，日本や外国の歴史的事例に言及したことをもとに，「通婚範囲の階級的制限」に関しては以下の2点として一般化を試みる。

①階級的内婚制（Class Endogamy）…優位の階級の者と劣位の階級の者との間の婚姻を禁止する
②昇婚（Hypergamy）…上級階級の男子は下級階級の婦人をも娶りうるが，下級の男子は上級の婦人を妻となしえない

そのうえで，階級の確立と婚姻をめぐる法制との関係について以下のように結論づけた。

> 階級間の限界が明になって居る様な所に於いては，優越的階級の者は其地位，特権の世襲の必要上，階級的内婚に傾くのであるが，更に優越的階級は其特権維持の必要上，及び其自身の排他的傾向に基づいて，其階級の者が下位の者と通婚するのを禁じ，かかる通婚によって其階級的利益が侵害せらるるのを防がんとする様になる。此如き通婚の禁は階級に所属する個々人又は個々の家族団体の要求であるよりは，寧ろ階級自身の要求である。優越的階級の者は，かかる要求を階級を構成して居るが故に生ずる要求として，即ち其の階級の要求として其所属員に承認せしむると同時に，其優越的地位を利用して，其要求を其社会的秩序維持の必要に出づるものとして，一般的に承認を求める様になる。それが一般的承認を得る様になれば此階級間通婚の禁は，やがて社会的慣習として，又は法制として行われる様になり，茲に階級的内婚制度は確立するのである。此様に考へて観ると，<u>階級の確立は階級的に内婚に傾き易きのみならず，此内婚はやがて制度として社会的に確定せられ易くなるものの様である</u>。（下線－引用者）
> 　　　　　　　　　　　　　　　　　　　　　　［戸田 1926a：178-179］

このように，本論考では婚姻をめぐる日本および諸外国の法制や慣習の伝統を明らかにすることに重点がおかれている。したがって，「婚姻」制度をめぐる戸田の政策的主張がまとまった形で提示されているとはいえないが，ここにみられる婚姻の階級的分析は，人口の〈質〉と接点をもつものとして人口論への展開を感じさせる。というのも，本論考が発表された1926年の2年後には，戸田の人口論ともいうべきもの（「自然の人口と人工の人口」「同（承前）」(1928年)）が公表されているからである。

その冒頭で，戸田はまず「自然の人口とは国家とか種族との如き地縁団体又は血縁団体の員数があるがままにある場合の数を云ひ，人工の人口とは此如き

団体の員数が人為的に左右せられた場合の数を云ふ」［戸田 1928a：1］と述べ，「自然の人口」と「人工の人口」を定義する。そのうえで，いかなる地縁団体または血縁団体においても，その人口が完全に自然的な出生および死亡に決定されているということはなく，現実の人口はなんらかの程度において人工的に加減されている（＝「人工の人口」）と述べた。だとすれば，事実上ほぼすべての団体が「人工の人口」で成立していることになるが，その人工の人口は主に以下の2つの作用によってもたらされたものであるという。

①移動作用：来住および移住

　例：都市人口

　　　「近代的大都市の人口は其都市内に於ける出生数と死亡数との差の累積に基づいて出来上がって居ると云ふよりは寧ろ他の地方よりの来住者数によって維持せられて居る。」［戸田 1928a：1］

②出生ならびに死亡に対する人為的技工

　ⅰ）人為的人口増加法

　　　出生を助長する方法…外婚の慣習，多妻制の是認，婚姻の助長および独身者非難の慣習，産児数に応じた免税の制度

　　　生命の延長（死亡の防止）…医術の発達ならびに衛生思想の普及による疾病治療，疾病予防，健康助長

　ⅱ）人為的人口増加制限法

　　　生命の短縮…殺児，死刑

　　　出生制限…堕胎，避妊，婚姻制限（婚姻年齢の制限，配偶者数の制限，内婚制の確立，および婚姻禁止）

　以上のように人工の人口をもたらすものとして「移動作用」と「出生及び死亡に対する人為的技工」を提示したうえで，出生に対する人為的技工に焦点を当てて，その意義を論じる。人類の特性は，その他一切の生物と異なる点として，目的意識と内的な要求に応じて技術的動作（＝人為的技工）を用いて生活活動を営むことにある。したがって，出生に対する人為的操作も，人々が目的意識と内的要求に応じて生活活動を営むことによる結果もたらされた文化として把握できるという。本論考は，大正・昭和初期人口論争の最中に発表されて

おり，当時産児調節の是非をめぐって社会的な議論が高まっていた。そのなかで戸田は，「是」の立場をとったのである。そのうえで，産児調節についてなんらかの問題が起こりうるとすれば，それは「人為作用を加えることの可否にあるのではなく，如何なる方法による人工を用ゆるが最も合目的であるかと云ふ点にある」［戸田 1928b：25］として，ある人為作用が「(国民生活上にどのような効果がもたらされるかによって判断されるところの）合目的」である限り，出生に対する人為的技工は否定されるものではないという見解を示した。

このように戸田なりの見解を示したうえで，出生に対する人為的技工の理想とするところについて一般化を試みる。すなわち，各国民がとる人為的技工は外的に規定される生活条件と国民の内的要求によって異なるため，人口維持に関する要求が一様でない限り，それを実現する方法としての人為作用は国民において種々様々となりうる。そのことを認めつつも，各国民が人口に対して要求するところには根本的に共通点があるように思われるとし，「<u>如何なる国民も，其国民の居る所の外的の境遇如何を問わず，其国民の活動力の最大なる事を期するが故に，其人口は質的に優秀なる者が量的に多数なる様構成せられる事を望むものと思われ</u>（中略）<u>優秀なる質を持つ人口を多く得て，其国民の示し得る活動能力の最大ならんこと，従って又かかる力の発現によつてなる文化の最高なる展開を期待して居るものと考えられる</u>」（下線－引用者）［戸田 1928b：25］と述べた。

ここで戸田は，「質的に劣等な人口」と「質的に優秀な人口」の区別を明らかにすべく，それぞれを以下のように定義する。

「質的に劣等な人口」…「心身の薄弱なる者，疾病に侵され易き素質を持つ者，常習的に社会的秩序を乱す恐れある者（といった－引用者）如何なる場合に置いても国民生活上には望ましくない人々」［戸田 1928b：26-27］

「質的に優秀な人口」…「国民の生活要求を実現する為に活動する者，創造的の能力をあらはして人間の生活上に何らかの奉仕をなさんと努力する者，社会的共同を維持するために与えられたる職務を忠実に守る者，怠惰を嫌って作業に精進する者達は如何なる民族にも歓迎せられる人々」［戸田 1928b：27］

このように両者を区分したうえで,その差がどこに認められるかということについて戸田は以下のように述べる。「質的に優秀なる者の協同による国民生活と,質的に劣等なる者を多分に含んだ共同生活との間には国民が形づくる文化の上に大なる差を惹起し,国民が享受し得る生活内容に著しき差をもたらすであろう」[戸田 1928b：27]。そして,この人口の質によって生活内容に著しい差が認められるがゆえに,すべての民族はできる限り質的に優秀な人口を維持し,他方でできる限り質的に劣等な人口を「除去」,「防止」するように努力するのだという。実際,その努力は優良と認められる人々の増加を求め,劣悪な人々の数を縮小させる社会制度または慣習を案出するという形で現れたという。

とはいえ,それまでにみられた人口の質を優良化しようと案出された方法は,必ずしもその目的を達成するにおいて十分ではなかったという。従来用いられたなかで最も効果をもたらすであろう優生学的技術（＝「精神病者,天刑病者,花柳病者又は結核病の重患者,常習犯罪者」等の「悪質の素質を持つ者」に婚姻を禁ずる方法）をはじめ,悪質な人口を除去し,その発生を防止するために多少効果があると思われるものはあるものの,良質な人口の増加を促し,その子孫を繁殖させるために大きな効果をあげると考えられる方法はほとんどなかったとして,戸田は優生学的技術の採用等があくまで消極的効果にすぎなかったことを強調する。

そして,新たに提起するのが「出生によらずして全人口の質を多少とも優良化しうる方法」である。それは,人口の質の優良化を実現する方法としてこれまで採用されてきた方法（以下でいう①②）が消極的効果しか望めなかったのに対して,より積極的な効果が望めるというものである。

①将来起こるべき出生を通じて優良化の効果を求めんとする方法
　…「優良なる血統を伝え得る者には出来る丈出生を促す機会を与え,劣悪なる素質を伝えると認められる者には其機会を与えぬ様にせんとする方法」
　　[戸田 1928b：30]
②現存の人口中劣悪者を除去することによる方法
　…「全人口中に劣悪なるものを止めしめぬ様にする方法」（＝「此方法の実現

は好ましからぬ者と認められる者に対して少なくとも或る程度の体刑を加へる事となり，極端なる場合は其生命を奪う事」）［戸田 1928b：31］

③出生によらずして全人口の質を多少とも優良化しうる方法

　…「全人口中国民生活上に大なる負担をかけながら殆ど之に寄与する所なくして国民中より去り行かんとする人口を出来る丈国民中に止まらしめ，国民生活上に何らかの奉仕をなさしむる様にする方法」［戸田 1928b：31］

　前二者が「出生」および「（現存する）国民」の「排除」という消極的な方法であるのに対して，③は「活動力を持ち又は持ち得る国民を失わぬ様にする」という積極的な方法である。そしてそれは，前二者が「劣悪素質を遺すと認められる者に其生殖作用を禁止する」「体刑を加える」といった形である個人に特殊な制裁を加えることになるのに対して，人々に特別の制裁を加えないという意味でも肯定されるべき方法であった。

　では，戸田のいう「出生によらずして全人口の質を多少とも優良化しうる方法」とは，具体的にどのような方法であるのか。先の説明のなかで戸田がいう「国民生活上に大なる負担をかけながら殆ど之に寄与する所なくして国民中より去り行かんとする人口」とは，具体的に「活動期に入るまでの年齢にある幼少者」を意味しているのである。

　戸田はその幼少者をめぐる当時の状況について，以下のように述べる。

　　（幼少者は）活動期に達したる後は国民生活に大なる寄与をなし得るのであるが，其内可なり多くの者は青年期に達せずして滅亡して行き，国民に大なる負担をかけたまま此世から逃げ去る。（中略）此等の者（幼少者－引用者）も出来る限り其生命の延長を願い，活動期に達せん事を切望するのであるが，やむを得ず他の者の活動力を吸収したまま此世を去るのである。此如く国民の活動力を奪ったまま死亡し行く人口を多く持つ事は如何なる場合においても望ましくなく，全体の上から観てそれは国民の活動力を著しく弱めることとなる。それ故に此如き人口を最小限に止まらしめ，此等の者の死亡を防いで出来る丈多くの者を活動期の終わる迄生存せしめ，活動力を持つ国民を最も多く得る様に全人口を構成せしむる事は，如何なる国民にあっても最も痛切な要求となるであろう。
　　　　　　　　　　　　　　　　　　　　　　　　　　　　　　　［戸田 1928b：33］

　このように，生まれた命が，国民生活に多大な寄与をなしうる青年期まで成長する以前にこの世を去るということは，（妊娠，出産，育児という）大きな負

担を国民にかけたまま，なんらの国民生活に対する寄与をなすことなくこの世を去るということであり，人口の優良化策としての③は，端的にいえばその幼少者の死亡を防ぐというものであった。

この「国民に負担をかけたまま去り行かんとする幼少者の死亡を防ぎ，活動能力を失うに至る時期まで総ての者を生存せしむる様にする方法」は，最も望ましいにもかかわらず，当時の先進諸国に共通して十分な形での普及がみられないという。なかでも日本においてはその実現がきわめて緩慢であることを指摘する。日本で最初に国勢調査が行われたのは1920年のことであるが，その第1回国勢調査の年齢階級別人口の結果に基づいて，戸田は「15歳までに約3割内外，20歳までに約4割内外，30歳までに約5割内外の人口が消失している」という事実を指摘し，それは国民生活上非常な損失であるとした。

それに対して，イタリア，ドイツ，イギリス，フランス（他の文明諸国）の年齢別人口分布に言及し，これらの国は相対的に，若い年齢において人口を消失することが少ないことを指摘する。この理由について，それは「単に国民の体質が優れて居る故のみではない。彼等は幼少年者の保護扶育一般国民の健康維持に最新の注意を以て臨むで居る」［戸田 1928b：42］からであるとして，一部の西欧先進諸国の動きを評価した。戸田は，「幼少年者の保護扶育」および「一般国民の健康維持」に注意を向ける必要を以下のように訴えて，本論考を閉じている。

　全国民，殊に幼小者を失う事多く，更に20歳前後の青年男女を失う事の多い国民は，国民の健康を維持すべき方法を欠き，青少年を養育すべき注意と技術とを欠くものと考えられる。此如き方法を欠き，国民の保健に関する用意を怠るが故に，我が国民は年々将来のある者を非常に多く失ひ，其為に計上する事出来ぬ程の大なる損失を被りつつあるのではないか。たとえ多産にあつて人口増加を求め得るとして，多産にして多死なるは自然の運命に翻弄せられつつある動物生活に近い。動物生活に近い生活を送り，若年者の消失に対する用意を欠くために国民が大なる犠牲を払うと云う事は人間生活に於いて名誉とはならぬ。若し如何なる技工を施しても幼少にして仆れる者の多いのを防ぎえないとしたならば，此如き虚弱の素質を持つ者の出生を防止する方法が取るべきであるが，健全に生育し得る者を不用意の為絶えず失うとしたならば不用意の大小がいかに高価なるものであるかを悟らなくてはならぬ。　　　［戸田 1928b：42-43］

以上のように，戸田は人口の〈質〉の向上の重要性を指摘するとともに，それを実現する手段として，①出生を通じての優良化，②現存の人口中劣悪者を除去することによる優良化，③出生によらない優良化，を提示した。そのうち最も優れた方法とされる③は，社会政策によるものとなるが，そこに人口問題と社会政策の接点を見出すことになるのである。それは，戸田の議論における人口論から社会政策論への展開となっていく。そこで，次節ではその社会政策を主題とする戸田の論考を取り上げよう。

3　戸田の社会政策論

まず取り上げるのが，「社会政策と連帯責任」(1926年) である。本論考は先の「階級的内婚制について」と同じ年に発表されており，「団体と個人の関係」に焦点を当てることで社会学的な視点から社会政策を論じたものとして注目される。

団体と個人の関係について，両者の間には以下の2種類の関係が成立するとして，それぞれ以下のように説明する。

① 「団体が個体によって支持される関係」

団体がその構成員たる個体に支持されることによってその存在を保ち，その支持者を失う場合には早速団体としての存在は不可能となるということ。

② 「個体が団体によって保護される関係」

個体が各個体相互に協同し，相互に補充して団体をなし，この団体をなすことにおいて各個体の安全を比較的十分に保ちうるということ。

このうち②の関係が，「個体は団体の内に入る事に於いて，団体の衣に被はれることによって，個体生存の安全率を増加し得る」[戸田 1926c : 2] という意味で，社会政策における「連帯責任」の問題と関わるという。個体の能力の特殊化，その機能分化の程度が高い（＝文化の程度が高い）文明人にあっては，「団体を構成する者に自己の機能の実現と自己の能力の展開とを自分等の生活行動の一部と考えしめ，此様な実現と展開とを相互に行う事に於いてのみ自分等の生活は安定を得ることを意識せしめ，此安定を獲得するために構成員は悉

く相互に其実現と展開とに努むべき，連帯責任ある事を意識せしむる」［戸田 1926c：2］ことによって団体自身の要求としての「依存関係」および「相互扶助の関係」を維持すべきことを成員に求めることが可能になる。そのような観点から，戸田は社会政策を以下のように把握する。

　文化の程度高まるに伴ふて個体の機能分化は次第に強くなる。従って複雑なる文化を持つ社会に置いては，各個体は行ふ所の職務の種類，居る所の地位の上下，持つ所の権力の大小，与えられたる所の富の大小を問わず，全体の協同に強き責任を持たなくてはならぬ。各個体が此責任を認め，社会的要求に服従する事に於いてのみ団体は支持せられ，各個体は其安全を保証せられるのである。団体の全成員の生存要求に反する行動は如何なる構成員にも許されない訳であり，個体は全体の要求に強く結びつけられて居なければならぬ。是れ近代の社会生活に於ける強い要求であり，近代社会政策の根底に横はる強い要求である。労働立法も此要求の発現であり，産業政策も此要求の発現であり，食糧政策や住宅政策も此要求の発現であり，犯罪政策や防貧政策も此要求の発現である。(下線－引用者)　　　　　　　　　　［戸田 1926c：21-22］

構想段階にあるとでもというべき以上の議論は，『社会政策』(1931年) においてより具体化する。その「緒言」で，戸田は社会政策を以下のように定義する。

　社会政策とは如何なる事柄を云ふのであるかに就いては色々の解釈があるが，私自身の考へを大体に於いて述べるならば，それは国家又は其他の団体の持つて居る公権力によつて，国民又は社会団体を構成して居る一般の人々の生活要求を充実せしめる事である。即ち一定の社会に生活して居る人々の生活要求を，国家又は其他の団体の力で保障すると云ふ事である。これが近来の社会政策の最も根本的なる意味であると思はれる。(下線－引用者)　　　　　　　　　　　　　　　　　［戸田 1931：1］

続いて，社会事業との違いについては図表 3 - 1 のような把握を行うことで社会政策を「公権力による公の強制力を根拠とするもの」であると特徴づけた。このように冒頭で結論的なことを述べたうえで，続く本論では「社会政策の根本義」について論じる。

　先の論考で，戸田は「文化程度の高まりが連帯責任に基づく社会政策形成の可能性をもたらす」としていたが，本論ではその「文化」という概念について明らかにするところから始められる。この言葉の説明も論者によって異なるが，

図表 3-1　社会政策と社会事業

	社会政策	社会事業
目的	人々の生活要求の実現を期する	
主体	公権力	必ずしも公権力によらない
根拠	社会人の共同感情・互助の精神＋公の強制力	社会人の共同感情・互助の精神

［戸田 1931：1-2］をもとに筆者作成。

　戸田は自身の見解として「自分は文化は価値の発現であると考える」［戸田 1931：2］として文化は価値的にあらわされた事物であるがゆえに，一定の時代，一定の社会の人々によって意味のあるもの（＝「社会的に意義あるもの」）となるという。「文化は特定の社会，人々にとって意義あるものであり，如何なる社会に於いても同様な意義をもつものではない」［戸田 1931：3］として，それは人間の力によって左右されるという意味で「自然」と対置しうる概念であるとした。

　その文化には「物的」なものと「精神的」なものがあり，前者は「衣食住其他の生活要求に応じてあらはれたと観られる経済的財貨の如きものであり，後者は宗教，芸術，学術，道徳，法律等の如きものである」［戸田 1931：3］という。後者は我々の生活に有価値と考えられるものとして我々の社会生活に現れたもので，それは「今日の」我々が価値を認めることではじめて発現するとして「社会生活に関する種々の対人行為の規則，教育に関する方法，学術の研究，芸術的創作，宗教的行事等総て人々にとって重要と認められたが故に，人間文化としてあらはれ，それが現代人の社会生活上有価値的と認められたが故に，現代人の生活形式として発現したものである」［戸田 1931：7］と説明する。

　このように，「吾々の持つ文化は吾々の社会生活に役立ち，此社会生活を構成する人々に享受せられると云ふ事によつて始めて有意義となる」［戸田 1931：8-9］という。それは，「総て人間行為の諸所産は其等の人々の生活要求に応ずると云ふ意味に於いて其存在理由が認められるものである」［戸田 1931：9］といいかえることもでき，「吾々が価値の故に造り出し，又は尊重する所の人間的文化は，此文化を産出した人々の属する社会人によって享受され，社会人の生活の用に供せられると云ふ意味において真の理解を得るものと云は

れ得る」[戸田 1931:9] のである。

　次に，この人間行為の諸所産が，どのように人々に享受されるかという問題については，「此問題の解決はあらゆる人々の生活の上に極めて重要なる関係をもたらすものであり，此問題の解釈如何によって現実の人間生活の様式，対人関係の形が非常に異なってあらはれて来る」[戸田 1931:13] として，それには「個人生活本位」と「社会生活本位」の2通りがあり，「前者は従来多くの人々によって考えられて居た方法であり，後者は近代社会生活上に起こる不安を除去する為に最も適当であると考えられた方法である」[戸田 1931:13] と説明する。

　従来最も強く人々を支配した享受方法であった「個人生活本位」は，いわゆる自由主義と結びついて19世紀の初頭以来強い力をもって人々を動かしてきたものの，それが人々の間で強く認められた結果，人々の社会生活上に大きな矛盾を引き起こすということが意識されるようになり，社会本位的生活が次第に多くの人々によって主張されるようになったという。

　その社会本位的の生活形式には2つの方法が考えられ，その1つが社会主義の様式に基づく形式，もう1つが社会政策を基本とする形式であるとしてそれぞれについて説明する。

　社会主義は，一切の人間的所産はすべて人々の共同による社会的所産で，「人間生活は常に社会生活であり，人間的所産は社会的共同による所産である。従って共同の働きに基づくものは共同に利用され，享受されるべく，又かく共同に享受される事に於いて社会生活をなして居る人間生活の意義を明にする事ができる。此人間生活の意義を明にせずして，共同の働きによる所産を私有に委すが故に，あらゆる矛盾と害悪が起こる様になると云ふ」[戸田 1931:13] ものである。

　それに対して社会政策は，人間的所産の私有は必ずしもそれ自身人間生活に害悪をもたらすのではないとして，人間生活上に起こる害悪は「事物を使用し消費する方法に於いて，個人的任意，我儘が中心点に置かれるからである」[戸田 1931:27] という。したがって「社会的共同の増進を主として使用さるべき事物を，個人的任意に従って使用するが故に幾多の社会的不安が生ずるので

ある。此如き使用方法を否定して真に社会的共同を増進するが如き意味にて事物が使用せられる必要があり，又此様に使用せられるならば何等個人的所有を否定するに当たらない」［戸田 1931：28］のである。

このように説明したうえで，社会政策について以下のようにいう。

　総て事物が作られるのは人間の生活要求に答へる為であり，人間の共同生活に役立つと云ふ意味を持つものである。それ故に人間の共同又は生活に役立つと云ふ意味から遠ざかった方法に於いて事物を使用し，又は一般の人々の生活要求に反すると云ふ様な意味に於いて事物を使用する事は禁ぜられなくてはならぬ。事物を使用するにはそれが社会生活上に及ぼす影響を考へて，社会人としての生活要求に応ずる方法に於いてなされなくてはならぬ。此様な方法に於いて事物が使用せられぬ限り，現在人間生活上に観るが如き社会的害悪と不安とは起らぬであらう。此様な考へに基づいて総て事物の所有の如何に顧慮する所なく，<u>人間的共同を中心とする意味に於いて事物の享受，生活形式の確定を求めんとするが，近代社会政策の要求である。</u>（下線－引用者）
　　　　　　　　　　　　　　　　　　　　　　　　　　　　　　　　［戸田 1931：28］

このように社会本位的生活形式としての社会政策の要求について述べたうえで，「（人間）生活」の問題へと話を進める。（人間）生活には個人生活と社会生活の2方面があり，通常の場合人々は日常生活における各種の行為を個人的生活要求の発現であると考え，それを個人生活という方面のみに重きをおいてみようとしているが，多くの場合は，1つの生活行動のなかに社会生活（他の個人との共同において実現するもの）とみられる方面と個人生活（単純な個人の生活）とみられる方面が織り込まれているという。

人々の行動が個人的要求の実現という意味で行われるとき，その根底には個人の独立，個性の尊重，個人的自由の確立というような考え方が潜んでいるが，個人的存立の確立を動機とし，個人の独立，自由を尊重するところから，個人の行動の自由を妨げようとする者を一切否定してかかる人々は，自己の完成が自己の単独な生活によってなし遂げられるものではないことに気づかないのである。したがって，富力や権力といった力を社会的に是認された者がそれを個人の生活のみを中心にして利用しようとするとき，困難な社会問題——労資の問題，失業問題，生存権の問題，小作問題，密集生活から起こるあらゆる保健問題，道徳問題——が惹起されることになる。

これらの問題解決のため，「すべての人々に，社会人たる意識を高調させ，社会的共同を尊重するに至るような自覚心を惹起させることは現実として困難であるため，人々に社会人たる自覚を強く促す方法をとりながら，当面に生じる種々の社会的不安を除去し，社会生活の安定を出来る限り助長する意味を以て第二義的の手段であるとは云へ，茲に国家の権力を用いて法制の力によって社会的共同を助長する方法を構ずる事が必要となる」［戸田 1931：28］として，この「公権力を背後に備えて社会生活の安定を致す方法」が社会政策立法であり，「社会政策の主たるものとしては，労働者保護に関する諸政策，国民一般の衣食住に関する諸政策，国民の保健衛生に関する諸政策等が考えられる」［戸田 1931：58］と述べている。

労働者保護（賃金の問題，労働時間に関する問題，婦人労働問題，労働者の疾病または負傷保護の問題，失業救済の問題）に関する諸政策，食糧政策，住宅政策についてそれぞれ具体的に述べたうえで，戸田はいう。これらの政策はすべて

> 社会的共同に来加して居る人々に，此等の人々の共同の結果として作られ，人間生活に役立たしめると云ふ意味を以て作られた文化的所産を享受せしむる様にし，社会的共同にある人々の生活を，少なくとも最低限の程度に於いては社会人一般の共同の負担に於いて保障する様にし，此様にして社会的共同の助長を確実に，国家的公権力を背景として実現せんとするものに外ならない。同じく社会的国民的共同を形作りながら，従来の自由主義的，個人主義的伝統に支配されて，社会人として立つに最も必要なる程度の生活保障を国民的（社会的）連帯責任として実現せんとする所に以上の如き社会政策の根本要求がある。（下線－引用者）　　　　　［戸田 1931：72-73］
> 此等の政策の根本義は，19世紀以来人々を強く支配した個人本位的，自由主義的傾向とは著しく異なる。その主張は個人本位的生活方法から来る矛盾を出来るだけ矯正せんとする所にある。現実の人間生活が社会関係の上に確立せられ，社会的共同を通じて人間生活要求は実現せられつつあるのに，生活享受を個人本位的に実行せんとした所に従来の大きい矛盾があった。此矛盾を切開いて社会的共同によって基礎づけられて居る人間生活を，出来るだけ社会本位的に展開せしめんと試みる所に，現代の社会政策の力点があるのである。（下線－引用者）　　　　　［戸田 1931：73］

実は，これまで取り上げた「緒言」に始まる内容の前に，5頁からなる「はしがき」が添えられている。そこでは人間生活における「合理・非合理」との関わりで社会政策を論じている。そこに，戸田の社会政策論における独自性と

いうべきものが表れているので，ここでぜひとも取り上げておこう。

「人間生活は合理的要求にばかり基づいて組立られて居るのではない」［戸田 1931：1］。このように述べ，合理化の要求が高まるにつれて「合理」＝望ましい，善いとされ，その結果「非合理」＝望ましくない，悪いと連想されやすくなったことを問題視する。非合理的なものの例として人が人に対してもつ感情をあげ，人間世界から感情の生活を全部取り除いてしまった生活は「合理的であり，便利であらうが，棲むには面白みのないものとならう」［戸田 1931：3］という。「合理化がよいことと考えられるのは，総て非合理性の否定となるが故によいのではあるまい。合理化せらるべくして尚合理的となって居らぬ人間行為を合理的に整えるが故に，よいこと，好ましいこととされるのであらう」［戸田 1931：3］と述べ，それを踏まえての「社会政策は人間間に存在し得べき諸関係中，合目的に実現し得べき関係を，出来る限り社会本位に合理化せんとする政策である」［戸田 1931：5］とする。その実現のためには「社会本位の人間生活を十分に理解するの明あることを要すると同時に，之を合目的に整序すると云ふ実行上の勇あることを必要とする。鋭き明と，強き勇と此二つが近代人の生活向上には絶対的に必要である」［戸田 1931：5］と主張した。

ここで繰り返し用いられるとともに，本書（『社会政策』）の全体を通じても1つのキーワードとなっていた「社会生活」という言葉は，戸田の研究業績をさかのぼれば，比較的初期の論考である「跋文」『現代社会問題研究第24巻 国家社会観』（冬夏社，1921年）においても繰り返し用いられている。それは全体でわずか11頁の論考ではあるが，「社会生活の不安定」について論じたもので，そこでは「人の相互関係になり立つ協同生活」が「社会生活」であり，その「社会生活の不安定と云ふ事は如何なる時代如何なる社会にも多少の程度に於いて必ず起こって居るものであるが之を全般的に観ると現代程社会的動揺の強く起こった時代は今迄にない様で」［戸田 1921：3］あると述べられている。

社会生活には意識的にせよ無意識的にせよ圧迫や不公平といった無理な関係が随分多く，それを「廃除して出来る限り人間の理想に近い社会的協同生活体を作らんとする要求が起こり，此要求に多数の国民が共鳴して多数国民の要求となり，茲に現代社会生活上に大波乱」［戸田 1921：5］が生じたのだという。

人間社会に起こる不安定の根拠は，個人として同人として，同一階級者として，同一国民として同一民族としての自己実現の努力の付随現象であるとして，その否定は不可能である。したがって「<u>付随現象たる波乱から来る損害を出来る丈少なくして当初の目的である自己実現の理想を出来る丈完成せしめんと努力する時に茲に社会的不安に対する救治の望が生じ，茲に漸く社会問題解決の萌芽が生ずる</u>」（下線－引用者）［戸田 1921：7］のだという。

戸田は，さらに続ける。「現代社会的動揺の原因である無理な不合理的な社会的関係の矯正と云ふ事は，改造の理想とする所に於いてはほぼ各国民共に同様であるが，何を不合理とし何を圧迫とし何を不公平と感ずるかと云ふ点に至っては各国民各自に幾分づつ差別のある事である」［戸田 1921：8-9］。したがって，社会的動揺の源である不合理や圧迫，不公平の基準は，日常生活に深く編み込まれている各国の国民性や生活様式によって異なるため，その程度に応じた「救治策」がとられなければならないとした。このように述べて，社会的動揺を「出来る丈静め其実現を出来る丈完成に近づかしめる為には世界的影響を考慮の内に入れる必要はあるが其立案の基本は其国民性を中軸としなければならぬ。現代の社会生活に出来る不安定を少なくし社会問題の最も妥当な解決を得んとせば其国其社会の国民性を基調としなければならぬ」［戸田 1921：10-11］と結論づけた。

本書（1921年）の段階では「救治策」という言葉が用いられているが，それは戸田の社会政策論のいわば原型であるといってよい。その後，戸田がはじめて社会政策を主題に論じた論考が先の「社会政策と連帯責任」（1926年）であり，さらにその延長上に『社会政策』（1931年）が位置づけられるのである。

ところで，社会学者としての戸田を（社会）政策論へと導いたものは何だったのであろうか。それは前節で取り上げた人口問題への強い関心であるといってよいが，そこからさらにさかのぼれば，より早い段階における「細民問題」への言及に行きつく。戸田がごく初期に発表した論考である「何故細民が出来るのか」（1917年）は，そのタイトルが示唆しているように「貧民」の問題について論じられ，実はここに早くも戸田の人口問題観が見て取れるのである。

その冒頭で，泥棒をはじめ犯罪がなくなった時代はないという事実を取り上

げて，犯罪を矯正することによって社会の安寧と秩序を保持するため，個人的にも公的にも非常な犠牲と費用が費やされていることを指摘する。そのうえで，「直接に吾人の生活上に痛切なる利害関係を有する害悪（強盗，窃盗をはじめとする犯罪の類－引用者）に対しては，世人は随分多大なる犠牲を払ふを惜しまないが，事少しく間接的なる方面に対しては，それが何程恐るべき害悪を伝播するにしても，多くの注意を払ふ事のできないのは従来世態の常例ではないか。此間接の害悪に対して注意の不足せるが為に，最少限度に止め得るべき損害を益々拡張せしめ，国民生活上由々しき大問題を惹き起こしつつあるのではないか」[戸田 1917：36-37]と，(直接の害悪に比して)間接の害悪に対する軽視を嘆く。

間接の害悪の具体例として「非衛生」の問題をあげ，以下のように述べる。

「犯罪よりも少しく間接的なる衛生方面では，其損害が非常に大なるものであるにもかかはらず，尚未だ十分に世人の注意を引かず，其予防法も甚だ不完全で，害悪は益々猛威を奮って居る次第である。然るに尚一歩間接的なる方面に進んで見れば，更に多くの大問題が等閑に附せられ，社会的損害は日一日と大きくなりつつあるのである。即ち貧民の問題である，何故貧民が出来るか，如何にして之を防ぐ事が出来るかの問題である。<u>吾人の生活上に来るあらゆる害悪の最大原因として存するものは，実に貧苦と云ふ事実である</u>。泥棒性も貧乏より起こる事多く，嬰児の死亡も貧困に由来する事多く，公娼私娼の多くも貧故に発する事多く，無教育者，低能児も貧窮に由る事多く，而して又近世重大問題たる労働問題殊に婦女労働問題，少年労働問題の如き，皆貧乏と云ふ事実と重大なる関係を有するものである」（下線－引用者）[戸田 1917：37]。

ここで，間接の害悪への無関心に論及しつつ，生活上のあらゆる害悪の原因として「貧乏」をあげた。「貧乏」の問題は，もちろん今日に始まったことではないが，それ以前は当時のように深刻に感じられなかったとして，戸田はその原因を社会組織に求める。すなわち，それまでの社会上の組織は，「同族結合組織」と呼ぶことができ，「同族組織，隣伍の制度，主従関係などが確立して居たからして，たとえ貧乏人があつても，其等のものは各々機関に於いて救助の方法が画され，貧民も貧苦を切実に深刻に感ずる事がなかつたと思はる」[戸田 1917：40]。それに対して当時になると「各人は各個の職業を有し，各個

独立の生計を営み，血縁関係に結びつくよりは利害関係に結ぶ方が強くなり，向三軒両隣の交際よりは自己の職業方面にての交際の方が遥かに親密になり，又雇用関係に於ても資本家は自己の計算に於てのみ労働者を駆使し，被用人は賃金の関係に於てのみ企業家に接合すると云ふ有様であるから，如何なる方面を向つても何らの温情と云ふものがない」[戸田 1917：40] という。

そして，このような社会において何人にも求められるようになるのは，お金という手段なのである。社会的生存をなすだけの費用を持たない人がいれば，「其個人が社会的寄生をなすのみならず，尚其上其家族，其子孫をも永久に奈落の底に沈めてしまひ，かくして遂に何時迄経ても貧乏の苦痛から脱し得ない，特殊的病的社会現象を作り，従つて茲に社会的病原体を養ふ事となり，諸種国民的害悪を醸酵させる事となる。斯様に考へ来れば凡てあらゆる社会的悪徳，社会的病原の大なり小なり皆斯き貧乏と云ふ培養基に於て養成せらるると云ふてよいのである」[戸田 1917：40-41]。

戸田は，その「貧乏」を生み出す原因を以下のように述べて稿を結んでいる。「<u>種々の原因にて貧乏に迷ひ込むのであるが，併しそれ等原因の多くは細民自身の無知，無精，怠慢に基づくと云ふよりは，寧ろ貧民の手にて如何とも致し難き社会経済上，或は又生物学上の因縁に由ると見なければ説明のつかぬものである</u>」(下線－引用者) [戸田 1917：45]。

このように，まずは貧民問題への関心から始まり，その原因を追究するなかで2つの方面「社会経済上・生物学上」を意識し始めたことこそが，後の人口論，さらには（社会）政策論への展開をもたらす重要な契機になったと考えられるのではないだろうか。

4　むすびにかえて

本章を通じて取り上げた論考は，あくまで戸田の学説のごく一部にすぎず，当然のこととしてそこから導き出せる結論は限られるが，ここではその意義を，①これまで正面から取り上げられることのなかった戸田の「人口論」の発掘，および②戸田を1920年代における〈社会学〉系社会政策論の一形態として把握

する2つに求めたい。①については2節の内容がそれであり，それとの関わりで戸田の社会政策論を把握することによって②が可能となる。そして，まさに戸田を含む〈社会学〉系社会政策論こそは，日本における「人口問題と社会政策」を真正面から取り上げた系譜そのものなのである。

その点についてさらに確認すべく，これまで人口論と社会政策論として2節と3節に分けて取り上げたものについて，改めて時系列で再整理してみよう。

貧　困　論：「何故細民が出来るのか」（1917年）
　　↓
社会生活論：「跋文」『国家社会観』（1921年）
　　↓
社会連帯論：「社会政策と社会連帯」（1926年）
　　↓
婚姻制度論：「階級内婚姻制に就いて」（1926年）[3]
人　口　論：「自然の人口と人工の人口」（1928年）
　　↓
社会政策論：『社会政策』（1931年）

これに従えば，戸田の議論は1910年代終わりから1930年代初めにかけて，貧困論→社会生活論→社会連帯論→婚姻制度・人口論→社会政策論へと展開したことになる。このことを戦前日本における社会政策論史との関わりでみると，どのように捉えることができるだろうか。

玉井金五が明らかにするように，1920年代半ばから戦後に至る時期，社会政策学会は活動中止の状態であった。その間に台頭し，戦後にかけて影響力を強めていく大河内理論は，本来〈労働政策＋生活政策〉として把握される社会政策の枠組みを〈労働政策〉へ収れん化させることになった［玉井 1992］。それに対して，ここで取り上げた「人口問題と社会政策」の系譜と考えられる戸田の人口論および社会政策論は，その大河内の陰に隠れていたが生活政策の系譜に大きく触れる内容であったといってよい（図表3-2）。

すなわち，戸田の社会政策論において1つのキーワードとなっていたのが

図表3-2　日本社会政策の3時代

	年代	大河内理論の変遷	社会政策の枠組み
第1の時代	1900年頃〜		社会政策＝労働政策　＋生活政策
第2の時代	1930年代〜	大河内理論の登場	社会政策＝労働政策　（＋生活政策）
第3の時代	1970年代以降	大河内理論の転回	社会政策＝労働政策　＋生活政策

[玉井 1992：213-223] をもとに筆者作成。

「(社会)生活」であり,彼はそれを根拠とする「社会連帯」を主張した。「近代の社会生活に於ける強い要求」＝「近代社会政策の根底に横たわる強い要求」であるとして,「労働立法も此要求の発現であり,産業政策も此要求の発現であり,食糧政策や住宅政策も此要求の発現であり,犯罪政策や防貧政策も此要求の発現である」[戸田 1926c：21-22] という形で「社会政策」を把握したのである。少なくともそれは,当時の社会政策を「労働政策」に収れん化させて把握しようとした大河内社会政策論とはきわめて対照的であった。

それでは,これまで一般的に論じられてきた伝統的な社会政策論を〈経済学〉系社会政策論と呼ぶならば,それとの関係も含め戸田をはじめとする〈社会学〉系社会政策論者は,どのように把握されるのだろうか。

それを明らかにするにおいて1つの鍵となるのが,大正・昭和初期人口論争を起点に浮上する「人口問題と社会政策」という論点である。本論争によって顕著に現れたのが,経済的な「階級」と社会学的な「階級」という見方の違いであった。ここで取り上げた戸田の議論でいえば,2節で取り上げた人口を主題とする論考のなかで「階級」「勢力」「身分」「地位」といった言葉が用いられていたが,これらの言葉で表現される社会学上の「階級」は,資本家—労働者という経済学上でいう「階級」概念とは区別されるものである。本論争は,過剰人口を前提とする「マルクスかマルサスか」の学説論争と人口政策立案に向けた動きという,大きく分けて2つの流れをもたらすことになったが,後者の意味での「人口問題」に対する接近は,社会学上の「階級」概念を用いていたのである。

この社会学上の「階級」概念をめぐっては,現時点の近代社会学史研究にお

図表3-3　近代社会学における「階級」概念をめぐる研究課題

（ⅰ）少なくとも社会学における階級論の系譜については，諸系譜として高田保馬の階級論（社会的勢力論），松本潤一郎，蔵内数太などの階級論，米田庄太郎，山口正，戸田貞三などの諸研究，服部之總の「社会階級論」などに連なる諸研究などをきちんと再掘し整理し直すことが必要であろう。

（ⅱ）「身分」と「階級」，「党派」を軸にしたM.ヴェーバーの歴史社会学的な関心に基づく社会階層論が戦前・戦中期，そして今日までどのように受容され研究されてきたのか，を再考察してみる必要がある。

（ⅲ）さらに，「階級」論の展開が当時蓄積されつつあった統計調査，労働調査，社会調査などの経験的実証的な調査や歴史資料などとどのように関わり，相互媒介されたものであったのか，を検討しなければならないだろう。

（ⅳ）社会現象は同時に歴史的現象であるとすれば，「階級」「身分」現象も近代日本の歴史的展開として歴史的に考察しなければならず，当然のことながら歴史学，法制史研究，民族学などとの関わりがどのようなものであったのか，ということも重要な関心である。

［川合2003a：296］をもとに筆者作成。

いても1つの課題をなしているようである。近代日本社会学史の研究者である川合は，その近代社会学における「階級」論の特徴について，今後明らかにすべきこととして図表3-3の4点にまとめている。

　この課題は，単に近代社会学史研究だけでなく，〈社会学〉系社会政策論の発掘および「人口問題と社会政策」の系譜を明らかにするうえにおいても重要な意味をもつといえる。すでに述べたように，同時期の西欧先進諸国では，出生率の低下を契機とする社会政策の形成がみられたが，そこで問題となったのは〈量〉の問題だけでなく，〈質〉の問題でもあった。階級別の出生率など，人口問題との関わりで社会政策の形成において意味をもったのは，明らかにこの社会学上の「階級」論である。川合は，先に提示した課題の前提として「『階級』論から『民族』論へと択一的で排他的な形で閉塞していった動きをいま一度再検討することは重要な課題である」［川合2003a：295］と述べているが，それを日本社会政策論史上においても捉え直すことこそが求められている。

1）　近代日本社会学史については秋元律郎や川合隆男らの研究がある。また，個々の社会学については動きがより顕著で，金子勇や盛山和夫，富永健一らによって進められてきた。
2）　〈社会学〉系社会政策論については，玉井金五・杉田菜穂「日本における〈経済学〉系社会政策論と〈社会学〉系社会政策論—戦前の軌跡—」大阪市立大学経済学会『経済學

雑誌』第109巻第3号，2008年，を参照されたい。
3) 戸田の人口論がこの時期に発表されていること自体，人口政策立案に向けた動きとの関わりで重要な意味をもつ。大正・昭和初期人口論争を起点とする人口政策立案に向けた動きについては，同上論文を参照されたい。

第 II 部

人口問題と児童政策

第4章
人口問題と児童対策 ▶1920年代の状況を中心に

1 はじめに

　第Ⅰ部では，日本における「先駆的な少子化論」と名づけうる人口思想を開陳した。第3章で論じたように，それは生活政策的な社会政策を思想的に支えた〈社会学〉系社会政策論として，日本社会政策論史上に位置づけうるものである。その点については第Ⅲ部でさらに掘り下げるとして，本章に始まる第Ⅱ部では1920年代に普及し始めた産児調節（避妊）や人口統制をめぐる議論との関わりでこれまで取り上げてきた「先駆的な少子化論」を把握し直し，それが日本における社会政策の形成にどのような影響を及ぼしたかについて明らかにしよう。

　さて，今日でいう産児調節（避妊）は，個人や夫婦の自由意思による子どもの数，および出生間隔を調整する手段として社会に広く普及している。それは「産む・産まない」を選択する権利の保障との関わりで捉えられるが，その起源，すなわち生殖の調整を意味する birth-control は，19世紀前半から広がった新マルサス主義運動に由来する。日本に関していえば，それが論じられるようになったのは19世紀末，社会的に議論されるようになるのは第1次世界大戦以降のことである。

　産児調節が日本社会に浸透する契機となった重要な出来事は，1922年のマーガレット・サンガー（Margaret Sanger）訪日であり，それが日本における産児調節運動の本格化，および避妊法普及のきっかけになったことはよく知られている。当初，birth-control に対する訳語のほとんどは「産児制限」であったが，その意義や可否をめぐっては活発な議論が展開された。その結果，産児制限という訳語は妊娠してからの中絶を含む形で解釈されやすく，そのことによる風

当たりが強かったということから，やがて「産児調節」という訳語が用いられるに至ったとされる［太田 1976：403-404］。このように，戦前の日本においても産児調節の概念および避妊法はそれなりの普及がみられた。

　戦後になると，family-planningという言葉が普及するとともに，birth-control が「家族計画」，「計画出産」という意味に解されるようになった。それは，出産を制限するという意味だけではなく，子どものできない人をできるようにするという意味も含むとともに，欲しいときに欲しいだけ産むという解釈の普及である。それはまた，社会政策の文脈でいえば，人口政策から家族政策への転換としても捉えることができる。日本を含め，世界的に広く家族政策という理念が導入されるのは戦後のことであるが，この「結婚や出産は個人や夫婦の自由な意思によるという理念」に基づく家族政策も，出生行動（人口）になんらかの影響を与えると考えられてきた。

　家族政策は児童や女性を重視した政策といいかえることができるが，今日出生率の低下を背景にその議論が過熱していることからも明らかなように，その展開はどうしても人口状況に左右されることになる。過去を振り返っても，いくつかの西欧先進諸国は20世紀初めにも出生率の低下を経験し，それが「人口の危機」や「民族消滅の危機」として語られることで，早くも児童や女性を対象とした政策の充実が図られた。それに対して同時期の日本はというと，出生率は西欧先進諸国に比べて高率で，それは時に食糧や失業との関わりで人口過剰問題として認識されるほどであり，人口の〈量〉的側面からいえば西欧先進諸国とは対照的な傾向を示していたといえる。

　そのことは，戦前の日本が家族政策を発展させる決定的な動機に欠けていたとも思われるが，実際には日本でも西欧先進諸国の動向と対置しうる動きがみられていた。以下で明らかになるように，当時社会問題が人口の〈質〉との関わりで議論され，そこに児童や家庭を対象とした政策発展の可能性が見出されようとしていた。その際，社会問題と人口の〈質〉の問題を仲立ちしたといえるのが，西欧社会からもたらされた時代思潮「優生学」である。優生学といえば，何より優生政策の展開およびそれをめぐる議論に結びつくものとして捉えられる。とはいえ，社会問題を観る眼において人口の〈質〉という観点がもた

らされたということにもまた,「優生学」の影響を読み取ることができる。

以下では,戦前日本における優生学の日本的受容,すなわち児童政策の展開およびそれをめぐる議論に深く関わる優生学の影響を明らかにしたい。というのも,出生率が比較的高率であるという当時の人口状況からして,児童政策の発展を促す決定的な動機に欠けていたともいえるとき,なぜそれをめぐる議論が活発に繰り広げられ,また政策展開が実現したのかという重大な疑問に対する1つの解となりうるかもしれないからである。

2 優生学の導入と人口統制——1920年代を通じて

先にも触れたように,新マルサス主義や避妊をめぐる議論が日本社会に浸透し始めるのは,1920年代以降のことである。「産児調節運動は,新マルサス主義運動・無産者運動・婦人解放運動といった様々な契機の交錯する過程であった」[藤目 1986:97]とされるように,その思想的影響は多方面に及ぶとともに,産児調節の実行ということからいっても1920年代を通じて社会に浸透し,30年代初頭には避妊具,避妊法の普及において欧米の水準と大きな落差のない時代に入っていた[荻野 2000]。日本における産児調節運動は,その実践という意味では避妊法の普及という結果をもたらしたが,運動の発展とともに優生学的見地,婦人解放の見地といったいくつかの立場が交錯し,それが路線対立,分裂という形となって現れ,結果的に1930年代中頃には終息することになった。その運命は,1930年代を通じて戦時体制へと時局が急転回するという政治的な流れとも関わっている。

それはさておき,産児調節運動が展開されるとともに避妊法が普及し始める1920年代という時期は,政府の人口政策という観点からみればどのような状況であったのだろうか。それに対してあえて答えれば,人口の増大ではなく,むしろ統制をどのような形で行うか,その方策をはじめて模索した時期であったということができる。ただし,しばしば言及されるように明治期以降,基本的に政府は人口増大を指向していた。そのことは例えば,産児調節運動が広がるきっかけとなったサンガー来日の際のエピソード,すなわち政府はサンガーが

持ってきた宣伝パンフレット『家族制限法』を押収し，産児制限の公開演説をやらないということを条件に上陸を許可したということにも現れている[2]。

とはいえ，この時期それに対抗する政策，例えば多産の奨励や避妊防止といった政策が実施された事実もない。それは，この時期に産児調節をめぐる議論が高まり，また避妊法および避妊具が普及し始めていたけれども，政府のなかでは，前述のように人口統制を図るべきなのか，だとすればどういう方策をとるべきかといった議論がまだ本格的になされていなかったためと考えられる[3]。こうしたなかで，1927年に人口を主題とする最初の政府機関である「人口食糧問題調査会」が内閣に設置されるが，それが1つの転機となっていく。本会の設置理由は「人口は稠密を加え各種の社会問題を醸生せんとす之が解決は一に人口問題，食糧問題の根本対策の樹立に俟たざるべからず」(「理由書（人口食糧問題調査会設置に関する)」『公文類聚 第51編 昭和2年 巻3』〔池本 1999：244〕)とされ，人口部と食糧部のそれぞれで諮問に対する答申案が審議されることになった。

人口部に対して出された諮問は，「人口問題に関する対策殊に我国の現状に鑑み急速実施を要すと認むる方策如何」であった。本会の設置期間は1930年までであったが，それまでに人口部からは以下の6つの答申と2つの決議が出されている。

〔答申〕 1 　内外移住方策
　　　　 1 　労働の需給調節に関する方策
　　　　 1 　内地以外諸地方に於ける人口対策
　　　　 1 　人口統制に関する諸方策
　　　　 1 　生産力増進に関する答申
　　　　 1 　分配及消費に関する方策答申
〔決議〕 1 　人口問題に関する常設調査機関設置に関する件
　　　　 1 　社会省設置に関する件

「人口統制に関する諸方策」(図表4-1)は，その答申説明において「人口統制に関する諸方策に付いては，特別委員及起草小委員の間に於ても種々の議論ありたるものにして且本問題が一度成文の答申として，社会に公表せらるるに

図表 4-1　人口統制に関する諸方策（1929年）

　人口の民勢的状態健全なる場合に在りても之に統制を加ふるに非ざれば国力の発展，産業の振興は其の万全を期するを得ず。之を我国人口の動態に徴するに死亡率甚だ高くして未だ其の低減の傾向を認むること能はず。而も出生率更に著しく高くして其の結果人口の自然増加の率は高率を示し所謂多産多死の畸形態に属す。此の状態は大都市に比し地方農村に於て甚しく，又一般に生活程度低き社会に於て然るを見る。殊に乳児幼少年及成年の死亡率高く為に国民の平均余命短く生産年齢期に於ける人口の割合他国に比し少く，就中青年女子の死亡率男子に比して高率を示すは誠に寒心に堪へざる所なり。上述の状態を改善して<u>数及質の上に於て健全なる人口状態を実現する</u>（下線－引用者）は我国人口問題解決上一日を緩うするを得ざる最緊要のことに属す。
　以上の見地より人口対策上緊急実施を要すと認むるもの左の如し。
　1　社会衛生の発達，国民保健の向上を図り，特に結核防止に努めること。
　2　地方農村並に都市労働者住居地域等における衛生保健施設に特に力を致すこと。
　3　女子体育の奨励，女子栄養の改善を図ること。
　4　保健衛生上の見地より女子職業に関する指導を行うこと。
　5　女子及幼少者の労働保護並に幼年者酷使の防止に遺憾なからしむること。
　6　母性保護及児童保育に関する一般的社会施設を促成すること。
　7　結婚，出産，避妊に関する医事上の相談に応ずる為適当なる施設を為すこと。
　8　避妊の手段に供する器具薬品等の頒布，販売，広告等に関する不正行為の取り締まりを励行すること。
　9　優生学的見地よりする諸施設に関する調査研究を為すこと。

［人口食糧問題調査会 1930］をもとに筆者作成。

至らば其の影響する所大なるべきのみならず，誤解を招くの処又少なからざるべきに依り，特別委員及起草小委員会の会合を重ぬることも最も多く，特に慎重に討議せられたり」［人口食糧問題調査会 1930：117］と述べられていることからして，とりわけ重要な意義が認められていたというべきだろう[4]。

　本答申において，人口の統制に関する方策確立に向けた方向性が示された。「数及質の上に於て健全なる人口状態を実現する」と述べられるように，その内容を見れば保健・衛生等も含めた人口の〈質〉の統制を意識したものとなっている[5]。この観点の導入は，（児童や女性に主眼をおいた）社会政策の形成を促すという点でも重要な意味をもつことになった。それについては行論上明らかになるとして，この人口の〈質〉という観点の導入により強い影響を与えたのが以下で取り上げる「社会学的ないし生物学的人口論」者の主張である。彼らは，

同時期の西欧先進諸国を参考に，早くも20世紀初めから出生率の低下を見据えた議論（人口問題の社会学的解釈）を展開し，人口の〈質〉という観点から社会問題の解決を論じていた。その主張は，産児調節の普及という現実を前に，1920年代後半に至ってようやく政治的に受け入れられる余地が生まれたのである。

まず，ここでいう「社会学的ないし生物学的人口論」を定義づけたい。この点に関わって，市原亮平は戦前日本の人口問題史として以下のような時期区分を行っているので，先にそれをみておこう。

第1期：明治1年から同10年西南戦争に至る時期
第2期：明治11年から同22年憲法発布に至る時期
第3期：明治23年恐慌（＝米騒動）から同27・8年戦役（＝日清）に至る時期
第4期：明治30年恐慌（＝米騒動）から同37・8年戦役（＝日露）に至る時期
第5期：明治39年端緒的農業危機開始から大正6年世界大戦まで
第6期：大正7年全般的危機開始（＝米騒動）から昭和6年満州事変に至る時期
第7期：昭和7年農山漁村経済更生運動期から同20年敗戦まで
第8期：敗戦以降

このように区分を行ったうえで，第5期（1906〜1923年）におけるマルサス研究の特徴を以下のように述べる。「デモグラフィーの系統に立った統計的マルサス解釈ならびに人口論研究の傾向と，社会学ならびに生物学に拠ったマルサス解釈したがって人口論研究の傾向とが系統立ってあらわれ，これらがいわゆる経済学的マルサス解釈や人口論研究から分化してその後の人口論＝マルサス研究の三分流のそれぞれの位置についたことがあげられよう」［市原 1957b：72-73］。ここでいわれる「社会学的ないし生物学的人口論」に該当するものとして示されるのは，米田庄太郎，高田保馬，建部遯吾等の議論であり，それらは当時西欧先進諸国にみられた出生減退現象とそれに対する研究成果を参考にして，人口問題としての「出生減退」に注目するものである。

それらの所説をみると，都市部，あるいは中・上流階級により顕著な出生率の低下がみられるという傾向に着目し，日本でも一部の都市でそれがみられ始

めていることに言及している。また，出生減退に対する政策についても各々から発言がなされていた。その主張は，それぞれ程度の差はあるものの「優生学」の導入に対して積極的であり，出生減退に対する政策として人種的改善策，あるいは社会問題の根本解決に優生学を用いるべきという主張を展開した[6]。そこでは，出生減退の傾向が単に〈量〉の問題としてではなく，むしろ〈質〉の「問題」であるとされ，「優生学」を介して人口の〈質〉的問題と社会問題が結びつけられていくのである。

　もちろん，それ以前から「優生学」的言説は存在していたが，社会問題の解決策として優生学が論じられたという点において当時大きな位置を占めたのが，この「社会学的ないし生物学的人口論」である[7]。例えば，米田庄太郎は1911年の論考で出生減退の傾向を指摘し，それを根拠とする人種改善策が社会政策の根本であると主張していた[8]。彼らの考えは，「産児調節」をめぐる議論においては次のような主張として現れた。以下は，『性と社会』[9]（1926年2月1日号）で企画された特集「産児調節是か非か（2）—諸名家から本誌に与えられた答—」で示された海野幸徳[10]の考えである。

> 産児調節には悪いところと良いところの両側面があります。これを統合して結論を下すべきもので，通常反対論者は悪いところだけ，賛成論者は良い方だけ抜いてきて，善悪を妄断するのですが，私はこの両者を統合して結論を下すべきものと思います。産児制限は国民の人口問題を脅かしRassen Selbst-mord（人種の自滅－引用者）になります。人口産出を脅かす点は怖れるべきで，仏蘭西のような事態は悪い，享楽主義によって子供の数を減じ，重荷を厭う思想は極度に悪いのです。けれ共，der planlose Begattung（無計画な出生－引用者）を制限し，合理的人口数に止め，国民の質の淘汰を助け，国民の幸福と昌栄とを来すが如き調節論は無論良いものです。そこで悪い方と良い方とを統合すると社会進化の結果は必ず調節という現象となるから，退くことは能きず，単に進むのみで，調節論をある程度まで受け入れ，これに一大修正を加えて人種と国民との幸福及び進歩を促進する道具となすべきです。これが人類の合理的進歩観です。　　　　　　　　　　　　　［海野1926：38］

先に述べたように「社会学的ないし生物学的人口論」者の政策的主張は，「優生学」の導入に対して積極的，あるいはそれを視野に入れたものとして現れた。それは，ここで「調節論をある程度まで受け入れ，これに一大修正を加えて人種と国民との幸福及び進歩を促進する道具となすべき」という点にみら

れるように，産児調節をめぐる主張にも反映されている[11]。

3 「社会学的ないし生物学的人口論」と社会問題

さて，本節では「社会学的ないし生物学的人口論」者の主張の内容をさらに検討するために，「日本社会学院」の活動を取り上げたい。市原の時期区分にあるように，社会学ないし生物学に依拠した人口論が登場したのは早くも20世紀初めのことである。

「日本社会学院」は1913年，「日本における社会学の研究を奨め業績を顕す」ことを目的に，建部遯吾と米田庄太郎によって設立された学会である[12]。設立当時の会員数は415名で，その内訳は社会学者に限らず，さまざまな分野の大学関係者，弁護士，議員，ジャーナリスト，軍関係者，会社役員といった広範囲な会員構成が特徴であったとされている[13]。活動については，『日本社会学院年報』の刊行（第1年から第10年（1913年から1923年）にかけて）と年1回の研究集会（第1大会（1914年）から第10大会（1922年）まで）がその柱であった[14]。

1916年には，学院内に新たな組織「調査部」と「基金部」が設置されている。「調査部」の設置は，学院の研究調査活動の充実という結果をもたらした。以下では本学院調査部が1920年から1927年にかけて刊行した『現代社会問題研究』（全25巻）の一部を取り上げるが，それは調査部の活動の産物であったとされる［川合 2003a：252］。図表4-2は，その全体構成を執筆者（調査担当員）の名前とともに示したものである。それをみれば明らかなように，実に多くの領域が社会問題の範疇で捉えられており，そこに当学院の，いいかえれば「社会学的ないし生物学的人口論」者の社会問題観を見出すことができるだろう。以下では，そのなかから人口問題が主題として論じられている第13巻（『現代社会問題研究⑬人口問題』，1920年）を取り上げることにする。

まず序論では，人口問題として考究すべきこととして3つの項目があげられている。「第一は過去現在の人口の事実を調査することで，第二は是に依りて人口の将来を推測することである。第三は人口の将来を予測したる結果人類に対する禍福を予察して夙に適当なる方策を講ずることである。其の第一は統計

図表4-2 『現代社会問題研究』叢書

第一巻	現代社会文明	序論, 本論：建部遯吾	
第二巻	貧窮	序論：窪田静太郎	本論：今井政吉
第三巻	労働者問題	序論：桑田熊蔵	本論：米田庄太郎
第四巻	現代都市の問題	序論：佐野利器	本論：小川市太郎
第五巻	農村問題	序論：山崎延吉	本論：小河原忠三郎
第六巻	食糧問題	序論：古在由直	本論：大場実治
第七巻	私有財産問題	序論：松岡均平	本論：戸田貞三
第八巻	本邦社会事業	序論：小河滋次郎	本論：杵淵義房
第九巻	犯罪問題	序論：松井茂	本論：安部真之助
第十巻	革命及宣伝	序論：近衛文麿	本論：今井時郎
第一一巻	風俗問題	序論：建部遯吾	本論：鷲尾浩
第一二巻	婦人問題	序論：米田庄太郎	本論：小林照朗
第一三巻	人口問題	序論：亀田豊治郎	本論：大場実治
第一四巻	国民保健問題	序論：田子一民	本論：戸田正三
第一五巻	人種問題	序論：三瀦信三	本論：十倉精一
第一六巻	植民問題	序論：稲田周之助	本論：上西半三郎
第一七巻	平和問題	序論：立作太郎	本論：山内雄太郎
第一八巻	国防上の社会問題	序論：宇都宮鼎	本論：佐藤鋼次郎
第一九巻	政治改革	序論：三宅雄二郎	本論：佐藤丑次郎
第二〇巻	階級問題	序論：米田庄太郎	本論：松本潤一郎
第二一巻	家族制問題	序論：穂積重遠	本論：田崎仁義
第二二巻	宗教問題	序論；椎尾弁匡	本論：赤神良譲
第二三巻	思想問題	序論：藤井健治郎	本論：深作安文
第二四巻	国家社会観	序論：建部遯吾	跋：今井時郎, 戸田貞三
第二五巻	補遺及総索引	編修：杵淵義房	
（調査部主任：建部遯吾）			

［日本社会学院調査部 1920-1927］より筆者作成。

に基づくべきもので，第二は過去の経験によりて得たる法則を将来に及ぼし之を予測することである。第三の政策に就いては社会全般と関係する所が広いのであるから，人口と社会との関係を具に考究して適切なる方策を設立せねばならぬ」［日本社会学院調査部 1920：7］。ここでは過去の人口状況からその将来を予測し，それによってもたらされる禍福とその方策を考えることが課題とされている。

本論ではその課題に沿って，前半では当時の日本の人口状況が述べられてい

る。具体的にはその分布，男女比，年齢比，世帯規模，婚姻率，出生率，死亡率，増加率等であり，後半では将来にわたる人口問題の趨向とそれに対する方策が論じられている。本論に関わった大場実治によれば，将来にわたって論議の中心と察せられたのは，以下の4項目である。

1. 人口の数量的増加と実質的改善の問題
2. 文明の発展，殊に商工業の発達に伴って起こる農村人の都会への流入
3. 人口出生率の減退的傾向の問題
4. 戦争が人口組織に及ぼす効果および影響

行論の都合上，以下では1と3についての記述のみを取り上げることにする。まず，1の人口問題の量的側面と質的側面についてである。大場は，人口問題は元来その増減，すなわち〈量〉に関する問題であったが，最近においてその〈質〉に関する研究が盛んになってきたことを指摘する。その量の問題については，人口の増加が国家にとって有利であるという観点から，現時点の人口増加率が米国を除いて首位にあるということを指摘し，日本が世界有数の最優強国の1つであり，悲観すべき点がないとしている。それに加え，「更に鋭意して実質をも改善せしめ得るならば，益々心強い次第と云ってよろしい」［日本社会学院調査部 1920：106］と述べ，それに関与するものとして優生学を取り上げている。

優生学は遺伝の法則を応用し，意識的に人口淘汰を企図するものであるが，「将来益々其発達によって民族及び人種の改善が行はるるに至るであろう」［日本社会学院調査部 1920：109］とする。ただし，その実行にあたっては現在の研究だけでは不十分であるという。すなわち，優良分子とは何か，劣悪分子とは何か，その基準が富か，体力か，体質か，徳力か，いいかえれば優劣の分岐点が重要な問題であり，それを明確に定めなければならないという先決問題があるのである。その議論を経たうえで，予防的優生学を若干利用すべき余地があるというのが大場の見解である。[15]

次に3の出生率減退問題である。欧米諸国における人口問題は，いかにして出生率減衰を食い止め，人口の増進を維持するかの研究を中心とするに至っているとして，フランス，イギリスの統計を例に大場はその問題を論じている。

そのうえで，日本は欧米諸国の傾向とは異なり出生率が増加していることを指摘しつつも，1914年から3年間にわたって減退傾向を示している事実を取り上げて，日本にもやがて出生減退問題がもたらされることを示唆する。もっとも，前述のように米田や建部といった「社会学的ないし生物学的人口論」者が出生減退傾向を論じ，日本にも出生減退の問題が生じるという指摘をしたのは早くも20世紀初めのことであるから，この大場の議論はその繰り返しである。

では，こうした「社会学的ないし生物学的人口論」が当時の社会政策の形成にどのような意味をもったといえるだろうか。それを検討するために，以下では「優境学」[16]という概念に着目したい。「社会学的ないし生物学的人口論」者は人口の〈質〉的問題と社会問題の接合を論じたが，それは優生学の解釈変更としても現れた。すなわち，優生学は当初人種改良・人種改善という文脈から[17]，優生学＝断種論に結びつけられがちであった。それに対して「社会学的ないし生物学的人口論」者は，優境という言葉を用いた新解釈を試みることで[18]，広義の優生学と狭義の優生学を区別し，広義の優生学には優境学が含まれるとしたのである[19]。

ちなみに，前述の日本社会学院調査部編『現代社会問題研究』叢書をみると，1920年時点で優境学という言葉が用いられている。「優生学と共に，優境学の如き，人類の環境，すなわち外的の生活条件を改良せんとするものもあるが，優生学の補助的なものと云って差しつかえない」[20]［日本社会学院調査部 1920：111］というのがそれである。ここでの優境学は，優生学の補助的なものという位置づけではあるが，この時点で優境学という概念に眼が向けられ，それと優生学との関係が論じられていたというのは特筆すべきである。その後，さらに進めて優生学の一部として優境学を捉える議論が現れるが，まさにその1つが海野の主張であった。

海野は1922年の論考「優生学と社会事業」において，以下のように述べる。素質と外囲とは峻別され，素質を対象とするのが優生学，それに対して外囲の改良については優境学と分けられるという見地があるが，「だんだん押し詰めますと，素質と外囲とはそういうように容易く片づけてしまうことができないので，(中略) 優生学は優生と優境との二つの概念を同時に包含するもの」［海

野 1922：16]であるとして，交互関係の見地が採用されるというのである。海野は，それからさらに論を進め，一般に考えられる様々な境遇に対処する社会事業を「境遇による社会事業」とすれば，その他に「遺伝による社会事業」があるとする。そして，優生学は後者である「遺伝による社会事業」を扱うと考えられがちだが，一般に優境学の対象とされる外囲も優生学に関わるものであり，優境にも重きをおいて優生学は優生と優境という2つの概念を同時に包含するものであるとした。

一方，1932年になると，建部がその著『優生学と社会生活』において，先天方面＝優生（Eugenics）と後天方面＝優境（Euthenics）という構図をかなり整理して論じている。本書は，「優生学を応用する各種各方面の問題を取り扱うに際して，優生学と社会生活との関係を述べること」[建部 1932：3]を課題とするものである。優生学の取り扱いに際しては広義で扱うのか，狭義で扱うのか，すなわち「狭き意義の優生学は優生学を含んで優境学を含まないが，広き意義の優生学は優生学と優境学を含んで」おり，建部自身は後者の立場であるとしたうえで，優生学は先天的に優等な人が生まれ出るにはいかなる条件が必要であるかを研究するにとどまる学科であるが，「単純に先天的方面だけを取り扱うのでは，実際完全に優生，即ち人間改良の目的を完了することが甚だ難しい。先天の外に之に加えて更に後天の条件をも吟味することが必要である。人間が生まれ落ちてからの境遇教化，即ち自然的の運命とも謂うべき境遇と人為的の差引と謂うべき教化，此の両面を包含する所の後天的事実，後天的条件，之を如何にせば優良なる人間が出来るかという趣旨で，学術的には稍々仮の名称に近いが，所謂優境学的方面を加味することに依て，優生学の実用的目的が始めて完全に達せられるるのである」（傍点－引用者）[建部 1932：4]という。[21]

このように先天方面＝優生，後天方面＝優境であると区分して，先天方面については人種民族，婚姻，出生における問題，後天方面は，家および家庭，学校，世間といった問題が論じられている。とりわけ，出生については胎教という言葉を取り上げ，懐胎中の胎児の教育・教化という意味とは違って，「懐胎より出生に至る期間に胎児の発育発達の精々良い方になるように，母親並に母親の周囲が気をつけ，かつ努力する事を意味する」[建部 1932：95]として，

「胎教期間における境遇の問題の中で，現今社会の状態から，人々の生活振りに随分無理と難渋とが伴う所の境遇に置かれて居る母性が相当の数に上るのである。是に於いて母性保護という問題が盛んに論ぜられ，且つ幾分明らかに解決せらるるに至った」［建部 1932：96］と述べるのは，実に興味深いところである。

以上のことからすれば，「優境」（＝出生後の環境）への着目は，政策対象としての児童や女性への関心につながることは明らかである。

4　人口問題と社会政策――その日本的帰結

本節では，この「社会学的ないし生物学的人口論」の影響を，当時の社会政策形成のなかに見出したい。社会問題と人口問題（とりわけ〈質〉の問題）が関わりをもつのは，社会政策でいえばとりわけ子どもを生む存在としての「女性」および「児童」を対象とする領域である。したがって以下ではそこに焦点を絞るが，具体的にここで取り上げるのは児童虐待防止法（次章で詳述）と母子保護法の成立過程である。これらはそれぞれ1933年と1937年に成立しており，それはいずれも1930年代である。とはいえ，これまで述べてきたように社会問題をめぐる議論に人口の〈質〉という観点が浸透をみせたのは1920年代を通じてのことであり，当然さかのぼっての分析が不可欠となる。

先に母子保護法についてみておくと，その制定までに1926年に「婦女新聞社」内に設置された「母子扶助法制定促進会」の活動に始まる母子扶助法制定運動，さらにはさかのぼること1918〜19年に展開された母性保護論争という女性運動の系譜が存在したことがすでに明らかにされている［今井 2005］。またそれは，内務省社会局の新救貧制度立案の動きに飲み込まれる形で，結果的に運動本来の目的であった女性の権利を体現する政策とはならなかったともいわれている［冨江 2007］。一方，母子保護法の前身ともいえる母子扶助法の動きをもう少し具体的にみると，1926年に内務省社会局が議会に提出予定をしていた（が直前に見送りになった）「児童扶助法案」と1931年，1932年，1936年に議会提出がなされた「母子扶助法案」とで計4回の立法化の試みがなされていたが，いずれ

も成立には至らなかった。それに対して，1933年には，母子保護法に先行する形で（親とは切り離した）子どもの権利を体現する児童虐待防止法が成立している。このことはいったい何を意味するのであろうか。

図表4-3は，第52回帝国議会（1926年）に提出予定であったが，直前でそれが見送りになった前述の児童扶助法案要綱である。見送りの理由について当時の社会部第2部長，守屋榮夫[22)]は以下のように説明している。「一般的救貧法を制定し其の一部に貧児救済を包括するがよいとの意見もあり，尚又人口問題などの根本から反対する人もあつて，結局この議会には出ないこととなつたが，来年は一般救貧法と児童扶助法と両方を作つて，どちらか一つは是非採用して

図表4-3　児童扶助法案要綱

第52回帝国議会　児童扶助法案要綱
1．十四歳未満の子を自己の家庭において養育する寡婦および十四歳未満の子又は十四歳未満の孤児にして貧困のため生活すること能はざる者は本法によりこれを扶助すること
1．婦女左記各号の一に相当するときは本法の適用に付ては之を寡婦とすること
（1）夫所在三月以上明ならざるとき
（2）夫入監したるとき
（3）夫疾病，不具廃疾又は老衰のため労働すること能はざるとき
（4）離婚又は婚姻の取消ありたる後子の父死亡し又は前各号の一に相当する事由生じたるとき
（5）内縁の妻にしてその夫死亡し又は第一号乃至第三号の一に相当する事由生じたるとき
1．棄児遺児又は迷児は本法の適用に付ては孤児とみなすこと
1．寡婦，虐待，不行跡その他の事由により子の養育を為すに適せざるときはこれを扶助せざること
1．本法による扶助は扶助を受くべき者の住所地市町村長これをなすべきこと但し住所地分明ならざるときは現在地市町村長これをなすこと
1．市町村長必要ありと認めたるときは本法により扶助を受くる児童を公私の育児所その他適当なる施設又は家庭に委託しその養育をなさしむることを得ること
1．扶助の種類は現金給付，現品給付および医療とすること
1．市町村は児童保護委員を設置することを得ること
1．国庫および道府県は扶助に関する費用に対し左の割合により補助すること 　　国庫四分の二　　道府県四分の一
1．本法の扶助を受くる者は恤救規則により給与を受くることを得ざること 　　軍事救護法により救護を受くる者は本法により扶助を受くることを得ざること

出所：［今井 2005：162-163］

もらひたい予定だ」[今井 2005：170]。この発言の背景には，社会局内の新救貧制度整備をめぐる路線対立が存在したようだ。寺脇隆夫によれば，1920年に内務省社会局が誕生して以来，新救貧制度（恤救規則の改正）が1つの課題であった。そして，その形成過程では，社会局内部で分化的立法を目指すか，統一的単一的立法を目指すか，いいかえれば児童扶助法といった分化的立法を優先させるか，基底部分の救貧法を優先させるかの対立があったとされている［寺脇 1996a；1996b］。

　この対立は，最終的には救護法（統一的単一的立法）制定という結末に至るが，1927年の『社会事業研究』には児童扶助法案と救貧法のいずれも視野に入れた記述がみられるなど，児童扶助法案が未提出に終わった1926年以降も，依然として2つの路線が並立していたようである[23]。

　つまり，「当初から社会局は一貫して分化立法主義を前提に，分化立法とそこから洩れた基底部分の救貧法との両方を考えており，ようやく分化立法の一つである児童扶助法が表面化してきたのであるということができる」［池本 1999：270］との指摘があるように，ある時期までは一貫して児童扶助法案の法制定作業が比較的順調に進んでいたが，1926年あたりから情勢が変わり始め，その方針転換には，前述の守屋の社会局辞任の影響が大きかったのである［今井 2005；寺脇 1996a；1996b］この点について，今井小の実は「守屋の辞任後，児童の権利という理念に基づいた政策から，目前の財政事情を最優先させる政策へと後退させてしまう。寺脇も指摘したように方針転換には守屋辞任の影響が大きく，三月末（1928年－引用者）には変更がなされたと考えられるのである。すなわち救護法成立は，児童保護理念の著しい後退を意味したのである」［今井 2005：174］と述べている。

　確かに，母子（児童）扶助法が成立しなかったということでいえば，大きな後退といわざるをえないだろう。ただし，ちょうどこの時期に，児童保護問題が人口問題という枠との関わりを持ち始めることにとりわけ注意が必要である[24]。というのも，人口食糧問題調査会の設置（1927年）あたりを境に，児童政策をめぐる議論は人口の〈質〉という観点が強調されるようになるからである。つまり，児童保護に人口の〈質〉的改善という新たな意味づけがなされたのであ

る。それを裏づけるものとして、以下社会事業調査会（1927年）で可決された「児童保護事業の体系案」と「第二回全国児童保護事業会議」（1930年）での議論をみておこう。

まず、1927年12月16日開催の第4回社会事業調査会において可決されたという児童保護事業の体系案である。そこでは、児童保護事業が人口の〈質〉の改善を目的とする事業であるということが明言されている。

> 　児童保護事業は其の創始相当古きものあるに拘らず未だ法制の存するもの極めて少なく又公私経営の分界、監督助成の方法等整備せず之が発達は遅々たるの状況に在り。翻て児童に関する各種の事相を観るに乳幼児の死亡率は依然として高く又貧困時、不良児、病弱児、異常児等は漸増の傾向をさへ示すに拘らず之等児童の保護教養は普及徹底を欠き、或は単に私的事業に委ねらるる等遺憾の点少なからず、之を放置せんか延ては国民の健康を低下し産業能率の不信を来す等其の弊の及ぶ所測り知るべからざるものあらん。我邦人口の激増と過剰の事実より考察して往々児童保護問題の対策を忽にする者なきにあらざるも、<u>該事業は国民の質の改善を目的とするものにして、人口の量の問題解決と混同すべきに非ざるや論なし</u>。（下線－引用者）
> 　　　　　　　　　　［社会事業調査会 1927］。引用は［社会保障研究所 1982：758］

ちなみに、本案が可決された1927年は、まさに人口食糧問題調査会の設置年であった。

あわせて、第二回全国児童保護事業会議（1930年開催）での議論も紹介しておこう。それをみると、本会議では「児童虐待防止、母子扶助、保育所等に関する法令制定に対し当局に建議すること等を決定したが、<u>児童保護の立場より或は優生学の立場より産児制限に対し適当なる法規の制定に関しては人口食糧問題の見地より或は優生学の見地より、又は宗教上の理論より将又現実的立場より議論区々に岐れたが之は宿題として残された</u>」（下線－引用者）［西野 1938：47］ものの、「<u>不良児童保護に関する部会では不良少年の早期発見並に不良化防止に関する事項が可決され、心身異常に関する保護施設が重要なるものとして論ぜられ、特に児童精神衛生に就いて建議がなされたことは在来に比し特異なものがあったことを證して居る</u>」（下線－引用者）［西野 1938：47-48］と述べられている。西野によれば、児童精神衛生について建議がなされたことは、それまで（同会議の第1回は1926年）になかったことである。ちなみに、本会議の開

催された1930年は，人口食糧問題調査会から人口統制に関する答申（図表4-1）が出された翌年であった。

　これらの事実からすると，おおよそ人口食糧問題調査会の設置期間である1927年から1930年の間に，児童保護をめぐる議論に人口の〈質〉的改善という新たな意味づけがなされ，またそれが一層浸透していったと考えてよいのではないだろうか。

　前述した母子扶助法制定促進運動は，結果的に1937年に母子保護法として結実するが，先にも指摘したように，その間に先駆けて児童虐待防止法が成立している。ちなみに以下は第64回帝国議会（1933年3月10日政府提出→可決）での児童虐待防止法案の提出理由であるが，それをみると人口の〈質〉の観点が入り始めている。

　「現時我国の実情を見まするに，児童に対する各種の虐待事実は，往々社会の耳目を聳動せしめつつあるのでございまするが，それと共に児童の心身発達上に，甚だしき弊害を伴ふ処がある特殊業務に児童を使用するの事実も亦少なくないのであります，而して是等の事実は，何れも児童の健康を損ない，性能の発達を阻むは勿論，国家の将来に償い難き損失を与えつつあることは，洵に想像に余りある所であります」（下線－引用者）（「官報号外 昭和8年3月12日 衆議院議事速記録第25号」[桑原・宮城 2001c：109]）。

　このように，この時期に至って児童や女性の保護が，とりわけ前者が人口の〈質〉という観点から論じられることになっていく。そのことは，分化立法のなかでも児童（母子）扶助法案（1937年に母子保護法として成立）より先駆けて児童虐待防止法が成立したこと，いいかえれば（母子一体としての）女性保護立法よりも児童保護立法が先行して成立した事情，背景に対して，それなりの説明を与えてくれるのではないだろうか。

5　むすびにかえて

　本章では，人口の〈質〉の問題と社会問題を結びつけて論じた「社会学的ないし生物学的人口論」者の主張と児童社会政策展開の関係を，1920年代から30

年代にかけてみてきた。日本の児童保護は，1920年代以降活発な議論がなされるようになり，都市をはじめとする地域レベルでは国に先行して児童保護施策の展開がみられたのであるが，国レベルの議論をみると，1927年の人口食糧問題調査会の設置あたりを境に，児童保護問題が人口問題との関わりで捉えられるようになったといえる。

　一方，同時期の西欧先進諸国をみると，出生率の低下に直面し，その対策として出生促進的なインセンティブをもつ政策を採用し始めている。今日結婚や出産，育児に対してなんらかの社会的支援を行う政策は，一般に家族政策と称されているが，その起源をたどれば，戦前の西欧先進諸国が採用した出生減退防止策に行きつく。19世紀終わりから20世紀初めにかけて，西欧先進諸国は出生減退を経験し，その対策として人口政策的な意義をもつ社会政策が採用された。児童手当制度は今日に引き継がれているものの１つであるが，戦前には育児だけでなく，結婚や出産をもその対象とする，出生減退防止を強く意識した政策構想までもがみられた。いいかえれば，それが戦後へと続く家族政策理念の原型である[25]。

　日本も含め，世界的に広く家族政策という「理念」が導入されるのは戦後のことであるが，そのような認識は戦前日本の家族を対象とする政策を西欧先進諸国と対置して考えることを阻んでいるように思われる。少なくとも今日，家族政策という用語は「結婚や出産は個人や夫婦の自由な意思によるという理念」に基づくという点で人口政策と区別して用いられるが，戦前の西欧先進諸国においても，それは必ずしも確立していたとはいえないのである。当時の西欧先進諸国における家族政策をみると，「産む・産まない」権利が確立していたわけではなく，むしろ生物学的ないし優生学論拠による政策が含まれていたのである。そのことは，今日的な眼からみた家族政策の理念が十全に体現されていたとはいえないことを示唆している[26]。

　戦前の西欧先進諸国と日本をみる際，家族政策の成立・不成立という視点から逃れることで西欧先進諸国と日本の相対的な比較が可能になるのではないだろうか。すなわち，当時出生減退対策として西欧先進諸国で提起された家族政策の内実は，今日的な眼からみれば社会政策と人口政策が混ざり合ったもので

あり，具体的には児童政策，女性政策，優生政策を含むものであった。しかし，本章で論述したように，類似の現象は戦前日本でも十分見出せたといえる。具体的には，1933年の児童虐待防止法，1937年の母子保護法[27]，1940年の国民優生法（＋国民体力法）を取り上げてよいだろう。

戦前日本の出生率は西欧先進諸国に比べて高率であったにもかかわらず，ここで取り上げた児童政策は戦前にそれなりの発展を遂げた。その理由は，「社会学的ないし生物学的人口論」の主張に現れているように，「西欧先進諸国」の人口状況を見据えた議論や「優生学」に象徴される西欧社会の時代思想の影響に求めることができる。もちろん，そのうえで日本の独自性という観点からの分析が必要であるが，前述したような立法の具体化という形で収れんしていく1920年代からの動向は，児童社会政策における「優生思想の日本的受容」過程であったといってよいだろう。

1) ここでは，あくまで人口政策から家族政策へという「用語上」の変遷に着目している。というのは，それをもって子どもの数の自己決定が実現したとはいえないからである。「性と生殖に関する健康と権利（reproductive health / rights）」ということからいえば，国際的に初めてそれが明確に示されたのは1968年（第1回国際人権会議）のことである。
2) 「富国強兵－出生増強の国策に背反する産児調節の主張を危惧した内務省は，サンガーの国内での宣伝・講演を禁止した」[藤目 1997：246]。
3) 確かに，1910年代後半から政治的にも人口に関わる問題が論じられるようになる（1916年，内務省に設置された「保健衛生調査会」の活動等）が，あくまで限定的であった [廣嶋 1980]。
4) 本答申は1928年7月13日の第15回人口部特別委員会において始まり，1929年1月にかけて人口部特別委員会3回，起草小委員会（その委員は，福田徳三，永井亨，永井潜）4回が開かれて検討がなされた結果のものである [人口食糧問題調査会 1931]。
5) ここでいう人口政策は，社会政策をも含むかなり広い範囲のものである。すなわち，人口食糧問題調査会は食糧部と人口部で組織されたが，図表4-1で示した「人口統制に関する諸方策」は，「人口問題に関する対策」のあくまで一部である。他に「内外移住方策」「労働の需給調節に関する方策」「生産力増進に関する方策」「分配及消費に関する方策」もあり，かなり広範囲の政策提言となっていることがうかがえる [人口食糧問題調査会 1931]。本会は1930年に解散されるが，この答申とともに人口問題に関する常設機関設置の決議がなされている。池本が「労働問題を中心とした社会政策が単独の社会政策という形ではなく広範囲の人口政策の一環として位置づけられていた」[池本 1999：243]と指摘するように，本会の決議は社会政策と人口政策の関わりという点で，1つの画期として捉えるべきである。

6) 以下、高田だけはこうした議論の枠からから外さねばならない。というのも、政策的な発言に眼を向けたとき、「優生学」の導入に慎重な態度を示した高田は他と性格を異にするからである。その違いは、高田の政策的な主張が戦時下にイデオロギー的側面を強めて登場するという運命をたどることにも現れている。
7) ここでは取り上げていないが、当時医学的文脈からも社会問題との関わりで優生学が論じられていた。例えば、医学史家であり医学ジャーナリストでもあった富士川游がその1人である。富士川は早くも1905年に「諸学科を基礎とし、人類の社会的及び精神的生活に関する問題を解決するを以て目的とする学術雑誌」『人性』を創刊している[松原1996]。
8) この主張は、米田庄太郎「現代文明国における人口問題(其3)」『経済学商業学国民経済雑誌』第10巻第2号、1911年、で展開された。
9) 1925年2月、関西における産児調節運動の先導者である山本宣治によって月刊誌『産児調節評論』が創刊された。それは、同年10月に『性と社会』と改題されたが、翌年には廃刊となった。本誌は、当時産児調節運動に携わった人々が参集した雑誌である。
10) 市原[1957]は特に言及していないが、海野もその主張からして「社会学的ないし生物学的人口論」に分類できる。
11) ただし、「優生学」に対する態度、傾倒の程度には論者によって差がある。ここで取り上げた海野は、その程度は比較的強く、産児調節に対する見方という点においては、戦前、断種法制定を政府に働きかけることにひたすら尽力した生理学者・永井潜の以下の主張とほぼ重なる。「産児制限なるものの根本的欠陥は何処にあるかといえば、それは単に数を顧みて質を忘れていることである。単に頭数を減らせばよい、生産を人為的に制限しさえすればそれで以て総ての解決が出来ると考えている点に過誤が潜んでいるのである。之に反して正しき産児制限においては数を顧みると同時に質を考えることを忘れない。言葉を換えて申せば遺伝学の知識により優生学の運動に従って、この大なる問題を解決しようとするのであります。殊に我日本の如く国土の縮小であり十分なる考慮を払って、優秀なる性質の者が数多く殖え劣悪なる素質の者の増殖を防止するという方針をもって、この重大なる問題を解決すべき方策を立てなければならぬと思うのであります」[永井潜 1928：44-45]。
12) 川合は、近代日本における社会学界の組織化および制度化の動きを3つの時期に分け、その第2期、すなわち形成期から成立期に向かう組織化、制度化の試みとして本学院を位置づけ、近代日本社会学史におけるその存在を重視している。3つの動きとは、具体的には第1期(草創期)が布川孫市、高木正義、加藤弘之等を中心とした「社会学会」(1896～1898年)、「社会学研究会」(1898～1903年)の動きであり、第2期(形成期)が「日本社会学院」の発足、第3期(確立期)が松本潤一郎、戸田貞三等の斡旋によって1924年に創立された「日本社会学会」の組織化である[川合 2003a]。
13) その主宰者である米田、建部のほか、本章の記述に関わる人物でいえば高田、海野は当初からの会員である[日本社会学院 1913]。また、その後の入会者として永井潜の名前もある[日本社会学院 1915]。
14) 1915年開催の第3大会のテーマは「人口問題」で、報告者は建部遯吾、高野岩三郎、永井潜であった。なお、1925年から1927年にかけて『社会学研究』の名で日本社会学院年報第11年の刊行があったとされる[川合 2003a]。

15) ここで取り上げた大場の説は優生学の導入を認めているとはいえ、それにはさらなる議論が必要であるとしている点で相対的に慎重論者であるといえよう。
16) 優境学（euthenics）は、家政学の母と呼ばれるエレン・リチャーズ（Richards, E. H. 1842～1911）によって提唱された概念である（Euthenics：the Science of Controllable Environment〔1910年〕）。それはゴルトンの優生学（eugenics）との対比から概念構成を試みたもので、優生学の先天的な遺伝的要素に対して、後天的要素である環境管理に重点をおく思想である［松下 1972］。
17) 優生学は、積極的優生学（positive eugenics,「優れた者」の出生の奨励）と消極的優生学（negative eugenics,「劣った者」の出生の防止）という2方向の解釈があった。行論の都合上、ここでは後者の消極的優生学に焦点を絞っているが、当時天才論等の積極的優生学への関心も強かった［鈴木 1983；松原 2002］。
18) 建部はその著『優生学と社会生活』の「はしがき」において以下のように述べている。「ユウジェニックス研究の初めて起こったとき、我が国の学界では人種改善学人種改良学から、優種学といふ名称に進んだ。恰も講者は同学諸子と社会学術語を制定するの調査事業を進めつつあった際で、講者が用ゐ来りつつあった『優生学』が議定された」［建部 1932］。この文章からもそのことがうかがえるであろう。
19) 優生学史においては、一般に優生学の解釈に優境学を含む見解を示した人物として池田林儀が取り上げられる。その考えは「日本優生運動協会」（1926年設立）の運動として体現された［鈴木 1979］。以下で明らかになるように、「社会学的ないし生物学的人口論」者は池田よりも早く、優境学を含んだ優生学解釈を試みている。
20) 管見の限りでは、本書が最も早くその言葉を用いている。優境学という言葉が、日本にどのような形で伝わったのかということは実に興味深い点であるが、現時点ではまだ明らかにされていないように思われる。
21) 傍点（－引用者）を付したように、当時日本で優境学という言葉の定義は、必ずしもきっちりとした形でなされていなかったことがうかがえるだろう。
22) 守屋は母子扶助法制定促進会に内務省からの出席者として参加するなど、母子扶助法の制定に向けた動きに重要な役割を果たした人物であるが、1928年2月には内務省を辞任し、議員になったとされている［今井 2005］。また、（後に取り上げる）第1回児童保護事業会議（1926年）において守屋が「児童保護法制確立の必要を挨拶のなかで力強く述べられた」という記述もあり、児童保護事業の推進に積極的な態度を示した人物であることがわかる［西野 1938：45］。
23) 1927年11月頃から、児童扶助法の議会提出だけが伝えられるようになっていたが、一転して1928年10月頃からは救護法案提出の方向に変わったとされる［池本 1999］。
24) 守屋が児童扶助法未提出の理由について「人口問題などの根本から反対する人もあって」と述べていることも、このことを示唆している。
25) この点に触れるものに Bernard Berelson (ed.), *Population Policy in Developed Countries*, 1974, がある。本書は児童手当といった必ずしも人口そのものを目標としない制度についても、その歴史的展開からして人口政策と切り離しては考えられないことを指摘している。国民の社会的、あるいは経済的福祉を達成する手段とみなされる政策は、人口的根拠よりも社会的根拠から行われているのだが、それらもそもそもは出生率の低下という人口減退の危機による産物であるという点に、人口そのものが目標とされたことは否

定できないという。
26) したがって，家族政策の原点を考えたとき，社会政策，人口政策，優生政策という別々に語られがちな三者のつながりに眼を向けることは避けられなくなる。
27) 母子保護法を女性政策と位置づけるのは必ずしも適切ではないが，ここでは母性保護論争が母性保護運動に発展，それが思想的基盤となって母子保護法制定につながったという過程を重視して女性政策と位置づけた。

第5章

児童権論の展開と社会政策 ▶ 1933年児童虐待防止法を見据えて

1 はじめに

　第4章では，日本における「先駆的な少子化論」を当時の人口問題をめぐる社会的・政治的な動きとの関わりで把握した。「社会学的ないし生物学的人口論」とも呼べる先駆的な少子化論は，人口の〈質〉をめぐる議論に1つの特徴があり，それが社会政策の形成にも影響を及ぼすことになった。人口の〈質〉という視点がより明確な形で現れたのは児童を対象とする政策領域であるが，本章ではそれについて1920年代に顕著となる児童権論の展開とその後の立法化に一層の焦点を当てる形で論じたい。

　その児童権論をめぐる一連の動きの結実として把握できるのが，1933年に成立する児童虐待防止法である。それは，少子化問題を背景に2000年に制定された（私たちがよく知る）児童虐待防止法の起源というべきもので，戦後児童福祉法に吸収される形で（独立した法としては）姿を隠していたものである。このような経緯もあって，児童虐待は非常に今日的な問題と考えられがちであるが，いうまでもなく，はるか以前の時代から子どもを不当に扱う行為は存在してきた。少なくとも近代以前の社会では「間引き」や「嬰児殺し」が常態化しており，それが「習慣」として許されてさえいたことが物語るように，むしろある時期まで子どもを不当に扱うことは「問題」とされなかった。児童虐待という行為が社会的に問題として認識され始めるのは，明治期以降のことなのである。[1]

　本章で焦点を当てる「児童と社会政策」の萌芽期は「権利主体としての児童」という児童観に基づく議論（以下，児童権論）がはじめて登場するだけでなく，児童の「保護」と「虐待」の同時存在という今日につながる構図が浮かび上がることで，「児童と社会政策」における現代的課題の出発点を形作ることにな

ろう。

　以下で明らかになるように，日本におけるその起点は，おおよそ1920年代に求めることができる。この時期，社会問題としての児童問題を論じる学術書が公刊され，子どもの権利に基づく児童観が形成され始める。それにより社会的な存在としての児童に眼が向けられるとともに，都市においては近代家族形成との関わりでも児童保護に関する調査や児童保護事業が推進された[2]。その延長線上に把握しうるのが，1933年の児童虐待防止法成立なのである。

2　児童権論の展開

　本節ではまず，1920年代における主要な児童観を紹介し，その内容を明らかにしたい。1920年代は，限られた社会層にではあるが，「社会のなかで子どもへの着眼と子どもを独自な価値として把握することがおこってきた時代」[海後ほか 1969：20]である。この時期，「子どもの権利」という概念が識者の間で論じられ始めるが，それは児童社会政策の展開に大きな意味をもつことになる。それはいうまでもなく，大人と区別した固有の権利主体としての「子ども」の発見が児童問題の深部を照射し，児童社会政策の必要性を認識する前提となるからである。「近代の日本において〈子どもの権利〉を主張しまたさまざまな論脈でアプローチした先駆的な文献を，思想・社会・法律・教育・文化などあらゆる分野から選んだものである」『日本〈子どもの権利〉叢書（全10巻別巻1）』[上 1995-1996]をみると，当時の児童権論は社会学者，教育学者，社会事業家，宗教家，フェミニスト，優生論者といった幅広い立場から展開されているのがわかる[3]。

　そのなかで，後に述べる児童虐待防止法成立とそれに至るまでの児童保護施策展開により大きな影響を与えたのは，子どもを社会的な側面から論じることで社会問題のなかに位置づけ，社会政策の対象とすべきことを訴える議論である。したがって，以下ではそれに分類される主張で，子どもの権利について具体的な言及があるものをいくつか取り上げておこう。

① 社会学者，海野幸徳の「児童の権利」

海野は，児童の権利として「優生の権利」「養育の権利」「教育の権利」「生存防衛の権利」を提起した。「児童が一人前の人間になるという要求に対してこれを実現すべき手段であるこれらの権利を無視するものがあったら，社会なり国家なりにおいてこの権利を支持し，それを実現する手段をとってやらねばならない」と主張している［海野 1925a］。

② 児童保護事業家，三田谷啓の「コドモの権利」

三田谷は「強く育てて貰う権利」「賢く教育して貰う権利」「善く導いて貰う権利」をもって児童の権利であるとした。「この権利の前には親も跪かねばならぬ。この権利を尊敬せねばならぬ。ここにおいて初めて真の意味にてコドモを敬愛する精神が起こり来るのである。親が親の権利を持って，コドモに義務を強いるならばコドモの権利を尊重する義務が親にもある筈である」［東京市 1924］。

③ 社会事業家，生江孝之の「児童の権利」：「生存の権利」と「より能く生活する権利」

生江は，「立派に生んで貰う権利」「立派に養育して貰う権利」「立派に教育して貰う権利」をもって児童の権利であるとした。「もしその父母が充分に子女の権利を擁護し，徹底させることが出来ないならば，国家社会がこれに代わらなければならない」と主張する［生江 1924；1925］。

ここに取り上げた海野，三田谷，生江は，それぞれ1920年代を通じ京都府社会課嘱託（後滋賀県嘱託）として社会事業の創設および設計，大阪市社会部児童課長として児童保護施設設立，内務省嘱託として社会事業の創始に取り組むという形で，児童保護施策の実践者としてその創成に大きな功績を残している[4]［加登田 1986］。

また，そうした一連の議論は戦後制定された児童福祉法（1947年）や児童憲章（1951年）を参照すれば明らかなように，戦後の児童福祉における権利論に十分通ずるものである。すなわち，児童福祉法の第1章総則，第1条をみれば児童福祉の理念が以下のように規定されており，児童の養育に対する国民の義務が規定されている。「すべて国民は，児童が心身ともに健やかに生まれ，且つ，育成されるように努めなければならない。すべて児童は，ひとしくその生

活を保障され，愛護されなければならない」。また，児童憲章においては以下のように述べられている。「児童は，人として尊ばれる。児童は，社会の一員として重んぜられる。児童は，よい環境のなかで育てられる」。本憲章は「児童に対する正しい観念を確立し，すべての児童の幸福をはかるために」定められたものであり，権利主体としての「児童」という児童観を確認するためのものといえるだろう。

さて，この時期に展開された先駆的な児童権論は，権利主体としての「子ども」に光を当てることで世に児童社会政策の必要性を訴えかけることになった。もちろん，こうした児童権論はそれまで広く社会に浸透していたと考えられる児童観，すなわち親に従属する存在としての子どもの見方に反して，子どもを社会的存在として認めようとする異質なものであったため，その主張が社会にすぐ受け入れられたわけではなかった。とはいえ，先にも触れたように海野，三田谷，生江は，それぞれ当時児童保護施策の舵取りを担うともいえる重要な役職に就いており，1920年代を通じて推進された，後述する児童愛護の動きや児童保護施策の展開という成果は，先駆的な児童権論の影響による部分が大きいといって差しつかえないだろう。一方，児童虐待防止法が成立するのは前述した1933年であるが，海野，三田谷，生江は，それぞれ児童虐待の問題についても早くから発言を行っていることは銘記すべきである。

「児童虐待の処置及び予防は緊要のことなり。此目的を達せんには少くとも以下の三者の協同を必要とす」。「個人，社会，国家の三者が方針を一にして力を用ふることは必要なり」。三田谷がこのように述べたのは，早くも1917年である。また，三田谷は児童虐待の結果として人種（民族）改善上より国民のうちに児童虐待による病者，虚弱者等があれば，それだけ不健全分子を有することになると述べている。この視点は，先に取り上げた海野の「優生の権利」や生江の「立派に生んで貰う権利」とも響き合うもので，生命・生体に優劣をつけるという優生思想の現れである。だとすれば，本節で取り上げた先駆的な児童権論は，程度の差はあれ当時の時代思潮としてあった優生思想に影響を受ける形で子どもを社会的な側面から論じたといえる[5]。また，次節で述べるように1910年代後半には乳児死亡問題が浮上する等，政策対象としての「出生」にも

より眼が向けられるようになる。このことも，児童に関わる政策を推進する大きな動力となった。

3 児童政策の展開と児童虐待の実態

　本節では，1933年児童虐待防止法の成立前史として，それまでの児童政策について論じたい。先にも触れたように，1920年代は先駆的な児童権論が発表されるとともに，大都市を中心に児童の健全育成を目的とした児童政策が展開されはじめる時期である。その動機の1つとなったのが，前述した高い乳児死亡率である。19世紀終わりまでは西欧諸国に比べて若干低かった日本の乳児死亡率であるが，1910年代頃から上昇し，1918年には出生1000に対して189.7とピークの値を示したため，その改善が急務とされていた。ちなみに，その前の1916年には政府に保健衛生調査会が設置され，乳児・幼児・学齢児童および青年の保健衛生も調査の1項目を構成している。同調査会は，1920年に「児童及び妊婦保健増進に関する件」について建議を行い，妊産婦および乳幼児保護事業に本格的に取り組むことを提案した［内務省衛生局 1921］。その内容をみておくと，以下のとおりである。

（1）都市に貧困な産婦を収容する産院を設置し，産院には巡回産婆，看護婦を付置して収容できない妊産婦の看護にあたること。
（2）都市に育児相談所を設置し，育児の相談や健康診断に応じること。
（3）都市に乳児保育所を置き，保育困難な乳児を無料または有料にて収容すること。
（4）産婆のいない地方には公設産婆を設置すること。
（5）児童週間や児童衛生展覧会を開催して，保健衛生思想の普及に資すること。

　この提案の内容をみれば，明らかに都市に主眼がおかれているが，それは乳児死亡問題が着目された当初，全国で都市の方が高率であったことによる。また，乳児死亡率の問題だけでなく，都市では社会情勢の激変に伴う経済生活の変化のなかで，貧困のために心身の発育を遂げられなかった児童，子女をもつ

第5章　児童権論の展開と社会政策　113

図表5-1　児童保護施設（大阪市の例）

市立児童相談所	1919年に南区宮津町に開所
市立託児所	1919年に鶴町第一託児所
市立乳児院	1921年に堀川乳児院
少年職業相談所	1920年に西区に開設
市立産院	1920年に北区本庄に開設
方面委員制度	1918年に創設

（それぞれ，第1号の開設時期を記した）

筆者作成。

婦人で労働市場に参加する者，ことに寡婦またはこれに準じた境遇に陥って子女の養育に困っている者等の数が急増するなど，児童に関わる問題が噴出していた。このような状況を受け，妊産婦や乳幼児，児童を対象とした政策が都市において展開され，〈都市〉社会政策の一部をなすこととなった。なかでも大阪市は，日本で最初となる施設を含む児童保護施設が相次いで創設される等，児童政策が非常に充実していた地域である[8]（図表5-1）。

とはいえ，この時期の児童に関わる政策を国レベルの視点から眺めれば法制度として目立ったものはなく，あくまで地域（都市）レベルのものにとどまっている。そのことは，内務省社会局『本邦社会事業概要』からも読み取ることができる。特に「第7　児童保護」では，当時の児童保護について以下のように述べられ，全国的にみたときの不備が指摘されている。「児童保護の法制としては従来棄児の養育，貧窮なる幼弱者の恤救に関する規定並に感化法等なるのみにして，未だ各種の児童保護施設に関し完備せる法制なし」。「我邦従来の児童保護事業は貧児，不良少年，異常児童等環境的，身体的若は精神的に欠陥を有する児童を事後において救済する消極的事業にして，かかる欠陥の発生に先ち児童を予防的に保護せんとする積極的事業の実施は未だ極めて輓近の事に属す」［社会保障研究所 1982：743］。ちなみに図表5-2は，同書のなかで当時の児童保護施策について在来の児童保護事業から新たな振興の事業へという順で記述されたものである。そのなかで「胎児，乳児及幼児保護」以下の積極的事業と分類されているものは，「最近の発達に係る積極的児童保護事業についての概略を述ぶるべく」［社会保障研究所 1982：751］という形で示されたものであ

図表 5-2　児童保護事業

〈消極的事業〉	〈積極的事業〉	
・「正常児」の保護 　　育児事業，昼間保育所， 　　感化事業，貧児教育 ・「異常児」保護	・胎児，乳児および幼児保護 ・病児及虚弱児保護 ・養児保護 ・被虐待児保護	・児童一時保護所 ・児童鑑別及職業相談 ・労働少年の保護 ・児童保護委員

筆者作成。

図表 5-3　戦前の児童保護に関わる法律

1871年	棄児養育米給与方		
1874年	恤救規則		
1900年	↓	感化法	
1911年	↓	↓	工場法
1929年	救護法	↓	
1933年		少年教護法	児童虐待防止法
1937年			母子保護法

筆者作成。

り，そこにあげられているのはあくまで一部の都市で独自に運営され始めた事業や私的事業である。また，図表 5-3 は戦前の児童問題に関わる法律をまとめたものであるが，1911年から1929年の間には新たな法制定はみられない[9]。したがって，この間，とりわけ1920年代は地域（都市）レベルにおいて独自の児童政策が展開され始めた時期であり，その意味で児童社会政策の胎動期であったといえる。

さて，これまで述べたように，児童に関わる社会事業において消極的事業から積極的事業へ，いいかえれば児童保護施策の胎動という正の動きがみられるなかで，他方，負の動きとして浮き彫りになったのが児童虐待という現実である。この時期，児童の健全育成のために児童保護施策が積極的に推進され始めるとともに，それと相反する現実も，報道や調査を通じて明らかになっていった。

図表 5-4 は，「児童虐待の事実」として内務省社会局保護課によって作成された資料である。「児童虐待の事実」と題されるこの資料の［地，所，年］は不明であるが，1928年から1929年にかけての児童虐待の実態が東京朝日新聞

第5章　児童権論の展開と社会政策　115

図表5-4　児童虐待の事実（1928～1929年）

1928年		1929年	
1月	11年間探す我が娘を曲馬団の中で発見	1月	むごい養母幼い姉妹を虐める　つじ占売り少女…※
3月	病院通いの娘をさらって監禁	3月	母に虐げられ少年の放火　無情に泣いた兄弟
	少女自殺　虐められると書き置きして		
	少年虐使　重い荷車をひく少年雇人また惨死	5月	命を的に買われた哀れな人の子200名　親の名も知らず奴隷の苦業　沼津漁業地の怪事
	少女をさらい往来で乱暴		
4月	小僧を虐待し主人の建具職召喚…※	6月	もらい児虐待
5月	軽業曲馬団の少女2名ブランコから墜落の惨事	7月	言語に絶した継子いじめ　窃盗まで働かす
	少女を素裸にむごい虐待…※	8月	いたいけな幼女に石油を飲ます
9月	保護の少年を責め殺す	10月	虐待を悲観し幼い兄妹が無惨な鉄道自殺
10月	鬼のような継母		
12月	9人の妻ともらい子8人を殺した稀代の殺人鬼か	12月	寄席芸人の魔手

「5．児童虐待の事実　其の一（社会局）」『児童虐待防止に関する資料（謄写刷）』［地，所，年不明］］より筆者作成。

の記事を抜粋する形で記されている。[10]

　そのなかの3つ（図表中に※を付したもの）のケースを具体的に記すと，以下のとおりであった。

　[case 1]　府下荏原町，小山建具職吉澤藤太郎（41）は雇人椎野一（19）を酷使し常に生傷の絶間もない虐待を続けていた。4日夜，仕事の手落ちを責め立て棒きれで激しくなぐりつけて全身10数箇所に全治3週間を要する打撲裂傷を負わせたことが所管大崎署の耳に入り，5日藤太郎を同署に召喚した。目下取調中。

　[case 2]　芝区愛宕下町カフェーチトセ，事野依銀蔵の内縁の妻西村よし（22）は元同家の女中であったが，先妻の病死後銀蔵と夫婦になった。そうして先妻のもらい子はる子（8）が邪魔になり，絶えず虐待し，付近の人も見かねるほどの有様であった。そのことで愛宕署へ投書が頻りにくるので，それとなく注意をしていたところ，8日午前1時半頃，同家から子どもの悲鳴が聞こえるのを署員が聞きつけた。踏み込んで調べると無惨にも，はる子は素裸で柱にしばりつけられ鬼のようなよしはところかまわず梅干し大の灸をすえ，そのうえ散々鉄棒でなぐっていた。署員は驚き，はる子を保護するとともに夫婦を引致した。同日は台所で十銭紛失したのをよしが疑い，はる子に食事も与えなかったため，空腹にたまりかねたはる子が子猫に与える飯を取って食おうとしたところこの厳しい折檻にあったものだと。

　[case 3]　9日午後7時半頃，淀橋煙草売買局の門前をすすり泣きながらさまようつ

図表5-5　被虐待児童数調査

年　齢	親権者又は後見人より虐待を受けた者	その他保護責任者より虐待を受けた者		合　計
		（内，親権者または後見人のある者）	（内，親権者または後見人のない者）	
2歳未満	8人	2人	2人	12人
2歳以上6歳未満	15人	8人	1人	24人
6歳以上14歳未満	19人	12人	5人	36人
小　計	42人	22人	8人	72人
14歳以上16歳未満	5人	3人	1人	9人
16歳以上20歳未満	9人	17人	15人	41人
計	56人	42人	24人	122人

「2. 児童保護に関する資料（社会局）」「『児童虐待防止に関する資料（謄写刷）』［年，地，所不明］］より筆者作成。

じ占売の少女がいた。通りかかった淀橋署員がわけを聞くと，この少女は四谷永住町3六見たけ（66）の養女きね（10）で震災当時両親を失ってから姉のいね（15）と2人養われてきたという。たけは2人を遊芸人に育て上げるため，昼間に三味線を教えるかたわら，昨年の春以来毎夜2人をつじ占売に出していた。しかし，2人の稼ぎは養母の満足を得ず，去る7日「5円ずつは必ず売ってこい，でないと家には入れぬ」と手厳しく冷たい小言で2人を出した。当夜，姉はやっと5円近く売り上げたが，妹は思うように売れず，出かけに聞かされた言葉恐ろしさに途方に暮れ，諸所をうろついていたものである。淀橋署ではたけを呼び出して取り調べ中である。

　＊つじ占…紙片に種々の文句を記して巻煎餅などに挟み，それを取ってその時の吉凶を占うもの。

これら3事例をみると，case1は雇い主による，case 2・3は継母，養母による虐待である。その他の例も含め，この資料に拾い上げられている「児童虐待」は，（当然，実母によるものもあったはずだが）雇い主，継母，養母によるものがそのほとんどである。

一方，図表5-5は同社会局保護課による「被虐待児童数調査」である。この調査は，「児童を保護すべき責任ある者が児童を虐待する行為によって刑罰法令に触れるものと認められ，1929年中に警察官署において検事局へ送致し，違警罪即決例により即決又は微罪釈放した事件の被害児童を調査したもの」である。この内容からは実の親（生みの親）による虐待とそうでないもの（継父，継母，養父，養母，親戚，雇主）という分類はできないが，検事局へ送致された

「事件」の内訳であることからして，この調査は図表5-4の延長で捉えてよいだろう。

　この資料（「2．児童保護に関する資料（社会局）」）には，「被虐待児童数」の統計とともに「曲馬，軽業その他これに類する危険なる諸芸に使用する児童数」[11]「公衆の観覧に供する児童数」「特殊業務に従事する児童数」「報酬をもってする養児状況」の統計が収められており，今日とは違う当時の児童虐待の現実を物語っている。

　さて，ここで述べた虐待の事例をみると，そこに現れたのは児童の健全育成というベクトルとは真逆の現実，すなわち子どもが常軌を逸した酷い扱いを受けているというものである。その虐待の悲惨さは，社会として「子ども」の処遇を見直すべきことを訴えるとともに，そこに現れている加害者の内訳は，「親」という概念，さらには親権という概念を見直すきっかけを与えたといえる[12]。いずれにしても，当時の児童虐待に関わった加害者の多くは，雇い主や継母といった実父母でないものがその多くを占めており，その内実はかなりの部分が「（労働における）児童酷使」，「養児」の問題であった[13]。このような現実を踏まえ，児童虐待防止法制定に向けての動きが開始されることになる。

4　「児童虐待防止法」の形成

　1933年に制定される児童虐待防止法は，「（労働における）児童酷使」[14]「養児」といった現実に主眼をおいたものとなった。親子ではない関係の間で起こる虐待，すなわち生みの親以外による児童虐待の取り締まりに重点をおいた児童虐待防止法は，それまで行われていた養児保護施策の延長と位置づけられたが，この点については，まずそれまで道府県レベルで任意に摘要されていた「養児保護に関する規制摘要」に関する調査が行われている。調査がなされた1930年8月時点で，なんらかの養児保護に関する規制が存在したのは17府県であった。その17府県の養児保護に関する摘要の内容を，保護養児の年齢制限，届け出の規定等，10項目についてまとめたのが図表5-6である。

図表 5-6　養児保護に関する規制 - (1)

	京都	神奈川	新潟	奈良
保護養児の年齢の制限（未満）	6歳	7歳	7歳	6歳
養育者の届け出に関する規定	幼児を貰い受け養育する者は届け出を要す	他人の幼児を養育しまたは養子した者は届け出を要す	幼児を養い子としてもしくは受託養育する者は届け出を要す	小児をもらい受け養育する者は届け出を要す
同上届け出期間	10日以内	10日以内	7日以内	10日以内
養児の疾病，負傷，死亡，離縁，復帰等の届け出に関する規定	幼児疾病，死亡の時は即届け出を要す	養児離縁，復帰もしくは委託を辞したときは10日以内に，養児が死亡したときは即日届け出を要す	養児重病，重傷または死亡のときは速やかに届け出を要す，生父母に返還したときも同じ	養児疾病，死亡，負傷その他異常のあるときもしくは養育を廃したときは速やかに届け出を要す
養児を医師の診断を受けさせる規定		警察官は養育者又は義父母に対し養児に医師の診断を受けさせることを命ずることを得る		
養児に関する警察官の尋問，臨検の規定		養育者，義父母，養児の実父母又は保育者は養育の方法もしくは養児の状態について警察官の尋問があったときは明答すべし	養育者は養い子または受託児童の事項について警察官の尋問があったときは明答すべし	
養児の実父母または生母に関する規定			実父母または生母は養児保護の目的をもって養育者の住所氏名を届け出ることを得る	
養児紹介者に関する規定				
生後12月未満の養児に関する規定			出生後12月未満の幼児を乳母なしに養育しようとする者は警察官署の許可を受けるべし	
罰則	拘留または科料	20円未満の科料	3日以上10日以内の拘留または1円以上1円95銭以下の科料	30日未満の拘留または20円未満の科料

三 重	愛 知	静 岡	岐 阜	宮 城
7歳	5歳	8歳	6歳	12歳
小児を養子としてもしくは受託養育する者は届け出を要す	幼児を引き受け養育しようとする者は届け出を要す	幼児を貰い受ける者または受託養育をする者は届け出を要す	幼児を子養いするもしくは受託養育する者は届け出を要す	他人の幼児を養育しまたはもらい受けた者は届け出を要す
10日以内	引き受け前	10日以内	5日以内	10日以内
養児重病，負傷，死亡，行方不明，離縁または受託を止めたときは速やかに届け出を要す	養児が死亡したときは即日届け出を要す		養児重病，死亡のときは速やかに届け出を要す	養児死亡，親元へ復帰その他の事由によりその監護を廃したときは10日以内に届け出を要す
警察署において必要があると認めるときは医師を指定し幼児の健康診断を受けさせることあるべし				警察官は必要と認めるときは養育者またはもらい受け人に対し養児に医師の診断を受けさせるべきことを命じることを得る
警察官署において必要ありと認めるときは臨時臨検することあるべし			養育者は養育上について警察官吏の取り調べを受けたときは明答すべし	警察官は必要があると認めたときは養育人，もらい受け人または養児の実父母に対して養育またはもらい受けの条件，養児の状態または養育方法について尋問することを得る
		養児保護の目的により実父母，親戚その他の縁故者は養児の住所氏名を届け出ることを得る	実父母または生母は養児保護の目的をもって養育者の住所氏名その他参考となる事項を届け出ることを得る	
拘留または科料	30日未満の拘留または20円未満の科料	2日以上10日以内の拘留又は50銭以上1円50銭以下の科料	拘留または科料	科料

図表5-6　養児保護に関する規制-(2)

	福井	石川	富山	広島
保護養児の年齢の制限（未満）	6歳	6歳	6歳	7歳
養育者の届け出に関する規定	幼児を子養いしもしくは受託養育する者は届け出を要す	幼児をもらい受けもしくは受託養育しようとする者は届け出を要す	幼児をもらいもしくは養育する者は届け出を要す	子女をもらい受けもしくは受託養育する者は届け出を要す
同上届け出期間	7日以内	5日前	7日以内	10日以内
養児の疾病、負傷、死亡、離縁、復帰等の届け出に関する規定	養児重病または死亡したときは速やかに届け出を要す	養児疾病または死亡したときは速やかに届け出を要す	里子重病または死亡のときはすぐに、離縁復帰その他の異動があったときは7日以内に届け出を要す	養児疾病、負傷、死亡、離縁、復籍、受託を辞したときまたは転住もしくは20日以上他行させようとするときは即時届け出を要す
養児を医師の診断を受けさせる規定				警察官吏は必要と認めるときは医師を指定し養児の診断をさせ、養育者はこれを拒むことを得ない
養児に関する警察官の尋問、臨検の規定	養育者は養育上について警察官吏の尋問があったときは何事であっても明答すべし	養育者は養育上について警察官吏の尋問があったときはこれに答えるべし	養育者は養育に関して警察官の尋問を受けたときは明答すべし	養育者は保育上に関し警察官吏の尋問があったときは明答すべし
養児の実父母または生母に関する規定	実父母または生母は養児保護の目的をもって養育者の住所氏名を届け出ることを得		実父母、生母は養児保護の目的をもって養育者の住所氏名を届け出ることを得る	養児の実父母は養児の氏名年齢および養育者の住所氏名を3日以内に届け出るべし
養児紹介者に関する規定		養児の媒介者は養児の氏名生年月日および実父母ならびに養育者の住所氏名について5日前に届け出を要す		養児の周旋人は養児の氏名年齢および養育者の住所氏名を3日以内に届け出ることを要す
生後12月未満の養児に関する規定				
罰則	2日以上5日以下の拘留または50銭以上1円50銭以下の科料	拘留または科料	2日以上5日以下の拘留または50銭以上1円50銭以下の科料	30日未満の拘留または20円未満の科料

和歌山	徳島	高知	鹿児島
7歳	6歳	5歳	6歳
幼児をもらい受けもしくは受託養育する者は届け出を要す	幼児を子養いしもしくは受託養育する者は届け出を要す 離縁，復籍，委託を辞したときは10日以内に届け出を要す	幼児をもらいもしくは受託養育をしようとする者は認可を受けるべし	幼児を養子とするもしくは受託養育する者は届け出を要す
10日以内	7日以内	予め	5日以内
養児の疾病，負傷，死亡，離縁，復籍もしくは委託を辞したときは速やかに届け出を要す	養児重病または死亡のときは24時間以内に届け出を要す	養児重病，死亡のときは速やかに，養育者転住のときは3日以内に届け出を要す	養児重病，重傷，死亡または行方不明のときは速やかに養育者の転住，氏名変更または養育廃止のときは7日以内に届け出を要す
警察官署において必要があると認めるときは医師を指定し養児の健康診断を受けさせることあるべし 養育者はこれを拒むことを得ず			警察官署において必要があると認めるときは医師を指定して養児の健康診断を受けさせることあるべし
養育者は保育上に関して警察官吏の尋問があったときは明答すべし	養育者は養育上に関して警察官吏の尋問があったときは明答すべし	養育者は育児上について警察官吏の尋問があったときは明答すべし	
		実父母または生母は養児保護の目的をもって養育者の住所氏名を届け出ることを得	
養児の周旋人は養児の実父母および養育者の住所氏名年齢の届け出を要す			
拘留または科料	拘留または科料	拘留または科料	拘留または科料

備考　＊本表に掲げる規則は金銭その他の報酬を受けて幼児を養育する者に関する庁府県令を摘要したもの（1930〔昭和5〕年8月調）である。
　　　＊本表中の届け出は警察署，巡査派出所，同駐在所になすものである。
「2. 児童保護に関する資料（社会局）」「『児童虐待防止に関する資料（謄写刷）』〔年，地，所不明〕」より筆者作成。

図表5-6の内容を比較すれば明らかなように，そもそも養児保護に関する規則摘要のある地域とない地域という差はあるが，摘要のある地域間ではその規定内容の差はさほどでもない。また，この調査では「養児取締に関する地方長官の意見」を求めている。それにより得られた回答は以下のとおりであり，法令の制定を必要とする意見が大部分であった。

●法令の制定を必要とするもの
　（イ）　統一した取締規定制定の必要がある。なお市町村幼児養子縁組の届出を受理したときはこれを所轄警察署長に通報することが必要である。（北海道）
　（ロ）　整備された保護法令制定の必要がある。（京都，兵庫，長崎，群馬，茨城，岐阜，福島，岩手，山形，広島，香川，愛媛，高知）
　（ハ）　産婆，雇用紹介業者等と連絡をとり営利を目的とする養育者に対し厳重な取締を加える必要がある。（埼玉）
　（ニ）　養育者に届出の義務を命ずるとともに警察に視察させる必要がある。（栃木）

●法令の制定を必要としないもの
　（イ）　特に立法手段によって取締をなす必要がない。ただ従来の警察取締を励行し私生児，孤児、貧困児等の救済施設との連絡により適当な措置を講ずればよい。（山梨）
　（ロ）　養育者の視察を緊密にするにおいては養育保護の全てを期し得るものと認める。（石川）
　（ハ）　法規制定の必要なく従来の取締方針をもって足りると考える。（島根）

　これらの養児規制に対する調査結果を踏まえ，児童虐待防止法制定に向けて動き出すことになった。図表5-7は，本件に関して社会事業調査会（1931年4月20日）に対して出された諮問「児童虐待に関する件」である。
　それを受けて組織されたのが特別委員会である。9名の委員（穂積重遠ほか）で組織され，計4回の会議で，西欧先進諸国の状況も含めて児童虐待，さらには児童労働の現状について議論がなされている。第4回の会議では，前3回の

図表5-7 諮問「児童虐待に関する件」

諮問第七号

社会事業調査会

社会の現況に鑑み児童の虐待防止に関する法制を定める必要があるのを認める。これに関しその会の意見を求める。
昭和6年4月20日　内務大臣　安達謙蔵
説明
輓近社会事情の変遷に伴い，児童に対する虐待事実は漸次増加するとともにその性質もまた著しく苛酷となる傾向にある。然るに従来この種の行為に対しては厳罰をもって犯行の防止を図るほか，単に民法のなかで親権者のなす虐待について親権喪失の制裁があるに止まり，被虐待児童の処遇に関しては何ら適当な方途を講ずるところがない。誠に人道上遺憾であるのみならず，国家将来のためにも真に憂慮すべき事態である。すなわちすみやかに被虐待児童の保護救済に関する制度を確立し，もって我が国児童保護法制の完備を期することはすこぶる緊要のことに属す。これがこの諮問を発したる所以である。

出所：社会事業調査会「児童虐待に関する件」『社会事業調査会報告書（第2回）』1931年。

会議を踏まえて作成した社会局原案を議題として質問応答がなされるとともに，法律の名称については「国家が児童の虐待防止を為すべきことを宣言する意味において『児童虐待防止に関する法律』と称する」とされている。このような議事経過を経て内務大臣に答申されたのが「児童虐待防止に関する法律案要綱」である。図表5-8は帝国議会での審議を経て，最終的に可決成立した「児童虐待防止法」の条文である。

本法において，児童虐待は以下のように規定されている。「児童を保護すべき責任ある者が児童を虐待又は著しくその監護を怠ることによって刑罰法令に触れ又は触れるおそれがある場合」である。処罰の対象となるのは，養育者の虐待と（労働における）児童酷使であるが，前者である養育者による虐待に関しては，帝国議会における審議の過程でその基準（何をもって虐待と見なすか）について議論が重ねられている［桑原・宮城 2001c］。そこで，「子供の為を思ってする好意から来る虐待」と「虐待」をどういうところで区別するのかといった指摘がなされたが，結局この点についてははっきりした答えが出されないまま審議を終え，本法が成立している。それは，親権がより強固なものとして捉えられていた社会背景を反映しているといえるだろう。

また，後者である（労働における）児童酷使については，審議の過程で当初

図表5-8　児童虐待防止法

児童虐待防止法（1933年4月1日　法律第40号）
第一条　本法において児童と称するのは14歳未満の者をいう
第二条　児童を保護すべき責任ある者が児童を虐待又は著しくその監護を怠ることによって刑罰法令に触れ又は触れるおそれがある場合において地方長官は以下の処分をなすことを得る
　　　１．児童を保護すべき責任ある者に対し訓戒を加えること
　　　２．児童を保護すべき責任ある者に対し条件を附して児童の監護をなさせること
　　　３．児童を保護すべき責任ある者より児童を引き取りこれをその親族その他の私人の家庭又は適当な施設に委託すること
　　　前項第三号の規定による処分をなすべき場合において児童を保護すべき責任ある者が親権者又は後見人ではないときは地方長官は児童を親権者又は後見人に引き渡すべし但し親権者または後見人に引き渡すことができないときまたは地方長官において児童保護のため適当でないと認めるときはこの限りではない
第三条　地方長官は前条の規定による処分をなしたる場合において必要ありと認めるときは児童が14歳に達したる後といえども一年を経過する迄なおその者につき前条の規定による処分をなすことを得る
第四条　前二条の規定による処分のため必要な費用は勅令の定めるところにより本人又はその扶養義務者の負担とす但し費用の負担をなしたる扶養義務者は民法第九五五条及び第九五六条の規定により扶養義務を履行すべき者に対し求償をなすを妨げない
第五条　前条の費用は道府県において一時これを繰替支弁するべし
　　　前の規定により繰替支弁した費用の弁償金徴収については府県税徴収の例による本人又はその扶養義務者より弁償を得られない費用は道府県の負担とする
第六条　国庫は勅令の定めるところにより道府県の負担する費用に対しその二分の一以内を補助する
第七条　地方長官は軽業，曲馬又は戸々に就きもしくは道路において行う諸芸の演出もしくは物品の販売その他の業務及び行為にして児童の虐待に渉り又は誘発するおそれのあるものについて必要があると認めるときは児童を用いることを禁止し又は制限することを得る
　　　前項の業務及び行為の種類は主務大臣がこれを定める
第八条　地方長官は第二条もしくは第三条の規定による処分を為し又は前条第一項の規定による禁止もしくは制限を為すため必要があると認めるときは該当官吏又は吏員によって児童の住所もしくは居所又は児童の従業する場所に立ち入り必要な調査を為させることを得るこの場合においては証票を携帯させるべし
第九条　本法又は本法に基づいて発する命令の規定によって地方長官の為す処分に不服がある者は主務大臣に訴願することを得
第一〇条　第七条第一項の規定による禁止もしくは制限に違反した者は一年以下の懲役又は千円以下の罰金に処す
第一一条　正常の理由なく第八条の規定による該当官吏もしくは吏員の職務執行を拒み，妨げもしくは忌避しまたはその尋問に対し答弁をせずもしくは虚偽の陳述を為し又は児童に答弁をさせずもしくは虚偽の陳述を為させる者は五百円以下の罰金に処す

出所：東京府学務部社会課『児童虐待防止法要覧』1933年，23-26頁。

議会に提出された政府案に修正がなされた（図表5-8の条文は修正後のものである）。「本法は児童の虐待を防ぐのが目的であって，業務又は行為の制限を目的とするものではないとの見地より致しまして多少の意見があったのであります，それに基きまして原案を修正いたしました」［桑原・宮城 2001c：134］と述べられるように，原案では「軽業，曲馬等児童の心身の発達に著しき障害を与ふる如きものに，児童を用ふることを絶対に禁止するものでございましたが，衆議院に於きましては之を多少緩和いたしまして（中略）児童の虐待に渉り又は之を誘発する処ある業務及行為として必要在る場合には，児童の使用を制限し得ることとせられた」［桑原・宮城 2001c：138］。これらの事実は，ともすれば本法の評価を下げてしまいかねないが，以下の引用「帝国議会で述べられた児童虐待防止法案提出の趣旨」が物語るように，本法の成立（「虐待」という概念の導入）によって児童の積極的な保護という道が開かれたことにまず，意味を見出すべきだろう。

　現在我国の実情を見まするに，児童に対する各種の虐待事実は，往々社会の耳目を聳動するが如きものがありますと共に，児童の心身発達上甚だしき弊害を伴う処がありまする所の，特殊の業務に児童を使用する事実も，亦少なからず見聞致すのでありまして，是等の事実は何れも児童の健康を害ひ，性能の発達を阻むは勿論でありまして，国家の将来に対しまして償い難き損失を与へることは，洵に想像に難くないのであります，（中略）然るに従来是等の虐待行為の予防又は保護救済に関しましては，刑法及警察犯処罰令中に若干の制裁規定を存しますのと，民法中親権者の為す虐待に付き，親権喪失の規定があるに止まりまして，虐待の積極的防止及其発見されましたる被虐待児童の救済に関しては，何ら方法が定まって居らない状態に在るのであります。
　　　　　　　　　　　　　　　　　　　　　　　　　　　　［桑原・宮城 2001c：103］

5　法制定の成果

　では，児童虐待防止法の制定は功を奏したのであろうか。本節では，その運用実績について述べたい。児童虐待防止法の運用実績については，東京府学務部社会課の調査がある。本調査は「児童虐待防止法が制定された1933年度から1937年度に至る5年間の被虐待児童保護に関する実状を調査考究したもの」である。

図表５-９　収容保護された被虐待児童数

	1歳	2歳	3歳	4歳	5歳	6歳	7歳	8歳	9歳	10歳	11歳	12歳	13歳	14歳	計
1933年			1	1		2	2		3	5	2	2	1		19
1934年			3	5	1	8	7	5	5	8	5	2	5		54
1935年	1	3		3	3	2	2	2	8	4	2	3		1	34
1936年	1	1	3	3	5	5	6	3	6	4	4	2	7	10	60
1937年		1	1	3	2	3	2	4	4	2	4	1	2	3	32
計	2	5	8	15	11	20	19	14	26	23	17	10	15	14	199

［東京府学務部社会課 1939：18-19］をもとに筆者作成。

　児童虐待防止法は，14歳未満の児童をその保護責任者より強制的に引き取る権限を地方長官に付与しており，程度が甚だしい虐待に対する対応として「収容保護」を行えると規定している[16]。東京府において，1933年度から５年間で収容保護された被虐待児童の数は，図表５-９のとおりである。

　また，収容保護された児童の収容理由をみると，以下のように分類されている（その人数も示す）。

（１）虐待行為によるもの…112名

　　　身体障害…35名　　　乞食………50名　　　芸妓………3名

　　　歌謡遊芸…8名　　　物品販売…16名

（２）監護懈怠によるもの…87名

　本調査には，以下のような実績例が記されているので，参考までにいくつか紹介しておこう。

【身体障害に関する事例】
　　K少年は，実母が死んだ後継母に育てられることになり，しばらくはあまり問題もおこらなかったが，継弟妹が出生するに及んで状況が一変した。継母は自分の真の子供に対してはよい服を着せ，食事も十分与えるのに対して，K少年にはほとんど満足できる食事も与えず，衣服は全く省みなかった。K少年の父は昼間家を留守にする自動車運転手であったためほとんど家庭内の問題に関して首をつっこまなかったため，事実はますます深刻化していき，K少年は9歳というのに7歳ぐらいにしか見えない程瘦せ衰えていった。しかも，継母は本児童が物を盗むといって，両手を縛り暴行を加え，火箸を手首，背中，下腹部等に押しつけ負傷させて折檻し，全身創痕で満たされるという虐待ぶりであった。

第5章　児童権論の展開と社会政策　127

　本児が9歳の11月中旬，空腹に耐えかねてなんとか家を出て近所の駄菓子屋で菓子を窃取したのを目撃した近所の人が，余りの惨めさに本児を背負って警察署に連れて行き，児童の保護を願った。それにより児童虐待防止法の発動するところとなった。保護されたとき，本児は身を支える力もないほど弱り衰え，腹部はくびれてさるまたをとどめることができない程であった。
　<u>施設に収容された時，本児は死の直前をさまようかのような状態であったが，直ちに医師の手当てを受け，施設の人々の手厚い看護とによって回復し，ついには健全な心身を取り戻して希望をもって小学校に通学するに至った</u>（以下，下線は3節で記述した法制定前の事例との比較対照を意識して筆者が付したものである）。

【「乞食」に関する事例】

　両親を知らず，幼少より育ててくれた養育者が死亡したため5，6歳で鼻緒内職をする女の手に引き取られた女の子は，やがて火葬場の道路に座って物を乞う境遇にたたされた。これがすっかり職業になってしまった11歳の本児童は，茶褐色の松やにがついた様な髪の毛で，汗と塵で汚れたぼろぼろの着物を纏うという痛ましい姿となっていた。
　<u>この可哀相な児童が児童虐待防止法の保護を受け，施設収容を受け，磨きをかけられた2，3年後の姿は，どこか相当な家庭から委託されている娘であろうと印象づけられるまでに変わった。今では，小学校における学業成績は優秀，組長を務めすべての人々に尊敬され親しまれている。</u>

【芸妓に関する事例】

　東北地方のある所で農家の子女として生まれた子供が，父が亡くなったため北海道の表装師の家に養女として貰われていった。しかし，本児が13歳になったとき，東京の某周旋業者が150円で芸者に契約すると本児を連れて行き，自宅で働かせていた。やがて，その業者から養父母のもとに向島区の某芸妓屋に契約が出来たとの通知があった。それに対して養母は150円では安すぎるとして値上げの交渉のため上京したが，交渉がうまくいかなかったため，某人事相談所に話を持ち込んだ。それによりこの事実が発覚するに至り，この児童は児童虐待防止法によって保護を受けることになった。
　<u>本児はしばらくの間芸妓屋生活に触れていたため，性質が不純化し，頑なに我意強く，関係者を悩ませ，また児童間の折り合いも円満ではなかった。絶え間ない関係者の苦心により，次第に本児の心が和らぎ，ついには新しく施設に収容されてくる児童に対して同情ある態度で世話できるまでに変化してきた。</u>

【歌謡遊芸に関する事例】

　昭和8年頃まで，三味線や太鼓やどらにあわせて俗謡を歌い踊りながら門毎に歩き回る児童の群れが相当多数出没していたが，児童虐待防止法が施行されて保護の手が延び，ほとんどその姿を消した。それには業者の自発的中止も原因したが，その他に同

一雇主より7名の14歳未満の児童が引き取られるということが最も大きな原因であったと思われる。これらの児童はほとんど皆7，8歳の頃に10ヶ月間50円から80円の前借金で売られてきており，昭和8年には以下のように丁度働き盛りの年齢に達していた。
　女児（10歳）不就学　　　　男児（10歳）不就学　　　　女児（11歳）夜間4年在学
　女児（11歳）夜間2年在学　女児（10歳）夜間4年在学　女児（12歳）夜間2年在学
　女児（10歳）夜間2年在学
　雇主はこれら7名の児童を昼間は門付芸人として酷使し，その内5名だけ体裁に夜間小学校に通わせていたのである。
　その労働の程度は児童の身体への影響が大きく，収容保護直後直ちに結核療養所において看護の必要がある者もいた。また，その大部分が親権者不詳で，出生後誰の手に渡って生活してきたのか分からない児童が多かった。
　収容後，施設関係者の普段の努力の結果，児童はようやく元気を取り戻し，学業においてもかなり進歩を示した。

【物品販売に関する事例】
　ある盛場近くの木賃宿に，毎日酒に浸っている男がいた。妻と別れて以来仕事を転々とし，木賃宿にまで流れてきた。この男は気が荒れてほとんど労働せず，その代わりに生活費を稼ぐ手段として9歳と7歳の男の子につじ占売をさせていた。夜の12時過ぎまで紅灯の街を歩かせ，客にせびってつじ占売をさせた。しかし，同じような子供達が何人も辻占売をしているので，多くの収入を得るのは容易ではない。少ない収入で宿に帰ると父が恐ろしいので，2人は疲れた足を引きずりながら盛場のなかを放浪し，宿に帰って休むのは夜中の1時，2時で，翌日学校に行けるような状況ではなかった。関係者は再三父に警告をしたが改めなかったので，兄が10歳の時，児童虐待防止法の発動により収容保護されることになった。弟は居所不明となっており，保護することが出来なかった。
　収容施設に保護された兄も，翌日には無断脱走をして，その日の夕方盛場で警察署の保護を受けた。その後も脱走を繰り返した。さらには，父から辻占中に他人の財布を窃取することを仕込まれており，施設を逃走すると直ちに金銭を窃取して盛場に行く交通費その他を支出していることが明らかになった。関係者は失望し，特殊施設に送ろうとしたが，施設に連れ戻し，懇々と説いて聞かせた。その結果，本児は性質が一変して学業の方も徐々に進み，快活な子供となることができた。

　本調査で取り上げられている虐待の事例は，2節で述べたような児童虐待防止法制定前の調査で確認されていた事実と同じようなケースであるが，その被虐待児童が同法制定により救われたことが記述されている。そして，児童虐待防止法の制定により可能となった収容保護という手段をとることで，被虐待児童を制度的に救う道が開けたという有効性を指摘している。図表5-10は，実

図表5-10　経費面でみた児童虐待防止法の運用状況

	予算現額（円）	支出済額（円）	保護処分件数（件）
1933年10月〜翌3月	45,000		200
1934年度			299
1935年度			352
1936年度	50,000	14,298	342
1937年度	30,000	16,334	332
1938年度	20,000	17,285	506
1939年度			552
1940年度	20,000	17,583	205
1941年度	20,000	16,954	243

齊藤薫「『児童虐待防止法解義』他解説」『日本〈子供の権利〉叢書8 児童虐待防止法解義・児童虐待防止法解説・児童を護る』久山社，1995年，8頁，をもとに筆者作成。

際の運用状況を経費面と保護件数でみたものである。経費面でみれば支出済額が予算現額を下回っており，また保護件数についても評価は分かれるところである。ただし，あくまで児童社会政策の史的展開ということに着目すれば，児童虐待防止法の成立は，日本の児童社会政策の起点を示す重要な指標であることは間違いないだろう。

6　むすびにかえて

児童虐待防止法成立直後，「児童擁護協会」が設立された。これは，児童虐待防止事業の普及を目的に組織された民間団体であり，その事業は，被虐待児童の収容施設の運営，児童委託家庭の募集を行うなど児童の委託収容先の準備と，啓蒙書の刊行や「座談会」を催す等の法の普及に関するものであった。なかでも，啓蒙活動に力が注がれたが，それには以下のような背景があった。同法は子どもの権利の観念を具現化するとともに親権の制限という性格を有していたため，その成立直後には，法の家庭内干渉を嫌悪する世論と，法による子どもの救済こそが善であると信じて疑わない事業推進者らの思いとの衝突がみられた。いうまでもなく，子どもの権利の具現化と親権の制限というのはコインの表と裏の関係であり，その衝突こそは児童に関わる政策が，この児童虐待

防止法の成立を1つの足がかりに，戦後へと続く新しい時代に向けた一歩を踏み出した証しであるといえるだろう。

本章では，1933年の児童虐待防止法が「（親とは切り離した）子どもの権利」の観念を具現化したという意味で，戦後につながる児童社会政策の起点であるとして史的に位置づけることを試みた。また，本法の性格については，通説で強調されてきた「児童酷使」への対応だけではない部分，すなわち「養児規制」の延長としての親権者や後見人といった「児童を保護すべき責任ある者」の取り締まりをも視野に入れたものであったことを明らかにした。

本章で述べたことを踏まえて，最後に戦前日本の児童に関わる政策の特徴を整理しておきたい。まず，「（親とは切り離した）子どもの権利」を主張する児童権論の展開は，児童政策，さらには児童社会政策の成立に重要な意味をもったといえる。この点は，一例として1933年に児童虐待防止法の普及を目的として児童擁護協会から出版された啓蒙書『児童を護る』からも読み取ることができる。同書には，以下の論稿が収められ，それぞれの論者が児童虐待防止法，さらには児童擁護の意義を論じている。

　原　泰一（財団法人社会事業協会総務部長）「序に代えて」
　下村　宏（朝日新聞社副社長・法学博士）「非常時より見たる児童擁護」
　倉橋惣三（東京女子高等師範学校教授）「いぢめられる子」
　富田愛次郎（内務省社会局社会部長）「児童虐待防止法の話」
　穂積重遠（東京帝国大学教授・法学博士）「親権の尊重と制限」
　杉田三朗（内務省社会局）「児童虐待防止法質疑応答」

これらをみると，それぞれ異なる立場から児童擁護の必要性を訴えているが，なかでも原，下村，富田，杉田の主張に共通するのは，人道的のほかに社会防衛的，国家の将来を案じる立場から児童虐待防止法（＝児童社会政策）の意義を強調することである。虐待の事実は人道のうえから気の毒で，また不びんであり，当然擁護されなければならないとともに，擁護を怠ればその子どもが身体を悪くするだけでなく，その性格の上に非常に悪い影響を及ぼして精神が歪められ，反社会性の強い人間が生み出されてくることになる。したがって，虐待の防止は共同生活の上から，きわめて必要なことである（＝社会防衛的立場）と

する。また，子どもの問題は将来の国家を構成する，第2の国民の問題であり，正面から取り組まなければならない（＝国家の将来を案じる立場）という。また，穂積は「親権は，権利にして義務である」ということを訴えているが，そのような児童観のもとに親権は親の義務だ，すなわち子を育てることは親の義務であるという主張が実現したのである[17]。

　ここに現れているように，そして2節で取り上げた先駆的な児童権論にもいえるように，戦前の（一般に「児童保護」と呼ばれる）児童に関わる政策を支えた児童観は，人口政策的動機と社会政策的動機によっていたといえる。このことは戦前の児童に関わる政策をみる眼において重要な視点である。3節で論じたように，日本では乳児高死亡率が人口政策的な動機（「児童の問題は人口の量，および質の問題と大きく関わる」という認識）として児童に関わる政策を推進する動力となった。他方で，その人口の「質」の内容は優生学を介して人口政策的動機である「遺伝」とともに「環境（境遇）」の改善，という解釈にまで広がっていく。それが社会政策的動機であり，戦前の児童に関わる政策はこの両輪によって動かされた。このことは，日本でいえば児童虐待防止法の成立をもってはっきり現れたといえる。4節で取り上げた本法提出の趣旨，すなわち児童虐待の事実が児童の健康を損ない，その発達を阻む（＝社会政策的動機）とともに，国家の将来に対して償いがたき損失を与える（＝人口政策的動機）ことが危惧されていることから理解できよう。

　このように，当時は人口政策と社会政策は密接に結びついており，それらが重なり合う人口の〈質〉の改善というところに児童に関わる政策の発展がみられた。それは，この時期の日本とは対照的に出生率の低下が問題として認識されていた西欧先進諸国をみるとよりはっきりする。例えば，20世紀に入ってから深刻な出生率の低下が問題となったスウェーデンでは，戦前に人口政策と社会政策を一体化する形で家族政策が体現した。戦前における児童社会政策は，スウェーデンを代表例として人口現象に大きく左右されて形成したのである。そのことを視野に入れて，戦前日本における児童社会政策の特徴を端的にいうならば，スウェーデンに象徴される私的な対象に「積極的な介入を実現する児童社会政策」が西欧の一部で展開したのに対して，日本ではここで論じた児童

虐待防止法の成立という形で「親権を補完する児童社会政策」が曲がりなりにも実現したといってよいだろう。

1) 例えば，1909年には児童虐待が「事件」として取り上げられるとともに，原胤昭が児童虐待防止事業に取り組んでいる。私的事業ではあるが，これが日本で最初の児童虐待防止事業である。
2) 当時の家族形成に伴う問題については，中川清『日本都市の生活変動』勁草書房，2000年，に詳しい。
3) 戦前の児童観や児童政策をみる際，当時のわが国に入りつつあった時代思潮としての優生学が一定の影響を与えていたことを視野に収めるべきだろう。
4) ここでは取り上げなかったが，教育思想，宗教観といった他の視点から主張された児童権論も，児童の権利保障における国の責任についての言及の有無，またその強弱ということに多少の差はあるものの，その内容はかなり似ている。
5) 戦前期における児童政策の展開は，優生思想の普及と深く関わっている。それは，優生学の目指すところの「優良な生命・生体」が，政策としては児童や出生を対象とする政策と関わりをもつからである。
6) 「出生」への着目は，その後「優生」と「優境（環境改善）」という2方向の政策を追求することにつながった。
7) 本章でいう「児童政策」は，地域レベルで展開されていた児童保護施策を意味しており，後述する国家レベルの「児童社会政策」との区別を意識している。
8) 大阪市の児童政策（児童保護施設の創設）については，三田谷啓の貢献が大きい。図表5-1を含む当時の大阪市児童政策については玉井金五『防貧の創造―近代社会政策論研究―』啓文社，1992年，杉原薫・玉井金五編『大正 大阪 スラム―もうひとつの日本近代史（増補版）―』新評論，1996年，および首藤美香子『近代的育児観への転換―啓蒙家三田谷啓と1920年代―』勁草書房，2004年，を参考にした。
9) このことは，ともすれば児童政策の「遅れ」というような否定的な見方につながるが，1920年代の動きは，都市の先行という日本の児童政策展開の独自性を示していることを見逃すべきではない。
10) 本資料を含む『児童虐待防止に関する資料』は，「一 諮問案」「二 児童保護に関する資料」「三 道府県における養児保護に関する規定」「四 英独佛児童虐待防止制度概観」「五 児童虐待の事実（其の一）」「六 同上（其の二）」が収められたもの（全64頁）で，大阪市立大学学術情報総合センター内，関文庫の蔵書（ファイルで綴じたもの）である。「一 諮問案」は『社会事業調査会報告書（第二回）』(1931年）の抜粋であり，「三 道府県における養児保護に関する規定」には，その表紙に「昭和5年12月」と記されている。それらと資料の内容から推察すれば，この資料は1931年以降，児童虐待防止法が成立する1933年までの間に作成されたものと思われる。
11) 権田保之助によれば，民衆娯楽が社会的勢力を著しく増してきたのは日露戦争以後のことであるという。その発展に伴って，児童もその担い手として使用されることになったが，曲馬や軽業といった危険な諸芸への従事についても，それまでは特に規制がなかった［権田 1922］。

12) 子どもの権利が社会的に認められるためには，親権に対する認識の変更を要することになる。当時，児童の地位・身分を規定したものとして民法（1898年施行）があり，親権について「子は其家に在る父の親権に服す」と定められていた。それは，今日と異なり強力なものであったとされる（「解題 第一部 戦前児童保護関係法令通知，同関連資料」〔児童福祉法研究会 1978〕）。

1924年，国際連盟において「子どもの権利に関するジュネーブ宣言」が採択されるが，当時日本への伝達はきわめて緩慢であったとされる。本宣言は「総ての国の男女は，子どもに対して最高のものを与える義務を負う」として大人が子どもに対して負う5つの義務が提起されているが，それが容易に社会に馴染むはずもなく，「子ども」を社会問題のなかに位置づけていく日本的なプロセスが，後述する児童社会政策の体現へとつながったといえるだろう。

13) 先に取り上げたもの（図表5-4）とは別に「著しき児童虐待の事実」と題された調査がある〔下村ほか 1933：58-69〕。これは，1929年7月から1932年6月の間に新聞紙上で報じられたものを調査したものである。それによると被虐待児童と保護者の関係の内訳は以下の通りである。実父母：147名，実父：53名，実母：43名，継父母：13名，養父母：11名，他人（主として雇用主）：312名，不明：93名（計676名）。これによると，全体の35％が実父母ということになり，図表5-5の調査と比べて実父母の割合が増えている。

14) ここでいう「（労働における）児童酷使」は以下の点で「児童労働」とは異なる。児童労働についてはすでに「工場法」（1911年）および「工場労働者最低年齢法」（1923年）によって14歳未満の児童の就労制限が規定されていたが，ここでいう「労働」は曲馬，軽業といった内容そのものが児童の心身の発達に著しい障害を与える業務への従事である。確かにそれに対する規制は，「児童労働」規制の強化という文脈で捉えられなくもないが，本法は「（労働における）児童酷使」＝虐待行為として規定し，それを親権者や後見人といった「児童を保護すべき責任ある者」の取り締まりに結びつけたところに，積極的な意味がある。

15) 罰則としての科料がいかなる水準であったかを知るために，当時の所得水準を把握できる内閣家計調査（1931～32〔昭和6～7〕年度）の結果（実支出／実収入：月額）を示しておく。賃金労働者：73円08銭／83円43銭，給料生活者：82円46銭／92円23銭，（以下は実収入のみ）工場労働者：82円24銭，交通労働者：89円41銭〔中鉢 1956：150-155〕。

16) 「児童を保護すべき責任ある者が児童を虐待又は著しくその監護を怠ることによって刑罰法令に触れ又は触れるおそれがある場合」による児童の収容保護に法的根拠がもたらされたのはこれがはじめてのことであるが，3節で触れたように，棄児，遺児，迷児および行旅病人の同伴児，窮民といった救護法（それ以前は棄児養育米給与方，恤救規則）による保護の対象として，養育院での収容保護はすでに行われている。

17) 倉橋は，ここに取り上げた5人と立場，性格を異にする。今日「幼児教育の父」とも称される倉橋の主張は，教育の観点から児童擁護を唱えたものであった。こうした教育思想の貢献は，児童政策のなかでいえば（図表5-2の分類でいう）消極的事業の展開により強く認められるといってよい。

第6章
戦前における感化事業の到達点 ▶少年教護法をめぐって

1 はじめに

　第5章では，1933年に成立する児童虐待防止法の形成過程について，それまでの児童権論をめぐる動きとの関わりで明らかにした。本法は，「(親とは切り離した) 子どもの権利」の観念を具現化したという意味で，戦後につながる児童社会政策の起点を示すものとして把握することができた。それを受けて本章では，児童虐待防止法と同年に成立している少年教護法を取り上げたい。

　本法は，現在の「児童自立支援施設」の系譜に連なる「少年教護院」の枠組みを定めた法律である。あえて戦前までさかのぼって本法を取り上げる意義については行論上明らかになるとして，当施設は不良行為をなした，あるいはなすおそれのある児童を処遇する施設である。それは，感化法→少年教護法→児童福祉法とそれを規定する法律との関わりで，「感化院→少年教護院→教護院→児童自立支援施設」と名称を変えて今日に至っており，その起源は1900年の感化法成立にまでさかのぼることになる。こうした流れのなかで，とりわけ戦前の感化および教護事業の史的展開をめぐっては，すでにいくつか先行研究が存在する。代表的なものとして，田中亜紀子によるその史的過程を追究するもの，佐々木光郎と藤原正範によるその実践をめぐるものがあげられる。[1]田中は，1900年の感化法制定および1908年の改正感化法から，それが分岐して1922年の少年法に至るまで，つまり「未成年犯罪者」処遇制度が形成・確立される過程を論じている［田中 2005］。また，佐々木と藤原は，戦前の感化・教護事業の展開を，地方の感化院（少年教護院）の事例を中心に紹介している［佐々木・藤原 2000］。

　これまで感化（教護）事業史をめぐっては，刑事政策（刑法・少年法）との関

わりが主な論点となってきた。しかしながら，ここで取り立てて問題とする少年教護法（少年教護院）は，感化・教護史において感化法（感化院）の延長，そして戦後児童福祉法（教護院）へと展開する重要な節目として位置づけられ，その前身である感化法に比べて「教育的側面を強め，少なくとも形としては科学的な観点から非行少年への個別的な指導と権利擁護の体制を整備した。理念としては進歩的であり，少年教護は，感化法とは全く異なる段階に入った」[2)][杉山 2003a：1]と評されている。しかも，当事業には児童保護（福祉）の側面があるにもかかわらず，なぜか「社会政策の史的展開」という観点から本法成立の意義を把握した先行研究は皆無に近い。以下で明らかになるように，感化法の改正によって誕生する少年教護法は，児童社会政策の史的展開においてもまた重要な意義をもったといえるのである。

　ここでは少年教護法の形成に焦点を絞って論じるとはいえ，それが感化法に起源を有するものである以上，その史的展開を無視しての議論はありえない。したがって，次節ではまず先行研究に依拠する形で少年教護法の成立前史を把握するところから始めよう。また，社会政策史における本法の意義を考えるに際しては，それと同年の1933年に成立している児童虐待防止法との関わりを無視できない。そのため，児童虐待防止法の形成をめぐっては筆者がすでに論じてきたことにも触れる形で，本題である少年教護法をめぐる議論との接点を探ることになるだろう。

2　少年教護法前史

　前述したように，感化法が改正・改称されて1933年に成立するのが少年教護法である。先に取り上げた先行研究のなかで，田中の研究は感化法の形成および展開について，それが1922年の少年法制定によって転機を迎えるところまでの時期を対象に考察を行っている。本章の主題は，その対象とする時期からしてちょうど少年法以降にあたるので，田中の研究を中心に，少年法以前の状況をまず把握しておこう。

　明治期からの児童一般に対する国家の施策をみると，何よりも教育を中心と

した関与がみられた。1900年に義務教育の国庫負担が定められて以降，1902年には小学校就学率が90％，1909年には98％に達しており，統計上は1910年頃に義務教育の普及が100％に近づいたとされている。とはいえ，その枠からはみ出るものとして孤児・未成年労働者・未成年犯罪者・不良少年等が存在していた。それらの「特殊な」ケースに対して社会政策的な対処が試みられ，そのうち「未成年犯罪者」および「不良少年」の処遇を定めた法律として1900年に成立したのが感化法であった。

感化法は，「地方長官において満8歳以上16歳未満の者に対する適当の親権を行ふ者若は適当の後見人なくして遊蕩又は乞丐を為し若は悪交ありと認めたる者」「懲治場留置の言渡しを受けたる幼者」「裁判所の許可を経て懲戒場に入るべき者」を感化院に収容し，適当な教育を施すことを定めていた。それ以前でいえば1880年制定の刑法において「未成年者の刑事責任能力」が規定されていたが，その理解および適用には多くの問題が存在していたといわれている。そうしたなかで本法の成立を促したのが明治20年代の監獄改良運動であり，それは「懲治処分対象者」や「不良少年」といった将来犯罪を犯すおそれがあるとみなされた者，不良行為の程度がより軽い者が犯罪者となることを事前に防止することこそが，一般社会を犯罪から守るために必要であると訴えるものであった。

そのような経緯でできた感化法に基づく公立感化院は，「内務省地方局の監督を受けることになり，民間感化院とともに，『未成年犯罪者』そのものというよりもむしろいまだ犯罪を犯していないものの，犯罪を犯すおそれがあるとみなされた『不良少年』，また孤児ならびに貧児といった適当な親権を行う者を欠いた未成年者を主たる対象とし，彼らに義務教育程度の教育と，自立に必要な職業訓練および適切な生活習慣を身につけさせることを処遇内容としていた」［田中 2005：187］。とはいえ，実際の運用は「産み捨て同然の死産法」と批判されるほど，児童保護と刑事政策の目的が混在した状態で不良行為をなした未成年者一般の処遇が行われていたといわれている。

それが転機を迎えるのは，1907年の刑法制定およびそれを受けての感化法の改正（1908年）であった。ここでは，懲治処分規定の廃止や未成年犯罪者に対

する裁判手続きの重視が定められた。つまり，それまで不良行為をなした未成年者として，児童保護ならびに刑事政策の目的が混在した状態で両者の対象となっていた「未成年犯罪者」が犯罪者ではない「不良少年」と切り離されることで，「犯罪者」という側面が強調されることになった。それは，両者を刑事政策と児童保護のそれぞれの対象者として二分することで，その後の区別がなされていく契機を意味したのである［田中 2005：188］。

　さらに，その流れを決定づけたのが，1922年の少年法制定である。ここにおいて司法省は，感化法対象者のうち「未成年犯罪者」を刑事司法に組み込むことによって，いまだ十分に分化されているとはいえなかった「未成年犯罪者」と「不良少年」を刑事政策と児童保護のそれぞれの対象者という形で分離した。このような一連の経過によって，不良行為をなした未成年者一般の処遇は，大正期に至って「未成年犯罪者」は司法省，「不良少年」は内務省というように，刑事政策と社会政策の間での分担が成立することになったのである［田中2005：189］。ちなみに，図表6-1をみると，感化法は刑事政策の動向によってその存在が規定されたため，刑法や少年法の成立に伴って改正がなされていったことがわかる。

　このようにみると，1922年は感化法および少年法の史的展開において重大な転機であり，それが1つの帰着点でもあることがわかる。また，今日における未成年者問題を考えるにおいても，戦後の児童福祉法の原点として重要な意義をもつ。とはいえ，これまで取り上げてきた論点，すなわち司法との関係から離れて社会政策の史的展開という観点からみたとき，1933年の少年教護法として結実する感化法の1922年以降の経過こそが，実に興味深い考察の対象となるのである[4]。それを示唆するのが，先にも触れたように少年教護法が成立する同年に，「（親と切り離した）子どもの権利」を実現するという意味で日本における児童社会政策の起点ともいうべき「児童虐待防止法」が成立しているということである。

　児童虐待防止法の形成について，筆者はそれ以前の児童保護をめぐる一連の動きとの関わりですでに論じている[5]。そこで明らかにしたように，当法の成立に先行する1920年代は，戦前の児童保護政策の形成および展開をめぐって

図表6-1　感化院の枠組み（対象者）―法文上の変化―

1900年　感化法	第五条　感化院には左（下－引用者）の各号の一に該当する者を入院せしむ 一　地方長官に於て満八歳以上一六歳未満の者之に対する適当の親権を行ふ者若は適当の後見人なくして遊蕩又は乞丐を為し若は悪交ありと認めたる者 二　懲治場留置の言渡を受けたる幼者 三　裁判所の許可を経て懲戒場に入るべき者
1908年　感化法改正 （刑法改正に伴う）	第五条　感化院には左（下－引用者）の各号の一に該当する者を入院せしむ 一　満八歳以上十八歳未満の者にして不良行為を為し又は不良行為を為すの虞あり且適当に親権を行ふものなく地方長官に於て入院を必要と認めたる者 二　十八歳未満の者にして親権者又は後見人より入院を出願し地方長官に於て其の必要を認めたる者 三　裁判所の許可を経て懲戒場に入るべき者
1922年　感化法改正 （少年法成立に伴う）	第五条　感化院には左（下－引用者）の各号の一に該当する者を入院せしむ 一　満八歳以上十八歳未満の者にして不良行為を為し又は不良行為を為すの虞あり且適当に親権を行ふものなく地方長官に於て入院を必要と認めたる者 二　十八歳未満の者にして親権者又は後見人より入院を出願し地方長官に於て其の必要を認めたる者 三　裁判所の許可を経て懲戒場に入るべき者 四　少年審判所より送致せられたる者

［佐々木・藤原 2000：8-9］より筆者作成。

実に重要な時期であった。というのも，その間児童権論をはじめ児童保護をめぐる議論が活発に展開されるとともに，国レベルの社会政策に先行する形で，都市をはじめ地域レベルで児童保護施策の展開がみられていたからである。さらに1920年代後半を通じては，児童保護事業が「国民の質」の改善を目的とするものとして人口と結びつけられることで，そこに児童を対象とする政策の積極的な意義が一層見出されていった。

　こうした児童虐待防止法との関わりについては改めて後に言及するとして，本題である少年教護法をめぐる議論へと，まずは話を進めよう。本法は，その成立までの経緯について以下のように語られている。

感化法は明治33年に制定せられ，其の後明治41年及び大正11年の両度改正が行はれたが，是等の改正は何れも新刑法及少年法の実施に際し，是等法律と感化法との関係を調整すべく行はれたのであつて，不良児童に対する教育保護制度の本質的立場から行はれたものではなかつた。従つて創始以来30余年を経過し，其の間感化法には前後2回の改正があつたとは謂ひながら感化制度そのものに就いては大して改正せらるる所もなく，而も一方社会事情の変遷は全く其の舊態を留めず，所謂児童不良化の誘因たるべき各種の事象は愈々多様複雑を極め又不良児童に対する取扱も単に治療的若は対症的手段にとまらずして進んで予防的，抜本的方策を重んじ社会的保護並に教育の原則に立つて院内保護教育機関の制度と共に観察保護の制度が要求せらるるに至り感化法の不備欠陥漸く朝野の問題となり之が整備充実を要望する声次第に高く，政府に於いても夙に此の問題の調査研究を為し既に大正15年内務大臣より社会事業調査会に対し感化法改正に関し諮問あり，爾来之が改正の実現に努めつつあつたのであるが，偶々第64回帝国議会に於いて所謂議員提出案として少年教護法が現れ，貴衆両院に於いて夫々修正を受けたが結局両院の協賛を経て同法の制定公布となり，次いで之が施行の準備成つて愈々昭和9年10月10日より実施せらるることとなつたのである。(下線－引用者)

　　　　　　　　　　　　　　　　　　　　　　　[日本少年教護協会　1934：1-2]

　1926年にその検討が始まったとされる本法成立に至る過程は，先に触れた児童保護をめぐる議論が，人口の〈質〉をめぐる議論と関わりをもち，それが強化されていく時期と見事に重なっている。そのことを踏まえて，以下では「不良少年」に対象を特化した感化法が少年教護法へと展開する過程をみていくが，その際「一般社会を犯罪から防御する」という感化法の当初の目的になんらかの変化がみられたのかということに，とりわけ注意を払いたい。

3　感化から教護へ（I）

　まず，感化法改正に向けた本格的な取り組みの起点である1926年の諮問「感化法改正に関する件」の内容，およびそれを受けての議事経過をみると，図表6-2のとおりである。

　本会に臨時委員として関わった留岡幸助は，「不良児」の感化教育をめぐって以下のような見解を示した。「子供の悪化は近代における著しい傾向である。子供の悪化は次の時代の国民の悪化である」（[留岡 1926]。引用は[社会保障研究所 1982：873]）として，そこに救済の必要を指摘するとともに，農村に比して

図表6-2　諮問　感化法改正に関する件

感化法改正に関する件
イ　議案
　　諮問第四号　　　　　　　　　　　　　　　　　　社会事業調査会
　　　不良少年漸増ノ現況ニ鑑ミ感化法改正ノ要アリト認ム之ニ関シ其ノ会ノ意見ヲ求ム
　　　　大正十五年九月二九日　　　　　　　　　　内務大臣　浜口　雄幸
　　説明
　　近時社会状態ノ変化ニ伴ひ不良少年漸次増加ノ傾向ニあるに拘らず、感化事業ノ現況は現行感化法ノ不備ニ伴ひ少年保護ノ普及徹底ヲ期すること困難なるものあり依テ現行法ヲ適当ニ改正シ入院前ノ早期発見、院内、院外ニ於ける教護保護ノ充実、私設感化院ノ監督助成、各種社会事業との連絡等ニ付テも其ノ方法ヲ確立するノ緊要なるヲ認む之等ニ関し各位ノ意見ヲ求む。
ロ　議事経過
　　大正十五年九月二十九日第二回社会事業調査会ニ於いて内務大臣より感化法改正に関する件ニ付諮問（諮問第四号）あり。守屋社会部長より提案ノ趣旨ヲ説明し、一二委員より不良児童及び感化院ノ現況等ニ付簡単なる質問ありたる後、特別委員ヲ設けて審議するヲ適当と認め、浜口会長より有馬、添田、二荒、内ヶ崎、穂積、末弘、富田、潮ノ八氏ヲ特別委員ニ指名し、同委員は有馬委員ヲ特別委員長ニ推挙したり。尚本諮問案ニ関し十月十二日附ヲ以て検事司法書記官岸村通世、留岡幸助両氏ヲ臨時委員として任命されたり。
　　特別委員会は直に審議に着手し大正十五年十月十四日、十月二十七日、十一月四日、十一月二十二日及十一月二十七日ノ五回ニ亘り開催し尚十月十九日には各特別委員は東京市少年保護所東京市養育院感化部井ノ頭学校及多摩少年院ノ実地視察ヲ行ひたり。
　　第一回特別委員会ニ於ては先づ不良児童保護に関する現行制度ニ付調査することとし富田幹事よりは感化法ノ施行状況ニ付又岸村委員よりは少年法及矯正院法ノ内容等ニ付説明あり。之等に対し各委員よりは感化院と矯正院との区別児童保護機関等に関し種々意見ありたり。
　　次に第二回及第三回特別委員会ニ於ては不良児童保護に関する実際家ノ説明ヲ聴取することとし植田少年審判所長、太田多摩少年院長、菊池国立感化院長、後藤警視庁警部、留岡家庭学校長及熊谷社会局技師に依頼して夫々専門的の説明ヲ得後感化法改正に関する幹事案ノ提出あり。富田幹事より之が説明あり。之ヲ参考案として審議することとしたり。
　　更に第四回及第五回特別委員会ニ於ては前回に引き続き逐条的質問に入り各委員よりは児童鑑別所設置ノ必要なきや、社会事業に関する各種委員制度ヲ統一するノ要なきや、代用感化院は従来通り之ヲ認むるヲ可とせずや、国家感化院は現状ヲ以て不足にあらずや、警察留置場は改善ノ必要なきや、感化事業に監察制度ヲ設けては如何、私立感化院に対し免税ノ特権ヲ与ふるノ要なきや等ニ付意見あり。之等に対しては夫々岡長官守屋社会部長富田幹事より夫々答弁あり。結局幹事提出ノ原案と各幹事ノ意見とヲ参酌し、改正感化法案要綱に、五項ニ亘る希望条項ヲ附して決議したり。
　　右（上-引用者）ノ如く特別委員会は感化法改正に関する成案ヲ得たるヲ以て、昭和二年六月十八日開催ノ第三回社会事業調査会に有馬委員より之が報告ヲ為したる所、満場一致特別委員会ノ決定したる左ノ改正感化法案要綱に希望条項ヲ附して可決し、之ヲ内務大

臣に答申せり。
改正感化法案要綱（昭和二年六月一八日　第三回社会事業調査会に於て決議）
　一、感化院は国立，道府県立の外団体又は私人之を設置し得ること
　二、国立感化院は内務大臣之を管理すること
　三、北海道及府県には感化院を設置すること
　　前項感化院の設置及廃止に関し必要なる事項は命令を以て之を定むること
　四、道府県立感化院は地方長官之を管理すること
　五、団体亦は私人にして感化院を設置又は廃止せむとするときは命令の定むる所に依り地方長官の認可を受けしむること
　六、道府県には児童保護員を設置すること
　　児童保護員は名誉職とすること但し特に必要ある場合に於ては有給と為すことを得ること
　　児童保護員は感化事務に付地方長官を補助すること
　七、児童保護員の選任職務執行其の他必要なる事項は命令を以て之を定むること
　八、名誉職児童保護員には命令の定むる所に依り職務の為要する費用及勤務に相当する報酬を給することを得ること
　九、本法に依る感化は左（下－引用者）の各号の一に該当する者に付之を行ふこと
　　（1）14歳未満のものにして不良行為を為し又は不良行為を為すの所あり且つ適当に親権又は後見を行ふ者なく地方長官に於て感化の必要を認めたる者
　　（2）18歳未満の者にして親権者又は後見人より感化を出願し地方長官に於て其必要を認めたる者
　　（3）少年審判所より感化院に送致せられたる者
　十、第九に揚ぐる者にして左（下－引用者）の各号の一に該当するときは内務大臣之を国立感化院に入院せしむることを得ること
　　（1）性状特に不良なるもの
　　（2）前号に該当せずと雖内務大臣に於て特に入院の必要ありと認めたるとき
　十一、第九の各号の一に該当する者あるときは地方長官は左（下－引用者）の処分を為すべきこと、但し少年審判所より送致せられたる者に対しては第二号及第三号の処分を為す限に在らざること
　　（1）道府県立感化院に入院を命ずること
　　（2）認可を受けたる感化院其他適当なる団体又は私人に委託すること
　　（3）児童保護員の監督に付すること
　　前項第二号及第三号の処分は併せ之を為すことを得ること
　　地方長官は道府県立感化院長又は児童保護員の具申に依り前二項の処分を取消し又は変更することを得ること
　十二、第十又は第十一に依る内務大臣又は地方長官の処分は満二十歳を超えて之を継続することを得ざること
　十三、感化院長は内務大臣又は地方長官の命令又は委託による在院者に付其の許可を受け条件を指定し仮に之を退院せしむることを得ること
　　感化院長は仮退院者指定の条件に違背したるときは内務大臣又は地方長官の許可

を受け之を復員せしむることを得ること
十四、行政庁学校長又は児童保護員第九第一号に該当する者ありと認めたるときは之を地方長官に具申すべきこと
十五、地方長官国立感化院に入院せしむべき者と認めたるときは之を内務大臣に具申すべきこと
十六、行政庁必要ありと認めたるときは第九第一号又は第二号に該当する者に付内務大臣又は地方長官の処分決定に至る迄感化院其の他適当なる団体又は私人をして一時保護を為さしむることを得ること
　　第九条第一号に該当する者に付ては前項処分の外仮に之を留置するを得ること，留置の期間は五日を越ゆることを得ざること
十七、感化院長は在院者及仮退院者に対し親権又は後見を行ふこと
　　在院者の父母又は後見人は在院者及仮退院者に対し親権又は後見を行ふことを得ざること
　　第九条第二号に該当する者の財産の管理に関しては前二項の規定を適用せざること
十八、感化院長は命令の定むる所に依り在院者に対し必要なる検束を加ふることを得ること
十九、内務大臣又は地方長官は扶養義務者より在院委託及一時保護に要したる費用の全部又は一部を徴収することを得ること
　　前項の費用を指定の期限内に納付せざる者あるときは国税滞納処分の例に依り処分することを得ること
二十、第十第十一及第十三の処分を受けたる者の親族又は後見人は処分の取消又は変更を内務大臣又は地方長官に出願するを得ること
二十一、第九条第一号に該当する者に対する第十又は第十一の処分又は第十九第二項の処分に不服ある者及第二十の出願を許可せられざる者は訴願を提起することを得ること
二十二、同府県立感化院児童保護員委託及一時保護に関する費用は北海道地方費及府県の負担とすること
　　前項一時保護に関する費用は所在地市町村費を以て一時之を繰替ふること
二十三、国庫は道府県の支出に対し勅令の定むる所に依り六分の一乃至二分の一を補助すること、第五に依り認可を受けたる感化院の支出に付亦同じきこと
二十四、認可を受けたる感化院の校舎、寄宿舎、図書館、作業所及附属建物の敷地並運動場実習用地其他感化教育の用に供する土地に付きては納税義務者の申請に因り地租を免除すること、但し有料借地に付きては此限に非ざること
二十五、地方長官は認可を受けたる感化院を監督し此が為必要なる命令を発し又は処分を為すことを得ること
二十六、認可を受けたる感化院認可の条件に違背し又は地方長官の命令若は処分に従はざるときは地方長官は認可を取消すことを得ること
二十七、地方長官は感化院長の具申に依り感化院に於て教育を受けたる者の学力を考査し小学校の教科を修めたるものと認定することを得ること

二十八、旧感化法第四条の規定に依る代用感化院は本法施行の後五年間仍従前の例に依ることを得ること

希望条項
一、改正案に於ける感化処分決定の適正を期する為将来児童の調査及鑑別機関を設置し之をして児童の医学的心理学的社会的の調査処分の要否保護方法の審査等を為さしむること
一、改正案は児童保護員を原則として名誉職とせるも右（上 - 引用者）の外之が統制を図る為必要なる道府県に有給機関を設置すること
一、感化院と少年法とは密接の関係を有するを以て適当なる方法に依り一層中央地方関係庁の連絡を図ると共に両者円滑なる運用に付き遺憾なきを期すること
一、警察署に於ける児童留置の設備を改善すると共に大都市所在の道府県に付ては可成児童の一時保護を行ふ機関を設置せしむること
一、法制の整備に伴ひ国立を初めとし各種感化院施設の充実を図ると共に精神障碍に因る不良児収容の施設を講ずること

社会事業調査会「感化法改正ニ関スル件」『社会事業調査会報告（第一回）』1927年。
出所：［社会保障研究所 1982：875-877］

　都会に不良青少年の数が多いことを根拠に，不良青少年を造り出した一因として「社会的境遇」をあげ，「当人又は親や学校のみが責任を負はなければならないといふ道理はなく，社会も亦一部分責任を担ふて然るべきである」［社会保障研究所 1982：874］といっている。
　さらに，「不良少青年の発生の原因之を大ザッパに云ふならば不良少青年の発生する原因は遺伝と境遇である。遺伝と境遇と一所になって出来ることもあり，遺伝は遺伝，境遇が境遇で互に相独立して出来ることもある。然し私が多く取り扱った実験によると，遺伝もあるが，境遇の勢力の偉大であることをも強く感ぜずには居られないのである」［社会保障研究所 1982：874］と述べたうえで，その環境は家庭と社会の2つに分けることができるとした。つまり，「家庭さへよかったなら，不良少年は出来ない。たとえ良い家庭に不良少年の出来ることがあっても，其れは甚だ稀に見る事実で，不良少年は概して悪い家庭の所産である。他の一つの環境は家庭外の社会である。たとえ家庭がよくても社会が悪かったならば不良少年が出来る。故に社会を善くすることが大切である」［社会保障研究所 1982：874］という。
　ここに「不良児」問題に対する社会の責任，さらにはその原因をめぐって遺

伝と環境という視点からの分析がみられるが，この発言には当時の優生学の影響を指摘しないわけにはいかない[8]。さらに，「子供の悪化は次の時代の国民の悪化である」というのは，明らかに人口の質をめぐる議論である。先に触れたように1920年代後半は，児童保護をめぐる議論に人口の〈質〉という新たな意味づけがなされた時期であった。この留岡の論考が発表されたのは1926年であり，その内容は児童保護をめぐる論調と見事に響き合っている。さらにその根拠としての優生学との関わりについていえば，「不良児」の原因を追求するにおいて「遺伝」と「環境」という2つの分析視角を提供したところにその影響を認めることができる。留岡は，「不良児」の発生原因として遺伝と境遇（環境）をあげ，環境がより重要であると訴えていた。このような主張が，「不良少年の早期発見・早期保護の実現」を促すものとして感化法を改正し，少年教護法へ展開するという道筋を切り開くことになっていくのである。

4　感化から教護へ（Ⅱ）

　その後，感化法の改正（少年教護法の成立）に向けてさらなる飛躍がみられたのは，1929年に内務省で開かれた第8回「全国感化院長協議会」であった。当会は「感化法の施行せられてより以来漸次各府県に於て，公私の感化院が設立せらるるに至つたが，新しい事業であつたので，政府当局も，感化事業実務者も，共に其の意見を披瀝して，之が振興を図る必要を認め」［内務省社会局 1930：100］られて組織されたもので，第8回に至るまで以下の日程で開催されていた。

第1回	1910年12月1～3日	第5回	1920年6月7～8日
第2回	1913年11月3～6日	第6回	1922年7月14～15日
第3回	1917年11月6～8日	第7回	1925年5月18～19日
第4回	1919年5月28～30日	第8回	1929年10月21～23日

　ここでは各回すべての議題を取り上げることはできないが，第7回（1925年）までと第8回（1929年）の議題には大きな差がみられた。以下に示すように，第7回の議題（図表6-3）では感化事業の実施上の問題にとどまっているのが

第6章　戦前における感化事業の到達点　145

図表6-3　第7回全国感化院長協議会の議題

1．入院の出願若は具申ありたる者の一時保護と，調査に必要なる設備に関する意見如何
2．院生に対する調査方法並に其の実施の状況如何
3．院内に於て必要なる職業教育の種類設備並に実施の状況如何
4．退院者保護上必要なる設備並に実施の状況如何

出所：〔内務省社会局 1930：107〕

図表6-4　第8回全国感化院長協議会の議題

1．感化法実施の現況に鑑み，左（下－引用者）の諸点に関し改善すべき事項如何
　（1）入院前に於ける一時保護に関する事項
　（2）感化処分の補助機関に関する事項
　（3）中等学校等との連絡に関する事項
　（4）退院後の保護に関する事項
　（5）国立感化院との連絡に関する事項
　（6）感化院と他の法令との関係に関する事項
2．児童教養上適切有効なる方法の実施状況如何
　会同者の意見中特に強調せられたるものを挙ぐれば次の如くである
　（1）感化教育の振興上左（下－引用者）の事項を実施すること
　　1．感化法の改正
　　2．感化児童専任官の設置
　　3．国立感化院の増設
　　4．鑑別所設置普及徹底の奨励
　　5．恩給法の改正
　　　（イ）教育職員待遇職員の勤続年限通算
　　　（ロ）小学校教員と同等の待遇
　　6．感化院職員と同等以上の待遇
　　7．院長俸給国庫支弁
　（2）全国不良化児童数の正確なる統計を得る様努力せられたきこと

出所：〔内務省社会局 1930：108〕

わかる。
　それに対して，第8回の議題（図表6-4）は以下のとおりであり，それまでの延長で捉えられる「1．感化法実施の現況に鑑み改善すべき事項」に加えて「2．児童教養上適切有効なる方法の実施状況如何」という議題が加えられており，そのなかで「感化法の改正」も取り上げられている。
　このようにみると，「全国感化院長協議会」の第7回と第8回に挟まれた1925～29年に，感化法を改正するという方向づけが生じたことは明らかである

だけでなく，感化事業をめぐる議論が感化法の実施上の問題から，その改正を含む「児童教養上適切有効な方法の実施」へと展開したことがわかる。それには，先に取り上げた留岡をはじめとする教護思想が影響しており，1920年代後半を通じて「養育環境の重要性」を根拠に「不良少年の早期発見・早期保護の実現」を訴える主張が，より具体的なものとなっていくのであった。

1930年は感化法発布30年にあたり，それを記念して『感化事業回顧30年』（内務省社会局編）と題する冊子が編まれている。そのなかで，「全国感化院長協議会」の第1回（1910年）から第8回（1929年）に至る間の議題等をめぐる変化が，以下の6つの点として指摘されている。

1．人道的思想から科学的思想へ

「精神訓育といひ，人道的精神といひ，篤志といふが如き語は，最初の会議等に於ては，殊に著しく用ゐられたが，後には之に加ふるに医学的心理学的研究などといふ語が，著しく多く用いられてゐる。」［内務省社会局 1930：109］

2．常識的処置から科学的処置へ

「児童を実際的に処置教養するに当り，最初は多くは教育的常識により，或は一般的常識により，或は親としての常識により，或は司獄的警察的常識によりて之を為せる観を呈したが，後には児童に対する医学的，心理学的，教育学的，社会学的研究に基き，其の調査鑑別を為すべき必要が叫ばれ，或は児童本位の教育処置が叫ばれるに至った。」［内務省社会局 1930：110］

3．現実の処置と同時にその原因に遡って究明する傾向

「従来は動もすれば，児童の現状にのみ囚はれて，唯之を如何にすべきかに就いて苦慮した。（中略）今は更に一歩を出でて，其の原因を明かにし，予防に留意すると共に，尚一層の努力を其の原因の刈除に用ゐるに至った。」［内務省社会局 1930：110］

4．消極的（「犯罪者の減少を図るといふ」）思想から積極的思想（「純然たる訓育主義」）へ

「最初は，表に感化訓育を唱へつつも，裏には犯罪減少，犯罪防止の観念を抱懐してゐたが，後には次第に之を脱却して不良化の予防，性格の再構成，児童将来の生活の創造といふ考へ方にまで，進み来つてゐる。」［内務省社会局

1930：110］

5．混合的状態より綜合的状態へ

「最初の協議事項を見れば，稍混然，雑然たる観があるが，後には各種の問題が綜合化され，一種の感化教育型が形成されたやうである。」［内務省社会局 1930：110］

6．制度管理の問題より，漸く教育内容の問題へ

「以前は協議事項として掲げられてゐるものを見るに，多くは制度に関するもの，管理に属するもの，経営に属するもので，教育の内容に関する緻密なる問題は多く見当たらない。（中略）近時漸く是等の教育内容問題に就いても要望せられる傾向が現はれて来た。」［内務省社会局 1930：110-111］

同様に，感化法発布30年記念事業の一環として道府県レベルでも記念誌が編まれている。一例として『感化法発布三十年記念』（宮崎県・宮崎県立慎修学校編）では，「感化院の目的とする所は遺伝環境等各種の原因に依って其の性状の不良化したる幼少年者を国家の行政処分に依って強制的に収容し感化善導して未成年期に於て其の精神的欠陥を矯正せんとするに在る」［宮崎県・宮崎県立慎修学校 1930：1］と感化事業の目的を述べたうえで，「不良少年発生の原因と予防法」が以下のようにまとめられている。

> 不良少年の発生の原因は概ね左（下－引用者）に述ぶる如きものである。
> 　1．家庭の無きこと
> 　2．父母が教育を等閑に附すること
> 　3．遺伝の悪しきこと
> 　4．家庭に宗教的，精神的指導感化の欠除せること
> 　5．家庭の貧困なること
> 　6．其他環境の不良なること
> 　以上6個の原因をよく観察すれば之が予防対策案も自ら明瞭となるであらう。父母自ら其生活を清く正しくして子女の精神的指導に最善の注意を払ひ萬違算なきを期せねばならぬ。
> ［宮崎県・宮崎県立慎修学校 1930：4］

これは，明らかに「不良児」が発生する原因究明の科学的研究の流れで提示されたものといえる内容になっている。

また，当時の内務大臣・安達謙蔵は，感化事業発布30年に際してのラジオ講

演（1930年）で「感化事業は環境や遺伝其の他の原因で不良の行ひを為すに至つた者，亦は斯様な不幸に陥ろうとしてゐる少年の為に，その環境を改めて，之を保護教育しやうとするものであります」（「感化法発布30年に際して」[内務省社会局 1930：139]）と述べたうえで，その振興に向けて以下の3点の課題を述べた。

① 不良少年を成るべく其の年少の時期に於て之が保護を加える事。
② 感化院の増加及び施設の充実。
③ 退院者の保護。

そのうち①については，「不良少年は其の性状の不良化するに従つて之を感化することが，益々困難になるものでありますことは疑ない所であります。全国感化院の統計に依りましても，14歳以下の児童の7割は改善の実を挙げて居りますが，14歳以上の者にありましては，それが漸く5割5分に過ぎないのでありまして，明らかに幼い程其の改善率の良好なことを示して居ります」[内務省社会局 1930：140]と述べた。ここでは具体的な数値が示される形で，（遺伝より）環境の重視，さらには不良化の早期発見の重要性が唱えられたのである。

『感化事業回顧30年』にはまた，「社会に於て其の始末に窮した不良児にして，感化院収容後，全く改悛して善良な市民として，正業に就いた者の例は実に枚挙に遑がない。その多くの事実の中から特に著しい実例を掲げて，其の片鱗を示すことにする」[内務省社会局 1930：167]として，それまでの感化事業の実績が記されているのでそのうちのいくつかを引用しておこう。

● **関西を股にかけた不良少女団長が今は実業家の良妻として成功**（神奈川，横浜家庭学院）
　関西は四国の産，十四の頃から阪神四国等を股にかけ自ら△△団長とて良家の少年を誘拐したり，或は板場嫁ぎや万引を常習とし，或時は警察官に追撃せられ瀬戸内海を泳ぎ回り漁船に助けられし事もあつた。遂に〇〇県立感化院から横浜家庭学園に委託されたが始めは成績が甚だしく不良であつて他の園生を悪化することに努め，常に悪事の主謀者を以て自ら任じてゐた。然るに多年の忍耐は幸に其効を奏して漸次教化の実を挙ぐるやうになり年一八歳の折，教師の媒酌で〇〇市内某実業家に良縁があつて嫁し現在は子供が三人ある。家庭円満に実業も繁昌して人の羨む生活をしてゐる。大正一二年の震災の折家財を悉く失ひ夫婦とも学園に避難したが，努力の結果今や家

運も元に復して△△町に自家を建築して益々家業が隆盛に向かつてゐる。

[内務省社会局 1930：168]

● **親兄弟を泣かせた子供，今は大工の棟梁**（岐阜，豊富学院）
　実父は愚直，実母は病気，之に乗じて不良の徒に入りては金品を窃取して，厭くことを知らなかつた三川三蔵は大正五年一二月下旬に入院したが感化の効空しくなく漸次改悛し，大正九年三月末日退院した，爾来叔父の許に於て大工職を見習ひ，次で兵役に復して無事終了し，今は妻を娶つて独立し本院の退院生を世話し，外に両三人の徒弟を使用し不景気を物ともせず大工の棟梁として敬せられ，平和な生活を営んで居る。本人の生立並に成功を聞知するものが漸く多く其の附近から本院への入院を希望する者は頓に増加したのに徴しても其の成績の如何に佳良であるかを推知するに難くない。

[内務省社会局 1930：172-173]

● **MN生の立志伝**（東京，家庭学校）
　中国一小都市の産，幼より怜悧，稍長じて放逸，乱暴，意の向ふに委せて狼藉至らざる所がない。親戚故舊は皆「此の町が開けて以来，未だ曾て此の様に仕末に了へない少年はない」と云つてゐた。所が家庭学校に学ぶこと数年にして全く豹変して品行も改まつたので，中等学校に入れて勉学させたらばとの説もあつたが，校長の意見，家庭学校の近来の方針，即ち故なく高等教育の学校生活をさせないで，この種の幼青年には堅実な職業教育を実習せしむるに如かないとて，銅板の寫真版を見習いはじめ，やがて業を卒へ，独立して開業するに至り刻苦奨励，少しも志を改めず，今や盛大なる工場を有し，不景気の今日盛んに業務を営んでゐる。夫故業務も栄え社会的には町の有志に推され，有力な人となつた。特に校長の恩義を忘れず，家庭学校に対しては常に感謝の念を表して居る。

[内務省社会局 1930：174]

● **盗癖改りて家業に勉励す**（大分，循誘学館）
　本人は両親の間に成育せるも家庭貧困の為め他家の不在を窺ひ侵入して金銭を窃取し，買食に費消し其れ窃盗件数は数へられない程であつたが，検事局に於ても刑事責任年令に達しないので不起訴処分に附して居た。大正８年４月本人の齢十一年の時循誘学館に収容したが，其の後館内に於て頻々窃盗をなし，或は無断外出し附近民家に侵入して金銭を窃取し検事局に呼出されたることも数回で，教化上頗る苦心したが大正十一年五月頃に至り，稍改悛の兆を認めたので試に自家に委託した所其の後本人も大に自重心を生じ，農業の傍馬車挽をなし家業に精励し能く両親に仕へ家産を起し，近隣の賞揚を受くる様になつた。而して昭和４年春分家して一家を創立益々家業に勉励してゐる。

[内務省社会局 1930：177]

　以上のように，感化法の改正に向けた本格的な取り組みが始まって以降，

その延長で「不良児」が発生する原因の考究が深められ,養育環境の改善をより重視すべきこと,不良化の早期発見に努めるべきこと等が認められるに至った。感化法から少年教護法への展開は,このような流れによってもたらされたのである。

5 「少年教護法」の形成

さて,先に引用した少年教護協会の解説にあったように,少年教護法は第64回帝国議会において荒川五郎(立憲民政党)ほか66名の議員提出案が可決成立したものである。

その背景について,佐々木は日本感化教育会関西支部の展開した運動の影響を指摘し,それが感化法改正(少年教護法制定)の動力であったと次のように指摘した。「熊野隆治・大阪府立修徳学院,田中藤左右衛門・京都府立淇陽学校,池田千年・兵庫県立農工学校等の近畿地方の感化院長等が中心となって感化法を改正する運動が起きた。1933年2月,感化法改正期成同盟会が結成された。発起人には,菊池俊諦・武蔵野学院長や武田慎治郎・大阪武田塾主らの名が連なる。その運動の主眼は,『少年の不良化を未然に防止し,不遇少年の撤退的なる教育に依って,その道徳的陶冶をなす』というものであった」[佐々木・藤原 2000:366-367]。

先に述べたように,1926年から政府レベルでもその本格的な検討が始まっていた。したがって,改正への志向は本運動と政府レベルの取り組みという両者に支えられて高まっていったというべきである。それは,本法が結果として議員提出案となったものの,帝国議会における本法の審議で,政府(内務省)の見解が以下のように述べられていることにも表れている。「感化法はご承知の通り制定せられましてから既に三十年も経過いたして居るやうな状態でありまして,其改正を必要とする現在の世相に鑑みまして,改正を致さなければなるまいと思はれるやうな点がありまするので,是は折角調査いたして居るやうな次第であります,然る所今回此少年教護法案が提出せられたのであります」[桑原・宮城 2001c:64]。

政府委員はこう述べたうえで,「此教護法の精神と致しまする所の,趣旨と致しまする所は感化法の改正に付て,政府に於きまして考究いたして居ります所と大体一致いたして居るのであります」[桑原・宮城 2001c：64]としている。ここで「大体」と述べているのは,それ以前から議論のあった少年法との関係,いいかえれば司法省との所管上の問題と,少年鑑別所や一時保護施設の設置等に要する経費の問題については,なお考究しなければならない点があったからである。[9]

さて,政府(内務省)の本法に対する態度を確認したところで,本法案をめぐる議論にもう少し立ち入っておこう。その提出理由について,荒川五郎は以下のように述べている。

｜少年不良化の問題ですが,現時政府の正確なる調査が出来て居ない為に,確実なることは申すことが出来ませぬけれども,今日全国の不良分子は年々非常に増加し」[桑原・宮城 2001c：64]ているとその現状を指摘し,「少年の不良化の原因は,或は家庭,又は社会,それ等の環境から造出されたものでありまして,是等少年の悪化を未然に防止し,又其悪化せる者の教化遷善の仕事は,当に国家の重要の義務でなくてはなりませぬ」[桑原・宮城 2001c：64]。そして,「少年の不良化を防止する為には,家庭教育を改善振興し,或いは学校外の教護監督の方法を図り,又学校教育も是と共に革新し,更に社会の改善にも力を用いる等,諸種の問題がありますけれども,特に少年の不良化を其初期に発見して,其幼少の時代に於て,早く温情ある教育的方法に依て之を教化することが,最も必要であり,得策であることは申すまでもありませぬ」[桑原・宮城 2001c：13]として,その必要を以下のように説いた。「国家としては之を教育上より見ましても,経済上より見ましても,現行感化法を改正して,初期の不良少年を最も有効的に教護する方面に大に力を用い,そうして現行感化法を根本的に改正したいと企てた次第であります,幸に此案が成立致せば,即ち此案と唇歯輔車の関係にあると言うても宜い少年法と,相一致協力して全般的に社会の廓清改善の目的が達せらるる所少なくないと思うのであります」[桑原・宮城 2001c：14]。

なお,先に政府が考究すべき問題とした点である本法と少年法との兼ね合い

図表6-5　少年教護法

少年教護法（昭和八年五月五日　法律第五十五号）
　　第一条　本法に於て少年と称するは十四歳に満たざる者にして不良行為を為し又は不良行為を為す虞ある者を謂ふ
　　第二条　北海道及府県は少年教護院を設置すべし
　　　　前項少年教護院の数及収容定員は命令を以て之を定む
　　　　国は必要の場所に少年教護院を設置す
　　　　国立少年教護院には教護事務に従事する職員養成所を附設することを得
　　第三条　少年教護院に於ける教護の本旨，教科，設備及職員に関する事項は勅令を以て之を定む
　　第四条　少年教護院内に少年鑑別機関を設くることを得
　　第五条　道府県の設置する少年教護院及少年鑑別機関は地方長官，国立少年教護院は内務大臣之を管理す
　　第六条　道府県は勅令の定むる所に依り少年教護の為少年教護委員を置くべし
　　第七条　国道府県に非ざる者本法に令り教護を目的とする少年教護院を設置せんとするときは内務大臣の認可を受くべし
　　第八条　地方長官は左記（下記－引用者）各号の一に該当する者あるときは之を少年教護院に入院せしむべし
　　　　　一　少年にして親権又は後見を行ふものなき者
　　　　　二　少年にして親権者又は後見人より入院の出願ありたる者
　　　　　三　少年審判所より送致せられたる者
　　　　　四　裁判所の許可を得て懲戒場に入るべき者
　　第九条　内務大臣は前条第一項第一号又は第二号に掲ぐる者左記（下記－引用者）各号の一に該当するときは之を国立少年教護院に入院せしむることを得
　　　　　一　性状特に不良にして地方長官より入院の申請ありたる者
　　　　　二　前号に該当せずと雖特に入院の必要ありと認めたる者
　　第十条　地方長官は第八条第一項第一号又は第二号に該当する在院者を何時においても条件を指定して仮に退院せしむることを得
　　　　前項の仮退院者は之を家庭その他適当なる施設に委託し又は少年教護委員の監察に付することを得
　　　　仮退院者は之を在院者と見なす
　　　　仮退院者にして指定の条件に違背したるときは地方長官は之を復院せしむることを得
　　第十一条　少年の在院期間及観察期間は少年の満二十歳に至る迄とす但し第八条第三号又は第四号に該当する者は此の限に在らず
　　第十二条　内務大臣又は地方長官は在院者に対し教護の目的を達したりと認むるときは之を退院せしむることを得
　　第十三条　学校長，市町村長，少年教護委員又は警察署長第八条第一項第一号に該当する者ありと認むるときは之を地方長官に具申すべし
　　第十四条　地方長官，警察署長又は市町村長必要ありと認むるときは第八条第一項第一

　　　　号に該当する者の処分決定に至る迄一時保護の為適当なる施設若は家庭に委託
　　　　することを得仍警察署長に於て特に必要ありと認むときは五日を超えざる期間
　　　　仮に留置を為すことを得
　　　　　前項に依り警察署長に於て行ふ留置は他の収容者と分離すべし
第十五条　少年教護院長は在院者に対し親権を行ふ但し親権者又は後見人ある者の財産
　　　　管理に付ては此の限に在らず
第十六条　内務大臣又は地方長官は本人又は扶養義務者より在院委託及一時保護に要し
　　　　たる費用の全部又は一部を徴収することを得
　　　　　前項費用の徴収は必要に応じ納付義務者の居住地又は財産所在地の地方長官
　　　　又は市町村長に之を嘱託することを得
　　　　　第一項の費用を指定の期間内に納税せざる者あるときは国税徴収法の例に依
　　　　り処分することを得
第十七条　第八条乃至第十条の処分を受けたる者の親族又は後見人は入院後六箇月を経
　　　　過したる場合其の処分の解除又は変更を内務大臣又は地方長官に出願すること
　　　　を得
第十八条　第八条第九条第十条又は第十六条第一項及第三項の処分に不服ある者及前条
　　　　の出願許可をせられざる者は訴願を提起することを得
第十九条　道府県の設置する少年教護院及少年鑑別機関，少年教護委員，一時保護及地
　　　　方長官の為したる委託に関する費用は道府県の負担とす
　　　　　市町村長第十四条の一時保護を為したるときは其の費用は市町村費を以て一
　　　　時之を立替ふべし
第二十条　国庫は前条第一項の規定に依る道府県の支出に対し勅令の定むる所に依り六
　　　　分の一乃至二分の一を補助す
　　　　　第七条の規定に依り認可せられたる少年教護院の支出に付亦前項を適用す
第二十一条　第七条の規定に依り認可を受けたる少年教護院の用に供する土地建物に対
　　　　しては地方税を課せず但し有料にて之を使用せしめたる者に対しては此の限に在
　　　　らず
第二十二条　内務大臣及地方長官は第七条の規定に依り認可を受けたる少年教護院を監督
　　　　し之が為必要なる命令を発し又は処分を為すことを得
第二十三条　第七条の規定に依り認可せられたる少年教護院本法若は本法に基き発する命
　　　　令又は認可の条件に違反したるときは内務大臣は認可を取消ことを得
第二十四条　少年教護院長は在院中所定の教科を履修し性行改善したる者に対しては其の
　　　　退院後に於て尋常小学校の教科を修了したる者と認定することを得但し少年教
　　　　護院の教科は小学校令に準拠し文部大臣の承認を経ることを要す
　　　　　前項の認定を受けたる者は他の法令の適用に関しては尋常小学校を卒業した
　　　　る者と見なす
第二十五条　本法中町村又は町村費とあるは町村制を施行せざる地に在ては之に準ずべき
　　　　ものとす
第二十六条　少年の教護処分に付せられたる事項は之を新聞紙其の他の出版物に掲載する
　　　　ことを得ず

> 前項の規定に違反したるときは新聞紙に在りては編集人及発行人其の他の出版物に在りて著作者及発行者を三月以下の禁錮又は百円以下の罰金に処す
>
> 　附則
> 　本法施行の期日は勅令を以て之を定む
> 　感化法は之を廃止す
> 　少年法に依る保護処分の実施せられざる地区に限り第一条の年齢は之を十八歳未満とす
> 　本法施行の際現に存する国立感化院及道府県立感化院は之を本法に依り設置したる少年教護院と見なし其の在院者は之を本法に依り入院せしめられたるものと見なす
> 　本法施行の際現に存する代用感化院は之を第七条の規定に依り認可を受けたる少年教護院と見なし其の在院者にして感化法第五条の規定に依り入院せしめられたるものは之を本法に依り入院せしめられたるものと見なす
> 　本法施行の際道府県立感化院の設置なき道府県は本法施行の日より五年以内に少年教護院を設置することを要す

出所：[社会保障研究所 1982：878-880]

については特に慎重な議論が重ねられ，それに関わる条文について衆議院・貴族院でそれぞれ若干の修正が加えられたうえで法案の可決に至った[10]。図表6-5は，最終的に可決成立した少年教護法の全文である。

6　むすびにかえて

　感化法成立（1900年）の背景には，当時不良少年の増加が問題視されたことがあった。それ以降，少年法成立（1922年）までの感化事業は，再犯の減少・犯罪の予防を主な目的に，刑事政策と社会（児童保護）政策の両者と関わりをもつものとして展開してきた。つまり，少年教護法成立に至るまでの1907年と1922年の感化法改正は，それぞれ刑事政策である刑法と少年法との関わりでなされており，その経緯からすれば，1922年に至るまでの感化法制は刑事政策に引きずられる形で展開したといえなくもないのである（図表6-6参照）。

　それに対して，少年法の成立によって両者が切り離されて以降，社会政策的見地からの不良少年の問題に取り組みとして，感化法の改正に向けた本格的な検討が始まることになった。ここで取り上げた1926年に始まる少年教護法成立までの過程は，時期的にちょうど児童保護事業に人口の〈質〉の問題が結びつ

図表6-6　感化法の展開―刑事政策との関わり―

感化政策と刑事政策の展開
1880年　「刑法」公布
1900年　「感化法」公布
1907年　「改正刑法」公布
1908年　「感化法の一部を改正する法律」公布
1922年　「未成年者飲酒禁止法」公布 　　　　「少年法」公布 　　　　「矯正院法」公布 　　　　「感化法中改正法律」公布 　　　　「改正刑事訴訟法」公布
1933年　「少年教護法」公布

［小林 2006：188-199］をもとに筆者作成。

けられ，それが強化されていくときである。2節で取り上げたように，感化法改正の検討が始まって間もない1927年の『社会事業調査会報告（第2回）』において，児童保護事業が「国民の質の改善を目的とするものにして，人口の量の問題解決と混同すべきに非ざるや論なし」と明記されるに至っている。この文脈で感化事業にも人口の〈質〉という観点が注入され，その積極的な意義が見出されていった。

　感化法から少年教護法への改正および改称には，本法の目的が（刑事政策との関わりで）「犯罪の予防」から（人口政策との関わりで）「国民の質の改善」へ拡大したことを認めることができる。また，その目的のために，「不良児」が発生する原因として「（養育）環境」の重要性が訴えられたことが大きい。すなわち，感化法の改正に向けた議論と並行して，先に取り上げた留岡の議論をはじめ「不良児」が発生する原因をめぐる科学的考察が進められていたのであった。「遺伝と境遇（環境）」という観点から「不良児」を分析することで環境の重要性が指摘され，それが児童養育に対する社会の責任，さらにはその延長として「不良化の早期発見・早期保護」がうたわれるに至ったのである。このようにみれば，本法との絡みで児童社会政策の起点ともいうべき児童虐待防止法の成立もあわせて視野に収めるという見方も不可欠となる。図表6-7に示したように，少年教護法案と児童虐待防止法案の審議は並行して進められており，

図表6-7　少年教護法案と児童虐待防止法案の議事日程

【衆議院】
昭和7年12月27日　荒川五郎（立憲民政党）ほか66名提出
昭和8年1月28日　議事日程第6　少年教護法案　第1読会
＊提出者荒川五郎（立憲民主党）が法案提出の趣旨説明。委員の決定。
昭和8年1月28日　少年教護法案委員会　委員会成立
＊議長の氏名により，委員選定。
昭和8年1月30日　同委員会　委員長および理事互選
＊委員長に牧野賤男（立憲政友会），理事に藤山貞吉（立憲政友会），松田正一（立憲民政党），鈴木安孝を指名。
昭和8年2月1日　同委員会　会議第1回
＊提出者荒川五郎（立憲政党）が法案提出の趣旨説明。
昭和8年2月17日　同委員会　会議第2回
昭和8年2月20日　同委員会　会議第3回
昭和8年2月22日　同委員会　会議第4回
＊国務大臣小山松吉（司法大臣／勅撰）が司法省の見解を説明する。
昭和8年3月2日　同委員会　会議第8回
＊法案を逐条別に審議。小委員会をひらき，修正案を作成することが決定。
昭和8年3月6日　同委員会　会議第10回
＊小委員会が修正案提出。
昭和8年3月7日　同委員会　会議第11回
＊修正案可決
昭和8年3月9日　議事日程第28　少年教護法案　第1読会の続（委員長報告）
＊委員長牧野賤男（立憲政友会）による委員会報告。第1読会の終了。第2読会がひらかれ，修正案可決（第3読会省略）。

【貴族院】
昭和8年3月10日　議事日程第12　少年教護法案　第1読会
＊法案は六大都市に特別市制実施に関する法律案外二件の特別委員会に併託されることが決定。

【衆議院】
昭和8年3月10日　政府提出
昭和8年3月11日　議事日程第9　児童虐待防止法案　第1読会
＊国務大臣山本達雄（内務大臣／男爵）が法案提出の趣旨説明。法案を付託すべき委員の選挙。
昭和8年3月13日　少年教護法案委員会　会議第15回
＊政府委員丹羽七郎（社会局長官）が法案提出の趣旨説明。
昭和8年3月14日　同委員会　会議第16回
昭和8年3月18日　同委員会　会議第17回
＊中野勇治郎（立憲政友会）が提出した修正案に，山枡儀重（立憲民政党）の希望条項をつけて可決。
昭和8年3月18日　議事　児童虐待防止法案　第1読会の続（委員長報告）
＊委員長牧野賤男（立憲政友会）が委員会報告。第1読会終了。第2読会がひらかれ，修正案可決（第3読会省略）。

【貴族院】
昭和8年3月20日　議事日程第4　児童虐待防止法案　第1読会
＊政府委員齋藤隆夫（内務政務次官）が法案の趣旨説明。特別委員の決定。
昭和8年3月20日　六大都市に特別市制実施に関する法律案特別委員会　会議第2回
＊政府委員丹羽七郎（社会局長官）が政府の見解を説明する。
昭和8年3月22日　児童虐待防止法案特別委員会　会議第1回
＊政府委員丹羽七郎（社会局長官）が法案の趣旨説明。
昭和8年3月23日　同特別委員会　会議第2回
＊衆議院修正案に，付帯決議を加えて可決。
昭和8年3月24日　議事日程第10　第1読会の続（委員長報告）
＊委員長金杉英五郎（勅撰）が委員会報

昭和8年3月20日　六大都市に特別市制実施に関する法律案特別委員会　会議第2回
＊政府委員丹羽七郎（社会局長官）が政府の見解を説明する。
昭和8年3月22日　同特別委員会　会議第3回
＊国務大臣小山松吉（司法大臣／勅撰）が司法省の見解を説明する
昭和8年3月23日　同特別委員会　会議第4回
＊国務大臣小山松吉（司法大臣／勅撰）が司法省，政府委員丹羽七郎（社会局長官）が内務省の見解を説明する。
昭和8年3月24日　同特別委員会　会議第5回
＊懇談会での質疑応答のため速記録は中止させられ，審議内容は不明。
昭和8年3月25日　同特別委員会　会議第6回
＊岡喜七郎（勅撰）が修正案を提出。修正案可決。
昭和8年3月25日　議事　少年教護法案第1読会の続（委員長報告）
＊議事日程にはのぼっていなかったが，委員長大久保利武（侯爵）が日程変更の動議を出し，委員会修正案を提出。大久保利武が委員会報告。第1読会終了。第2読会，第3読会がひらかれ，委員会修正案可決。
【衆議院】
昭和8年3月25日　議事　少年教護法案（貴族院修正案）
＊議事日程にはのぼっていなかったが変更して，貴族院から回付された少年教護法案（貴族院修正案）が議題となる。採択して，貴族院修正案可決。
昭和8年5月5日公布　少年教護法　法律55号

告。第1読会終了。第2読会，第3読会がひらかれ，委員会報告どおり可決。
昭和8年4月1日公布　児童虐待防止法　法律40号

出所：［桑原・宮城 2001a：59-66］

両法の議事日程は見事にクロスしている。児童虐待防止法案は政府提出であったが，その審議過程で少年教護法案提出者の荒川は，以下のように述べていた。「此委員会（少年教護法案委員会－引用者）は少年教護法から少年の飲酒制限といふやうに，子供を主とした部会で，遂には産婆の規制まで入れて，産まれぬ先のこと迄，小さい方へと向いて来て居った（助産師法案・産師法案も本委員会の付託議案であった－引用者）のでありますが，此法案（児童虐待防止法案－引用者）は児童の保護と云ふのでありまして，子供の法律のやうであるが，実は不良老年を取り締らうと云ふ，少年の保護にあらずして老年の取締であるのでありますけれども，児童なり少年なりに一点温き国家の同情を下せられると云ふ点に於ては，是迄の諸案と其旨を一にして居りますので，此案をここ迄進行せられたのは，私共も敬意を表するのであります」［桑原・宮城 2001c：111］（図表6-7参照，昭和8年3月13日）。

　ここで「児童なり少年なりに一点温き国家の同情を下せられる」ものとして括られているように，少年教護法と児童虐待防止法は両者を1つとして児童保護事業をより「児童の権利重視の方向」へ向けたものとして把握することができる。もっとも，そうした検討が本格的に始められた時期は，前者が1931年（諮問第7号「児童虐待に関する件」）であるのに対して後者は1926年（諮問第4号「感化法改正に関する件」）と，実は少年教護法のほうが先行していた。だとすれば，児童虐待防止法の成立には，「不良児」発生の原因をめぐる研究，さらには少年教護法制定を訴える根拠として強調されていた「少年の不良化を初期に発見し，それに対して適当な処置を講じること」の影響を視野に入れるべきであろう。すなわち，遺伝と境遇（環境）をめぐる議論から導き出された「境遇の重要性」は，社会政策の見地から不良少年の問題に取り組む意義をもたらすとともに，それが少年教護法をめぐる議論から児童虐待防止法の議論へと引き継がれることで「親権の制限」をもたらす児童虐待防止法が成立したと考えることができるのである。

　少年教護法も児童虐待防止法も，戦時下を経て戦後には児童福祉法へと吸収される形でいったん姿を消している。そのこともあって，戦前にこれらの法律が制定されていたことすら知られていない。ましてや，これらの法律が人口問

題（人口の〈質〉の問題）との絡みで議論され成立に至ったことについてはなおさらのことである。とはいえ，この人口問題と児童政策の結びつきは，今日の児童政策をめぐる動きに示唆的な内容を含んでいる。すなわち，冒頭で触れたように1990年代以降の少子化問題を背景に，2000年には児童虐待防止法が（再び）制定された。少年教護法に関してはそれ自体が復活するということはなかったが，1997年の児童福祉法改正により教護院から児童自立支援施設への改称およびその対象の拡大というべき条文改正がなされている。

　1948年の児童福祉法において（少年教護院が改称された）「教護院は，不良行為をなし，又はなす虞のある児童を入院させて，これを教護することを目的とする施設とする」（第44条）と位置づけられていたが，1997年の児童福祉法改正に伴って，それが児童自立支援施設に改称されるとともに，「児童自立支援施設は，不良行為をなし，又はなすおそれのある児童及び家庭環境その他の環境上の理由により生活指導等を要する児童を入所させ，又は保護者の下から通わせて，個々の児童の状況に応じて必要な指導を行い，その自立を支援することを目的とする施設とする」（同条）と規定されている。これらの事実を考慮すれば，本章はあくまで戦前をめぐる議論であるとはいえ，近年の少子化を背景とする児童政策の原点が有する重要性を浮き彫りにしているといえよう。

1) その他，杉山博昭「山口県立育成学校の理念について―少年教護法制定まで―」『中国四国社会福祉史研究』2003年，同「少年教護法の実施過程」『純心人文研究』第9号，2003年，等がある。
2) 一方，先の佐々木は「少年教護法のもとで発足した少年教護院は，その発展・充実をみる時，ちょうどわが国が日中・太平洋戦争へと突き進む時代と一致したことは不幸なできごとでもあった。だからといって，少年教護院の残した歴史は『軍国的な色彩の強い教護実践』であったと，あっさりと意味のないことであったと捨てるわけにはいかない」［佐々木・藤原 2000：363-364］と述べているが，まさに戦時人口政策の影響を受ける以前にこそ，本法成立の本当の意味を読み取るべきであろう。なお，佐々木は少年教護院での実践史をめぐって以下の時期区分を行っている。「第一期：子どもに対する新しい教育養護の模索と試行の時期（1934年ころから1938年ころ），第二期：時局，国策に影響を受け，それに応じる教護へと変容した戦時体制の時期（1938年ころから1945年），第三期：終戦直後における浮浪児対策に追われた時期（1945年から1947年末まで）である」［佐々木・藤原 2000：364］。

3) 「未成年労働者」「未成年犯罪者」等の用語は田中の研究に依拠している。ここでいう「未成年」は今日的な20歳未満の者を指すものではないことが断られている［田中 2005：11-13］。なお，本章で用いる「少年」「児童」という言葉をめぐっても，関連する法律によって定義が異なるため一貫した整理を行うことができない。
4) 戦前の感化・教護の実践史である佐々木・藤原の研究は，感化・教護事業を刑事政策との関わりにおいてだけでなく，社会福祉史や教育史における位置づけといった視点をも提起している［佐々木・藤原 2000］。また，その対象とする時期も少年教護法制定後にまで及ぶ。とはいえ，本研究は感化・教護の実践史であり，政策史を論じる本章との接点は限られている。
5) 本書の第4章および第5章。
6) 本協会は，少年教護法の成立を受けて1934年4月に組織された。
7) 同年10月には内務省社会局社会部から『感化事業に関する統計』が出されており，感化事業及び不良少年に関する統計（1 大正13年に於ける施設，経費，職員及在院生の数，2 生徒の移動状況，3 現在生の入院当時に於ける年齢及公私生，4 調査時に於ける現在の年齢，5 現在生の入院当時に於ける教育の程度，6 現在生の入院当時に於ける保護者との関係，7 成績良好退院生の方途及在院期間，8 委託先の職業並に委託生の年齢，9 自大正3年至同13年 感化施設概況（大正4年及同10年を欠く））が載せられている。そこにも，感化法の改正に向けての動きを読み取ることができる。
8) これについては，海野幸徳の議論が参考になる。海野は1922年の論考で，社会事業と優生学の関わりを論じている。一般に考えられる様々な境遇に対処する社会事業を「境遇による社会事業」とすれば，その他に「遺伝による社会事業」があるとして，社会事業に「遺伝」と「境遇（環境）」という観点を導入した［海野 1922］。
9) 森田によれば，当時内務省当局に感化法改正の十分な気運があったにもかかわらず「内務当局の法案提出作業を阻止するのに決定的であったのが，司法省内に蓄積されていた，感化法に対する処遇及び手続の両面にわたる反撥で」あったという。司法当局は親権及自由保障に関する点について内務省の意見と合わないことを理由に，内務省側の度重なる感化法改正案の提出交渉に対して拒絶のサインを出し続けていたという［森田 2005：245］。
10) この点については，森田明「第5章 昭和8年少年教護法の成立とその周辺」『少年法の史的展開―〈鬼面仏心〉の法構造―』信山社，2005年，225-265頁，に詳しい。

第 III 部

人口問題と社会政策

第7章
社会事業学から厚生学の提唱へ ▶続・海野幸徳論

1 はじめに

　これまで，社会政策をめぐる史的事実の検証に優生学を含む人口問題という観点から取り組んできた。第Ⅰ部では「先駆的な少子化論」と呼ぶべき日本の人口思想を取り上げ，第Ⅱ部ではそれが社会政策の形成にどのような影響を与えたかについて児童政策に焦点を当てて論じた。

　その過程で浮かび上がったのが，「戦前日本における人口問題と社会政策」というテーマである。19世紀終わりから20世紀初めにかけて日本に輸入された優生思想は，当時の社会問題に関わる論議に大きなインパクトを与えていった。その結果，人口問題としての社会問題をめぐる議論が広がりをみせ，〈量〉の問題としての過剰人口をめぐる論点とともに「優生学」を根拠とする人口の〈質〉に関する掘り下げが活発化し，それが社会政策の形成にも重要な影響を及ぼすことになっていく。

　つまり，戦前における人口問題をめぐる議論において重視されたのは「過剰人口」という人口の〈量〉の問題とともに，「逆淘汰」をはじめとする人口の〈質〉の問題も重視されたという視点から当時の社会政策をめぐる動向を見直すと，そこに新たな「人口問題と社会政策」の系譜が浮かび上がってくるのである。それは，学説史的には社会学に基礎をおく社会政策論として，また政策史的には人口の〈質〉と結びつきの深い児童社会政策の領域で確認することができるだろう。第2章で取り上げた海野の主張も社会学に基づく社会政策論の一形態であるだけでなく，優生学から社会事業論へと転向して間もない1920年代半ばの海野は，それに先立って児童保護論をも議論していた。

　これらの事実は，家族政策をめぐる同時期の西欧先進諸国の動きと十分対置

しうるものであり，日本における戦前期の社会政策，さらには家族政策をめぐる戦前から戦後へという流れの把握およびそれらの評価について見直しを求めることになろう。従来，その間には「産めよ殖えよ」の戦時人口政策が横たわっていたこともあって，戦前の1920年代後半以降における人口政策立案に向けた動きに眼が向けられることはなかったが，以上で述べた視点から浮かび上がる史的事実は，社会政策の戦前史により積極的な意味をもたせる可能性を有しているのである。

　以上のことをより鮮明にみるための一材料として，ここでは1920年代半ばから戦後への時期に焦点を当てて再び海野を取り上げたい。それに際して特に注目すべきは，一般に「福祉」という言葉が日本社会に普及するのは戦後のことであるが，海野は早くからその言葉を用いていたということである。それは，海野がこだわり続けた一科学としての「社会事業学」の理論化に向けた動きのなかで持ち出されるが，その海野が取り組んだ到達点を明らかにすることは，社会政策をめぐる戦前と戦後について新しい角度から橋渡しをすることでもある。

2　優生学から社会事業学へ──戦前を通じて

　『日本人種改造論』(1910年) に始まる海野の優生学を主題とする業績は，1920年代初めまでと1940年代に集中して出されている［平田 2005］[1]。それに従って海野の研究に時期区分を施せば，以下の4つの時期に分けることができる。

Ⅰ（1910年代〜）：優生学
Ⅱ（1920年代半ば〜）：社会事業学
Ⅲ（1940年代〜）：優生学
Ⅳ（1950年代）：新・社会事業学（厚生学）

　ⅠからⅡへ，すなわち優生学から社会事業学への展開についてはすでに第2章で取り上げたが，新たに「社会事業学の理論化」という切り口によってⅡからⅣへまたがる海野の業績を見直そうとするとき，ⅠからⅡへという時期との連続性を無視することはできない。したがって，まずは最低限おさえておくべ

き必要な内容についてその骨子を振り返るところから始めよう。

Ⅰの時期は、その著『日本人種改造論』(1910年)、『興国策としての人種改造』(1911年) に象徴されるように、海野は進化学の諸説を紹介することに精力を注ぎ、人類を良い方向にもっていくための人種改良策の必要を唱えていた。その後、1912年から1年間のアメリカ留学 (スタンフォード大学、シカゴ大学で社会学および社会事業の研究に従事)、帰国後の病臥を経て「優生学の界限」を認め、学問的関心を「社会事業学の建設」へ移していくことになる。

> 私は、だんだん優生学には界限があるということ、それは甚だ不十分な学科であるということ、その概念が不明でずれていくと学そのものが亡滅に瀕することなどを考えてまいりまして、数年の病中にもしばしばこういう思想が私を苦しめました。
> [海野 1919；1924b]

1919年に発表した論考「優生学の界限に就いて」において海野はこのように述べ、優生学が生物学的である限り、「劣生種を処分する」というような単純な論法をとるほかなく、複雑な人類的文化的な問題を取り扱うに適しないという見解を示した。その結果、(生物学的な) 優生学を超えて一新境地、一新科学の建設に努力したいと宣言するに至る。ここでいう「一新科学」こそが「社会事業学」であり、それによってⅠからⅡへの移行を特徴づけることができる。

「優生学と社会事業」(1922年) と題する論考では、それまでの社会事業に対する一般的な解釈である「境遇 (＝環境の改善) による社会事業」に対して生殖の問題に関わる「遺伝による社会事業」を提起することで優生学と社会事業を結びつけ、社会改良策として「社会事業」概念を位置づけた。優生学は素質の観点から単純に優生を研究の対象とするという見地に立つと考えられがちであったのに対して、一般に優境学の対象とされる境遇 (＝環境) も優生学に関わるものであり、優生学は優生と優境という2つの概念を同時に包含するという見地を採用したのである。それは、優生学と社会事業を結びつけることによって優生学の解釈変更を試みるものであった [海野 1922]。

このような解釈のもと、Ⅱの時期 (1920年代半ば～) の海野にとって、優生学的社会改良策としての社会事業学を一科学として構築することが大きな関心事となった。その熱意は、Ⅱ期として一括りにした1920年代半ばから1930年代に

かけて，とりわけ1924年から1931年までの精力的な著作（論文）の発表となって現れている。[2]

1924年：『現代人の恋愛思想』『輓近の社会事業』『学校と活動写真』『児童保護問題』『児童と活動写真』『現代の青年運動』

1926年：『児童地帯及夏期殖民地帯調査』『善隣館事業講話』『隣保事業と融和問題』

1927年：『方面委員制度指針』『社会事業概論』（改訂版1929年）

1928年：『方面事業取扱方法』『貧民政策の研究』

1929年：『社会事業要領』『農民社会事業指針』『社会事業とは何ぞ』『貧民事業要領』

1930年：『社会事業学原理』『融和小読本』『生計調査の方法』『社会事業経営指針』『融和問題の本質と解決―融和問題の社会学研究―』『社会事業界の左傾思潮―基本質と対策―』『農村社会事業提要』

1931年：『融和問題提説の考察』『階級闘争の研究』『社会政策概論』『日本社会政策史論』『閣の偶像』『次の社会』『貧乏と奴隷』『病院社会事業』『社会の偶像』

1932年：『日米融和事業の比較』『救護法と方面委員制度』

1935年：『最近の融和堤説』

この間，例えば1931年には『社会政策概論』『日本社会政策史論』を公刊し，社会政策を主題とする著作を発表している。当時，社会政策と社会事業の関連性については，必ずしも意見の一致をみていなかった。そうしたなかで，海野が「社会政策」と「社会事業」をあえて区分した理由はどこにあるのだろうか。その理由の1つに，「社会改良」の実行へのこだわりがあったと考えられる。『社会政策概論』は社会政策について主に形式の側面から論じたものであるが，それだけでなく社会政策と社会事業，さらに社会主義も加えて社会改良の実行性という観点からその区分が論じられる。

　社会政策は社会改良の一形式であるが，これまで，社会政策は内容の側面を盛つただけで，形式の側面の研究は全く閉却されて居た。社会政策にして如何なる内容を盛らうとも，それが社会改良の形式として無効であり，従つて，無価値であるならば，

社会政策は畢竟その生存権を主張することのできぬものである，ここに於て，社会政策の形式論としての方法論的研究が必要になるが，ここに謂ふ社会改良の形式論的研究は未だ絶えてなされざる未開の領野なるが如し。　　　　　　　　　　　[海野 1931a：1]

海野は本書の冒頭でこのように述べて，社会政策の方法論をめぐる研究の遅れを指摘する。

当時，海野は「社会を改良せんとする方法」として社会事業・社会政策・社会主義の三者を想定していた。したがって，社会改良の一形式として社会事業を追究するにおいては，それと社会政策および社会主義との関係を無視することはできなかったのである。海野は，その社会政策と社会主義について，社会改良の目的を達する際の問題点をそれぞれ以下のように指摘する。

●社会政策は如何なる内容を盛らうとも，それが現今の如き集団的な改良方法たる限り，方法論的形態としては価値の乏しきものであるから，これに個別形態を入れ，方法の上より統合形態に依るものに改鋳しなければならぬ。独逸伝統以来の社会政策の形式と方法とを以てしては，社会政策は社会改良形式として無価値であり，従つてその生存権を主張することができぬ。これ，社会政策の内容と共に，方法の研究が重要なる位置を占むる所以である。　　　　　　　　　　　[海野 1931a：2]

●社会主義に関しても，これまでの内容の上からのみ論議せられて来たが，著者の如くこれを社会改良の一形式として方法の上より見るときは社会主義は自家撞着で，その目指す目的を達成し得ず，従つて，社会主義は改良方法としては無価値であり，生存権を維持し主張し得ぬことが分かる。（中略）社会主義はその如何なる形態に於ても，方法論の上から社会を改良するものとして存立し得ず，それに如何なる内容を盛るとも人類の生活を維持し其幸福を増進することの能きるようなものでない。

[海野 1931a：2]

もっとも，本書では専ら社会政策の方法論的性質に焦点が当てられ，「社会改良の一形式」としての社会事業との違いが強調される。その過程で，社会改良の方法論は集団的形態と個別的形態との統合に求められるべきで，理想的方法は統合形態によるもののほかにはないとしてそれが可能な社会事業の優位を主張し，社会政策が社会を改良する形式であるためには「形式としては」集団的であっても「機能的には」個別的である形態へと転化しなければならないと主張する。本書における海野による「社会政策」の概念規定をめぐる趨勢とその定義は，以下の通りである。

第7章 社会事業学から厚生学の提唱へ 167

　第一，概念限定が著しく進歩せし形跡なく，第二，諸家の概念限定は夫々異なるものとなって現はれて居るとは言へ，その間に一致せし見解自づから発現し，概念に統一を与へる趨勢にあるを知る。社会政策は国家の行動に関し，その立法及行政手段を通じて行はれるもので，これが労働組合若くは産業組合など自助手段によつて行はれるものと異なつて居ること，社会政策は階級政策で階級の対立とその闘争より生ずる諸弊害を緩和し除去することの二要件を具備すべきものであるとすることに於いては代替見解帰一の趨勢にある。　　　　　　　　　　　　　　　　　〔海野 1931a : 34〕

次に定義である。まず，社会政策を4部門「消極的社会政策」「積極的社会政策」「綜合的社会政策」「超越的社会政策」に分けて把握するとともに，社会政策の発展過程も含めて次のように説明する。

1　社会政策は分配の公正を企図し，所得の調節を行い，もって，階級的対立と差別とを緩和することを目的とする。この部門の社会政策を「消極的社会政策」と呼ぶ。
2　社会政策は生産とその増加とを企図し，国民の経済生活を整え，且つ，豊かにする。この部門の社会政策を「積極的社会政策」と呼ぶ。
3　分配政策も生産政策もそれ自づから目的たることは能きない。両者は特定の目的を達する手段たるに過ぎないから，両者は共通なる目的を予想し，これによって両者は総合するであろう。共通なる目的に向かつて，一は分配の途より，他は生産の途より進むのであつて，分配政策と生産政策との目的は畢竟同一である。ここに同一なる目的に向かつて両者が総合するのであるが，それは未だ帰一の状態に達しない。単に分配政策と生産政策とは目的が同一であるといふまでで，両種政策が行はれるといふ併行状態にある。但し，両者は既に同一の目的観念によつて律せらるるが故に，二にして一たり，相関係しながら進む形式をとる。ここに総合状態が現はれる。この部門の社会政策を「綜合的社会政策」と呼ぶ。
4　綜合せしものは融合して両者その形体を止めざるにいたる性質のものである。ここに飛躍が行はれ，一如的観念が現はれる。この一如的観念は「人間生活の完成」若くは「生存原理」である。結局消極的社会政策も，積極的社会政策も，綜合的社会政策もこの一如的観念としての究極対象を予想しながら進み来たものであるが，諸家に於いてはかくの如き全体観を逸し，その部分を把握せしにすぎないから，或は分配政策と云ひ，或は生産政策と云ひ，或は社会的政策などと云ふのである。若しこれに全体的見地を導入し，大観する見地を生ずれば，これ等の各種社会政策は究極対象によつて貫通せられ，茲に終始一貫する社会政策の観念が出現するであろう。これ即ち文化的社会政策である。究極対象に関する社会政策を「超越的社会政策」と呼ぶ。

「これ等四部門の社会政策概念を一定の原則により定義に結晶するときは左

(下－引用者）の如き限定に達する」[海野 1931a：78-79] として,「社会政策」概念を以下のように定義（限定）する。

　社会政策とは経済的（政策としての分配政策と生産政策とに対して）社会的（社会政策に対して）文化的（文化政策に対して）福祉に依り，人間の社会生活を完成するために国家の権力又は自助手段を通じて，社会階級間の経済的差別を撤廃し，経済的福祉と文化的福祉とを統合して生存原理による生活を実現することを目的とするものである。
[海野 1931a：79]

　図表 7 - 1 は海野のいうところの社会政策と社会事業の違いを簡潔にまとめたものである。両者はともに「共同福祉」を目標とするとしたうえで，その対象と性質において前者が「全体的・法的」改良をその特徴とするのに対して後者は「個別的・人間的」であるから，この違いを根拠に「社会改良の形式」としては社会事業のほうが適しているという結論が導き出される。社会政策は「強制的たり，客観的たり，抽象的たり，全体的たる社会政策は人間を物として取り扱ふもので，歴史的存在物たる人間に対し妥当な改良形式とは言はれない。この妥当な改良形式と認められざる社会政策は改良形式としては殆ど全く何の分析もうけて居らず，漫然これまで社会政策によつて社会が改良せられるように思はれて居た」[海野 1931a：86] ので,「個別的・人間的」である社会事業に比べると，社会政策を理想的な社会改良の方法および形式と認めることはできないと結論づけた。

　このように，海野は社会政策や社会事業を「社会改良の形式」として一括りにし，社会改良への貢献という性格をまずは重んじたものの，社会政策や社会主義との差別化を図り,「社会改良の形式」として社会事業が優位性をもつことを主張した。

　ところで，当時の海野がそれと並行して取り組んでいたのが社会事業学の原理的な問題の追究である。『社会政策概論』と同年の1931年に刊行された『閑の偶像』と『社会

図表 7 - 1　社会改良形式としての社会政策と社会事業

	社会政策	社会事業
目標	共同福祉	
対象	階級的全体	集団，国民というような「ゆるやかな」全体
性質	法的規範	法的規範と自由な愛の結合

[海野 1931a：82-86] より筆者作成。

第 7 章　社会事業学から厚生学の提唱へ　169

の偶像』は，街頭社会大観第一巻，第二巻としてシリーズで発表されたものである。これらの著作において社会政策や社会事業を取り扱う社会本位思想とその理論を批判し，個人を主とし社会を従として統合する「（新個人本位主義としての）新個人主義」の採用を提起した。

「現代の社会的行動は矛盾にみちて居る。人間の知能及道徳的進歩なるものは未だ低く，殊に人間の悪性と社会の悪逆とは目を覆ふべきものがある」[海野 1931b：1]として，その 1 つの原因となる社会本位思想を海野は次のように指摘した。

　　過去数十年間殊に社会本位の思想が宣伝され，現代の世相をして徹頭徹尾社会的たらしめた。現時，社会主義をはじめとする社会本位思想のやかましきもこれが為めである。現代人は社会病者であり，社会の迷夢に踏み迷ひ，ために人類をして真の人間的生活の何であるやを忘れしめた。社会主義，集中強制経済，社会偏重，画一政治，画一教育など，凡て団体狂にふさはしき産物である。社会なるものは実は人間のヨリよく生存する手段道具として採用せられたものであるが，却つてそれが目的となり，何でも社会を主人公として盲目的に奉仕するのが現代人の流儀である。民衆福利，社会政策，社会事業さへ一知半解な社会本位思想によつて取扱はれてゐる。この根本誤謬は一度び社会と個人との基礎的検討を経なければ是正せられない。著者は民衆福利，社会政策，社会事業をも新個人本位主義としての著者の新個人主義によつて是正せんことを欲す。
　　　　　　　　　　　　　　　　　　　　　　　　　　　[海野 1931b：3-4]

「新個人主義」については，海野の「社会事業学の理論化」をめぐる 1 つの軸をなす概念であるため，さらに敷衍しておくべきであろう。海野によれば，新個人主義は「個人は本位につくべく，社会はあくまで個人に奉仕すべき手段であり道具であると考ふべきである。人間は社会に利存して生きて行くのであつて，人間は社会を利用し，それによつてその生存を保全する」[海野 1931b：412]というもので，「人間生存の基本原則」によって人間の生活を規定し直そうとする考え方である。

先の社会政策と社会事業の差別化をめぐる海野の主張が示すように，この「個人を主とし社会を従として統合する」新個人本位主義としての「新個人主義」こそが社会事業学のよって立つところなのである。海野は，それによって人類固有の生存形式が確定しうるとして，それまでの状況を個人主義と社会本位主義の並立であると批判し，両者の結合による統合主義の実現を強く主張す

る。つまり，個人本位の思想に終始したものとしてダーウィンの生存競争説[3]［Darwin 1901］を，社会本位の思想から出ることができなかったものとしてクロポトキンの相互扶助説[4]［Kropotkin 1902］を提示し，その結合によって統合主義が生まれるとした。

海野は，「人間の生物学的な生存形式は個人本位でありながら，群をつくつて生存することである。茲に，個人を主としながら従として社会が統合する思想が生まれる。この一点に着目し，これを確保したのが私の新個人主義である」［海野 1931b：416］と述べ，個人と社会との関係において個人のみを認めるものは個人主義，社会のみを認めるものは諸々の社会本位主義，個人と社会とを同位のものと認めるものはその混合であり，社会を主とし個人を従として認めるものは，社会本位による個人の抱擁，それに対して個人を主として，社会を従として統合する形式において両者の併立を認めるのが新個人主義であると説いた。

> この形式によれば社会は個人に抱擁せられ，個人の生存を助長促進する意義によつて個人の体内に取り入れられる。よつて，これは一種の個人主義となるが，社会を無視せざる個人主義，換言すれば，社会を使つて一層個人の生存を完成せんとする個人主義であると言へる。この場合，個人と社会とは個人を基準として統合せられるから，私はこれを個人主義と社会本位主義に対して統合主義と呼ぶ。　　［海野 1931b：417］
> 統合主義は著者独自のもので著者はこれによつてダーウィン氏の生存競争説とクロポトキン氏の相互扶助論とを結合せんとす。ここに統合原理による新個人主義が現はれる。新個人主義の正体は畢竟かくの如きものである。　　［海野 1931b：417-418］

ところで，Ⅲの時期，すなわち1940年代には1920年代初め以降いったん途絶えていた「優生学」を主題とする論考が発表される。具体的には以下のようなものがあり，そのなかで優生政策の導入が論じられた。

「社会行政の新標準としての優生政策」『朝鮮社会事業』第18巻第1号，1940年

「支那事変と我国社会事業再組織」『社会事業』第24巻第4号，1940年

「国家社会事業の成立進展―社会行政の新標準―」『社会事業と社会教育』第10巻第5号，1940年

「人口減少と産児政策（上）―人的資源の増加策―」『朝鮮社会事業』第18巻

第5号,1940年
「人口減少と産児政策(下)―人的資源の増加策―」『朝鮮社会事業』第18巻第6号,1940年
「人的資源の増加策(上)」『人口問題』第5巻第1号,1942年
「人的資源の増加策(下)」『人口問題』第5巻第2号,1942年[5]

　これらが発表された背景には,1940年の国民優生法の成立がある。本法は,成立に至るまでの過程で「優生断種法」から「中絶禁止法」へと性格を変えて議会を通過したとされるものの,その成立をもって政治的にはじめて「優生」というイデオロギーが受け入れられることになった。さらに,それより少しさかのぼって1938年に創設された厚生省には,優生政策を担当する行政部局として予防局に優生課が設置されていた［松原 2000a；2000b］。海野がここに来て「再び」優生学を正面から論じたという事実には,人口政策確立要綱(1941年)によって象徴される戦時人口政策への転向と関わって,優生学が受容されていくという政治的なプロセスがあった。

　国民優生法制定に至るまでの動向については,すでに松原等によって明らかにされている。その成立に重要な役割を果たした人物が永井潜(東京帝国大学・医学部教授)であり,彼は優生学に関する初の学術(運動)団体として1930年に組織された日本民族衛生学会(1935年より財団法人日本民族衛生協会)の理事長を務めていた。当組織は学者をはじめ政治家,官僚,学者など幅広い分野の専門家の集まりであり,それを母体に1934年から1938年までの間5回にわたって「民族優生保護法案(議員提案)」が提出され,その延長に成立したのが国民優生法であった［松原 1997］。

　すでに述べたように,1920年代から1930年代にかけての海野は社会事業学の構築に力を注いでいった。その間,優生学を正面から論じることを避けてきたものの,「優生」が政治的に受け入れられることになる1940年代に至って,海野は再び優生学をめぐる主張を展開することになったのである。

3 社会事業学から厚生学へ—戦後への展開

このような一連の経過の後に，戦後公刊されるのが『厚生学大綱—新科学としての社会事業学—』(1953年) である。平田の目録に従えば，本書は単行本としては先に取り上げた II 期 (1920年代半ば～1930年代) の『最近の融和堤説』(1935年) 以来の発表作であるとともに，それが生前最後の著作となった。その全体像を示すべく，本書の目次を示せば図表 7-2 の通りである。

本書の諸論で，海野は自身の著作である『社会事業概論』(1927年)，『社会事業とは何ぞ』(1929年)，『貧民政策の研究』(1928年)，『社会事業学原理』(1930年) をあげ，それまでに社会事業の原理およびその体系化を論じてきたものの，その真義がまったく汲み取られなかったとして，以下のように述べる。「新科学の骨子を逐次描き出し，徒に厖大なる学論を簡潔ならしめ，もつて，その真義を伝えて，理解と批判とに便ならしむるもの即ち本書である」［海野 1953：序-2］。そして，社会学に次いで現れ，新科学としての成立が予期されるものとして「厚生学 (新科学としての社会事業学)」を主張し，その歴史的経緯について次のように振り返る。

> 第一次世界大戦中初めて困窮が集団的となつた。すなわち，集団的困窮が発生したのである。大戦中さしも繁栄を極めし米国の産業も沈衰の一途を辿り，1916年ごろ失業者は千二百万人を数えた。恐怖は殺到した。かくて，ここをもつて対応されし困窮は社会経済的環境の成立に応じて集団化された。集団的困窮の発生と共に，在来個々に対応されし慈善事業は用をなさず，集団的困窮に対応して新たに社会事業が登場してきた。個人的なる慈善事業は集団的なる社会事業に改装されたのである。
> 集団的なる社会事業の発生と共に，社会事業は困窮を対象とするものから，福祉を対象とするものに漸次に転化した。固より困窮と福祉との間に一線を引いて峻別することはできず，困窮はいつの間にか徐々に福祉に転化する。在来，「容認されたる社会生活 (Accepted standard of social life)」に引き上げ困窮を正常化するだけが社会事業だとしたのであつたが，容認されたる社会生活は高次の水準から見て更に引き上げなければならぬ。かくて，第二次的完成を行うことに別に注意せられたのである。第一次と第二次の間に一線を引くことはできぬので，第二次的完成もいつの間にか社会事業の範囲に取り入れられた。そこにいつの間にか福祉が発生したのである。

図表7-2　『厚生学大綱―新科学としての社会事業学―』目次

第一編　厚生学	第三編　厚生学の方法
第一章　厚生の学	第一章　厚生事象の定型
第二章　社会事業の種類	第二章　特殊化の方法
第三章　厚生学の科学的性質	第三章　了解的方法
第四章　普遍了解科学としての厚生学	第四章　厚生事象の一般化
第五章　厚生学の定義	第五章　特殊的研究方法
第二編　厚生事象	第四編　困窮と福祉
第一章　厚生事象	第一章　厚生学の対象
第二章　社会生活史	第二章　困窮と福祉
第三章　社会個別史	第三章　困窮
第四章　社会個別事業	第四章　福祉
第五章　再調整	第五章　社会による困窮と福祉との変化
第六章　社会的規範	第六章　社会の進歩と主観的福祉
第七章　一般的個別事業	第七章　福祉の界限
第八章　人間的処遇	第八章　福祉実現の至境
第九章　厚生事象の全体的性質	第九章　国民福祉の完成
第十章　厚生事象の限定	第十章　生存権

＊節は除いた。［海野 1953］より筆者作成。

　かくて，どの国の社会事業でも，その史的展開において見逃すべからざることは，福祉が困窮に次いで取り入れられたことである。云はば困窮を対象とする社会事業は史的発展において，福祉を対象とする積極的社会事業に進出した。ここに社会事業は在来の困窮を対象とするものから福祉を対象とするものへ，そこから更に社会生活の最高完成としての福祉即ち理想を対象とするものへと転化する契機を包蔵してゐた。

［海野 1953：6］

　ここで，社会事業の史的発展について「困窮」を対象とする「消極的社会事業」から「福祉」を対象とする「積極的社会事業」へと論じられているが，この間の社会事業をめぐる海野の主張は，1920年代初めに優生学の実行性に限界を感じるところに始まって以下のように展開したのである。まず，それまでの社会事業に対する一般的な解釈である「境遇による社会事業」に対して「遺伝による社会事業」を提起し，優生学的社会改良主義を提起した。それが海野の「社会事業学」建設に向けた取り組みの起点であり，その後「社会事業」の分類に「消極的」「積極的」といった言葉が導入される。1930年代初めには「福祉」という言葉が用いられ，社会事業は「消極的」から「積極的」，さらには

「綜合的」から「超越的」へという形で，その段階に応じて「困窮の正常化」から「福祉そのものの追求」によって「社会生活の最高完成（理想）」を対象とする「社会事業学」の構想が進められたのである。

すでに触れたように，この構想が示された後（先の時期区分でいうⅢの時期）の海野は，再び優生学を主題とする業績を発表する。それは1940年に国民優生法制定として結実する人口政策をめぐる政治的な動向と一致しているのだが，この時期の海野は「社会事業」の理論化と優生政策の体現という2つのベクトルで研究を行っていたことになる。

このような戦前期における研究蓄積を踏まえて公刊されたのが前掲『厚生学大綱─新科学としての社会事業学─』であり，この時点で戦前と大きく異なるのは「優生学」への直接的な言及が含まれていないことである。もちろん，「厚生学（新科学としての社会事業学）」の原理には優生学的な発想が流れているが，本書が刊行された1953年当時，1940年に国民優生法として体現していた優生政策は優生保護法（1948年）と名称を変え，敗戦後の過剰人口問題を背景に適用拡大路線を歩んでいた。見方によっては，海野の志向してきた優生政策は，ここで一応の結実をみたといってよい。いずれにしても，厚生学（新科学としての社会事業学）には，少なくとも「優生学」という言葉が直接持ち出されていないという点において一定の距離が認められる。

さて，本書における「厚生学（新科学としての社会事業学）」の理論化は，戦前期に提示された新個人主義を原理とする「消極的社会事業（困窮の正常化）」と「積極的社会事業（福祉の獲得）」という枠組みから始められる。「消極的社会事業」から「積極的社会事業」へ，さらには「困窮の正常化」と「福祉の獲得」をともに扱う「綜合的社会事業」から進んで，「社会生活の最高完成（理想）」を対象とする「超越的社会事業」を取り上げるのが「厚生学（新科学としての社会事業学）」であった。海野はそれに，「厚生学」という新しい名称を付与して「福祉を対象とする福祉の学」であることを強調した。

図表7-2に目次を示したが，本書で論じられる「厚生学」は依然構想段階のものであった。したがって，同書のなかで「社会事業」と「厚生学」という言葉が混用されていたり，各用語をめぐる定義が微妙に違う内容で繰り返され

第 7 章　社会事業学から厚生学の提唱へ　175

ていたりする。また，論述に重複や飛躍もみられる。したがって，本文に沿ってというよりは全体のメッセージからその内容を汲み取る形で海野の「厚生学」定義とその構想を提示しよう。

　　厚生学の対象は（「消極的福祉」に‐引用者）「積極的福祉」をも加へ，更に，これ等を超越して「福祉」若くは「福祉そのもの」であるとする考へ方に一転するので，厚生学は困窮の除去に関する科学ではなく，又，「社会的不適合」に関する学でもなく，「消去的福祉＋積極的福祉の学」であり，更に転じて，「福祉そのものの」学であり，約めて「福祉の学」である。　　　　　　　　　　　　　　　　　［海野 1953：13-14］

海野は構想段階の厚生学について，このように定義する。そして，それが対象とする厚生事象については，歴史的事象として図表7‐3のような把握を試みた。

フローチャートで示すとこのように整理できるが，海野によってその発展過程は以下のように説明される。

【第一の過程：消極的福祉】「困窮」（＝規範に達しないもの）を引き上げて，（他助と自助によって）少しでも規範に達させる（＝規範生活に近づける）過程＝「再調整」

1　困窮から始まる。困窮は関係的概念なるが故に次の段階に進む。
2　再調整の過程が困窮につけ加へられて困窮を除去せんとして，当時の容認されたる規範に達することを求め，静的な困窮を動的に変化する。
3　その結果，再調整効を奏して，容認せられらる社会生活の完成となり，ここに社会事業の第一次工作が終わる。
［海野 1953：166-167］

【第二の過程：積極的福祉】「福祉そのもの」を対象とする過程＝「調整」

図表7‐3　厚生事象の動的発展

【第一の過程：消極的福祉】
第一次的困窮
↓再調整
第二次的困窮
↓
第三次的困窮
…規範「標準生活」…
【第二の過程：積極的福祉】
＝社会的（現実的）規範＝社会生活の完成
第一次的福祉
↓調整
第二次的福祉
↓
第三次的福祉
…ヨリ高次の規範「ヨリ高次の生活水準」…
以下，理想的社会生活の完成へ

［海野 1953］より筆者作成。

4　第一次規範はそのうちに理想を含み（理想的なる人間のことであるから）その方法をさしてすすむ。かくて第一次規範による生活は完成されたる社会生活にあらずとする観念が生じ，更に第二次的社会生活の完成へと向ふ。ここに社会事業は積極化して，積極意味を帯び，福祉をもその範囲に取り入れる。かく次々に，理想の方向をさしてすすみ，第二次的完成，第三次的完成へと向ふ。
　5　第二次的規範からpositive goodに転化して福祉とその増進とを目標とするにいたる。第二次的規範，それ以上の過程はすべて福祉の観念によつて指導せられるが，その過程のうちに困窮と福祉とは総合し，綜合社会事業の部門を起こす。
　6　困窮が福祉を目標するにいたつて，困窮と福祉とは綜合するが，次に困窮を発無して，福祉を求むるにいたり，社会事業の範囲は福祉化して，福祉一本となる。ここに，社会事業が福祉の学，厚生の学たる実をあげる。かくて，福祉一本が対象となり，超越的社会事業の部門が生まれる。　　　　　　　　　　［海野 1953：167］

　このように，社会事業は大きく分けて「困窮→再調整→規範へ」という「規範に外れた誤差または背理を矯正する」消極的過程と，「規範→調整→（ヨリ高次の）規範へ」という積極的過程として把握され，それを統合して扱うのが綜合的社会事業であり，さらにそれが「社会生活の完成」という目標に向かうものとして「超越的社会事業」が提起された。

　次に，厚生学の方法をめぐる海野の考えを明らかにしよう。本書では，厚生学やそれが対象とする厚生事象の性質をめぐって「社会的」「動的」「相対的」「個別的」「主観的」「歴史的」といった形容が繰り返されるが，そのような性質の厚生事象を扱う方法には，価値判断や科学性といった点において難しさが伴うのである。海野は，「厚生事象は一つ一つ独特で個別的である上に，具体的で，複雑微妙で，把握することも固定することもむずかしく，強いてこれに一般化を行へば，事実とは似ても似つかぬものとなるから，大方これをありのままに観察し，洞察悟了の方法によるべきである」［海野 1953：59］としたうえで，それを打ち立てる基礎となるものとして（個性と環境と発達史とを含む）社会個別史をあげる。先の区分でいえば，厚生学に基づく社会事業は，「規範」へと向かわせる「再調整」と規範より「ヨリ高次の社会生活」へと向かう「調整」の過程があるが，前者の再調整について法則化するには，厚生事象である「困窮」を一般化する必要が出てくる。

　一般化は特殊化によって実現するという意味で，両者は裏表の関係である。

海野は「特殊化的方法によって個人と個性との特性を確定した上で、それと共通なもの、同一なるものを求め、これをまとめて一般化を行ふ。特殊化によつて真に個人と個性との何であるやを知らなければ、たとへそれと類似し同一なるものありとも、それと知り、それをまとめて一般化を行ふことができない」[海野 1953：118] とした。

海野は、その分析に関わる学として心理学、社会学、生物学をあげ、それによって困窮者の社会的記録を作れば「困窮」が何であるか、どのようなものであるかが明らかになり、「社会的記録をつくることによつて個性を知り、環境に適応することをえせしむるのであるが、その上、深き社会的分析をつめば、個人と個性との何であるやが一層正確に分明する」[海野 1953：118] とした。その個人と個性との特性の確定（=「特殊化」）の社会的研究には、①個性の分析と②環境の究明が含まれるとして、「これまでの研究によりて、諸家の一致し採択する社会個別史に於ける特殊化的要項は略次の如きものである」[海野 1953：119] と述べ、その内容を図表7-4のように示した。

図表7-4　特殊化要項

A．経　歴	所蔵宗教又は宗教団体の記録
1．個々の家族につき出生，結婚，死亡の場所と年月日，死亡の原因	e　産業－過去と現在との仕事の記録
2．過去と現在との住所，原籍	f　娯楽と特別の関心
3．教育－学校とその進度，特殊訓練	g　社会的障害の分析
4．社会事業団体の資料とその他の団体の記録	h　過去の治療方法
5．裁判所の記録	i　治療に反応せし要態
6．健康の記録－家族成員の身体，精神の疾患と欠陥とを知れる医師，治療所，病院の記録	B．個　性
	1．結婚状態
	2．社会状態
7．発達の経過－家族の成員について，歯の経過など	3．収入
	4．家計
8．背景	5．負債
a　家族	6．資産
b　人種，国民	7．職業
c　文化	8．関係
d　教育－過去と現在の学校の記録，	C．環　境
	1．住宅－宗教，家賃，住居の状態，睡眠の状態，採光，通風，清潔，近隣の

状態
2. 社会的利便の有無
3. 宗教団体
4. 仕事の場所，職業，営業の場所
5. 学校
6. 集団との関係 - 倶楽部，労働組合などの関係
7. 近隣の人種と国民的特質
8. 人種的,国民的差異による反目,抗争
9. 社会に占める位置
10. 財政状態
11. 一般環境の急激な変化
12. 近隣及地方の特殊変化
13. 生活の標準
　　a　風儀
　　b　一般的成員相互間の態度
　　c　家族成員間の態度
　　d　親戚 - 家族への態度，訓練についての個人的態度
　　e　家族間情喧の有無
　　f　家政と家庭標準についての関心

出所：［海野 1953：119-124］

　このように特殊化としての個別史の要綱は，経歴と個性と環境に分けられ，その社会的分析によって個人，個性，人格，の特質が見定められるという。「個性と環境と，両者の相互関係に関係する科学的分析によつて，初めて有効適切なる再調整の基礎がととのえられる。(中略) この基礎が供給されてからでなければ，人間の行為に影響を与へ，それを改善することはできない。人間の生産的才能を開発するには人間に影響を与えるが如き技術が発見せられなければならぬ」［海野 1953：125］として，「(困窮の場合にも，福祉の場合にも - 引用者) 何が特定個人なりや，何が特定個性なりやを露出するにいたらなければ，容認せられたる社会生活への適応の過程も始められず，有効適切なる方案をたてて，規範に適応するが如くなすことができない」［海野 1953：126］と述べた。
　このようにして明らかになる「困窮」は，以下のように分類されるとともに，それぞれに対応する再調整として「福祉」も同様に分類されるという。

・一般的困窮　　←　一般的福祉
・特殊的困窮
　　　1　経済的困窮　　←　　経済的福祉
　　　2　身体的困窮　　←　　身体的福祉
　　　3　精神的困窮　　←　　精神的福祉
　　　4　文化的困窮（教育的困窮も含む）　←　文化的福祉
　　　5　倫理的困窮（より広義には社会的困窮）　←　倫理的福祉

6 形而上的困窮 ← 形而上的福祉

他方で，規範またはそれ以上の生活水準にあるものを対象とする「調整」については，以下のように説明する。

> 人間は理想的生物であるから進んでやまざるべく，一度達せし福祉に満足せず，更にヨリ以上の福祉を求むる情を発するであろう。(中略) 困窮の場合の如く再調整を要せずとはいふものの，消極的を積極的に改めて見たる場合，積極範囲にありても，比較的意味による調整過程をへて，ヨリ高度の福祉にいたり，ついに社会生活の完成を見るにいたるであらう。　　　　　　　　　　　　［海野 1953：192-193］

海野が厚生学の目的であると考えた「社会生活の完成」は，理想的な生活水準を達することを意味するとして，文明人の生活目標としての「福祉の増進」について以下のように説明する。

> 人格の発達とその完成とが社会生活の目的であるとすれば，福祉の増進は人格の発達とその完成とを可能ならしむるが如きものでなければならぬ。その如き社会即ち善き社会であり，理想社会であり，善き原則に立つ社会である。この場合，社会生活の完成とは社会的人格の完成，即ち社会生活に適合する人格の完成を意味する。
> 　　　　　　　　　　　　　　　　　　　　　　　　　　　　　　［海野 1953：194］

このように，善き原則によって立つ社会はあくまで万人最高の完成を目標とするとはいえ，それは「個性と矛盾するものであってはならず，若干の個人差を認め，これを自由に発達せしむるが如きものでなければならぬ」［海野 1953：194］として，「社会生活の完成」＝「個人的な性格の完成」＋「個人の社会生活の完成」（＝個人的な性格を完成したうえで，社会生活を営みかつこれを助長するに足る人格を完成すること）であるとした。このような把握のもと，「厚生学は福祉の学であり，一言にして人類厚生の学であり，万人をして困窮を除去し，福祉の増進を企図実現せしむる原理を追及する科学である」［海野 1953：199］と述べた。

ところで，本書においても厚生学（社会事業学）は社会学の延長であると位置づけており，その姿勢は変わらない。また，それ以前の社会改良の一形式としての「社会事業学」の理論化において「新個人主義」を明言した際（前掲『社会の偶像』，1931年），それを基礎づけるものとして「闘争社会学」「社会学原

理」をあげていた［海野 1931b：445］。さらにそれよりさかのぼる『輓近の社会事業』(1924年) では，その巻頭で社会事業学を構築するために必要な社会学の知識を米田庄太郎から学んだことに触れている。そのことが示唆しているように，海野は「社会事業学」の構築について，早くからそれを社会学の延長で考え，社会学の知識を吸収していた。

　本書では，厚生学 (社会事業学) がその完成を目的とした「社会生活」の歴史における社会や社会学との関わりにも言及がなされる箇所がある。「社会が共同社会なれば困窮も福祉も社会的で全体の生存を先きなりとなし，それが利益社会化すれば困窮も福祉も個人的で，個人の困窮，個人の福祉といふこととなり，社会の生存よりも個人の生存を先きとする」［海野 1931b：445］として，利益社会化した社会においては社会と個人の組み合わせは「最大の個人＋最小の社会」の形式をとるとした。「利益社会のすすみまさる現今では，社会生活の完成も主として個人的であらねばならず，それに応じて個人本位の時代として個人主義が主潮をなすにいたる。それでも，人はみな社会によつて生存する道を選び，社会動物としてつづく限り，ある程度の社会化はなされねばならぬ。かくて，個人格の発達，完成と共に，社会そのものの発達，完成もつづく」［海野 1931b：207］のである。それとかかわる福祉の発展については，以下のように述べる。

　　福祉は適度の文化の発達とによつてもたらされる。これを組み合わせるところに，幸福なる生活が営まれる。社会事業の目ざすところは福祉の増進であつて，徒なる文化の発達でも，社会進歩でもない。固より，文化の発達も，社会の進歩も望ましいが，それが人間の生存を助長し，社会生活を完成することのできる如きものでなければならぬ。されば，それが適度のものなりや否やを問はねばならぬ。厚生学における文化の発達と社会の進歩とは科学的に人間の生存を助長し，その福祉を増進し，幸福なる生活をなさしめ，万人をして幸福を感ぜしめる如きものでなければならぬ。
　　　　　　　　　　　　　　　　　　　　　　　　　　　［海野 1931b：214］

　一方で，海野はその配分をめぐる非合理性との関わりで福祉の限界を指摘する。福祉を団体本位で配分する「共同社会的な」社会を非合理的，個人本位で配分する「利益社会的な」社会を合理的として対比させ，「才能がものをいふのは後者だけである」［海野 1931b：219］として以下のように述べる。

福祉には限界がある。福祉の獲得は容易に合理化しない。殊に共同社会に於けるそれは非合理的で，能力に平行しない。しかし，社会は利益社会化しつつあり，従って権益の配分も合理的となりつつある。団体的配分は個人的配分に改められつつあり，個人の能力による配分が増加しつつある。福祉の界限も，制限も，減縮しつつある。ただ如何に社会が合理化するとも，福祉の制限が一切排除されるわけでなく，不毛の地に落ちた種子はあくまで不運であり，天は公平なる分配をなさぬようできてゐる。蓋し，社会から一切の非合理を除くことはできないであらう。ただ今において社会が合理化しつつあることだけは明らかで，個人化の増進するままに福祉の分配も漸次に衛生の原理に副ふようになるであらう。　　　　　　　［海野 1931b：221］

「衛生の原理」についてはこれ以上の説明がなされず，それが具体的に何を意味するのかは正確に知りえないが，その延長で「生存権の保障」を提起するところで本書は結ばれる。戦後の文化国家としての日本を「新日本」と名づけたうえで，「新日本としては，仕事を失ふもやあらんの不安を緩和して言怡悦と安固とをもつて生きることのできるような楽天地をつくり出さんことを推奨する。新日本では先ず原則として生存権を承認すべき一度び生を日本に得たるものは，その如何なる階級，如何なる身分，如何なる職業，如何なる年齢のものたりとも，仕事を失ふもやあらんの悪夢より解放されて，真に生を享楽しうるが如くなさねばならぬ」［海野 1931b：259-260］と。

4　むすびにかえて

海野については，これまで日本における優生学史上のほか，社会福祉の先駆者といった把握がなされてきたが，社会政策との関わりについては正面から論じられてこなかった。その理由の1つとして，以下の問題が考えられる。社会政策の戦前史を論じる際には，その根底に「社会事業」と「社会政策」という概念の並立についてどのように処理するかという問題がつきまとうからである。今日的な目からみたとき，そこで「社会事業」と「社会政策」と区別されるものはすべて社会政策の範疇に収めることができる。にもかかわらず，海野もそうであったように多くの学者等によって「社会事業」と「社会政策」が区別して扱われたのである。

ここでは，それを戦前の社会政策をめぐる2つの流れとして捉えてみたい。それは，〈経済学〉系社会政策論と〈社会学〉系社会政策論の系譜という把握である。玉井金五との共同研究で明らかにしたように前者は生産関係に関わる労使問題を中心とした社会政策論であり，それに対してこれまでその内実がほとんど把握されてこなかったのが〈社会学〉系社会政策論である[6]。それは主に，人口問題をはじめ児童や少年問題，保健医療問題といった領域での学説として把握される。また，この〈社会学〉系社会政策論は，日本社会学院（1913～1927年）から実質的にそれを引き継いだといえる日本社会学会（1924年～）という社会学の学問組織とつながっていく。さらに，社会政策との関わりでいえば，1926年の大正・昭和初期人口論争に始まる人口政策立案に向けた動きのなかで把握できる。それは，1927年から1930年にかけて内閣に設置された人口食糧問題調査会，それを引き継ぐ形で1933年に組織された人口問題研究会へと展開する。この間の動きは，戦時人口政策へと時代の流れが変わるまでの短い期間の出来事であるとはいえ，日本社会政策の史的展開をめぐる事実として実に意義深い。

　この社会学の系譜ないしは人口政策立案に向けた動きと海野の関わりについてみると，例えば日本社会学会の機関誌である『社会学雑誌』に海野は以下のような論稿を寄せている。「社会事業概念の限定（上）」「同（中）」「同（下）」（第42・43・44号，1927年），「英米の社会事業概念限定」（第47号，1928年），「社会事業形態の研究（上）」「同（中）」「同（下）」（第52・53・54号，1928年），「救貧法制定の統合的基準（上）」「同（下）」（第60・61号，1929年）である。また，人口問題研究会の機関紙である『人口問題』には「人的資源の増加策（上）」「同（下）」（第5巻第1・2号，1942年，前掲）を発表している。

　一方，これらの事実を背に，1930年代は大河内理論の台頭により「社会政策」をめぐる議論が著しく労働政策に収れんしていくことになるが，それと抱き合わせる形で論者によって「社会政策」と「社会事業」の差異化が進められた。本章で明らかにしたように，とりわけ人口問題との関わりで浮かび上がる海野は，社会政策に対してよりも社会事業に積極的な意義を見出していた。だとすれば，1930年代をめぐる大河内と海野は，それぞれ社会政策と社会事業の理論

化に取り組んだ人物として対置することができ，それが戦後の「社会政策」と「社会福祉」の概念へと連なっているとするならば実に興味深いといえるだろう。

　この点についてはさらなる考察が求められるが，戦前から戦後にかけての海野は，優生学の積極的な受容と断種法制定に向けた取り組みだけでなく，社会事業学の構築とともに社会事業の発展にも貢献するという両面にわたる活動が明確に刻まれている貴重な人物である。その意味で，社会政策をめぐる日本の戦前と戦後の接合をいかに図るべきかという視点からみると，海野の存在が持つ意味は計り知れないといえるだろう。

1) 本目録によって，これまで十分にその全体像が把握されてこなかった海野の業績が明らかになった。
2) 平田の目録［平田 2005］によると，著書や論文等，生涯にわたる海野の業績はなんと502作にも及ぶ。そのなかからここに列挙したのはあくまで「著作」に限られる。
3) ダーウィンは個々に生存競争（Struggle for Existence）に努める個体のうち，最も環境に適した形質を有する個体が生存の機会を保障されると論じた。
4) クロポトキンは，進化論諸説にみられた個体間の生存競争を重視する見解を否定し，生物が集団内で相互に助け合いながら，環境に対して生存の闘争を繰り広げていると考えた。
5) 平田による海野幸徳文献目録［平田 2005］を参考にした。
6) 〈社会学〉系社会政策論については，玉井金五・杉田菜穂「日本における〈経済学〉系社会政策論と〈社会学〉系社会政策論―戦前の軌跡―」『経済學雑誌』第109巻第3号，を参照されたい。

第8章
人口政策論の水脈を求めて ▶永井亨の人と思想

1 はじめに

　第7章では，社会福祉をめぐる戦前からの系譜を示すものとして海野幸徳の思想を取り上げた。それに対して本章では，人口政策をめぐる戦前から戦後への展開に注目したい。

　先行研究のなかで，この課題に正面から向き合うものは決して多くない。その1つの理由として，戦前と戦後の間に「産めよ殖えよ」で知られる戦時人口政策が横たわっていたことが考えられる。確かにその事実を無視することはできないが，それ以前である戦前期に注目すべき社会政策的な見地からの人口政策論が存在していた。本章ではそれに着目し，戦前日本における人口政策立案に向けた動き，さらにはその戦後への連続性を見出したい。以下で明らかになるように，それには戦前・戦後を貫く形で人口政策立案に深く関わった人物である永井亨（1878～1973）の存在が決定的な意味をもった。さらに，その永井が一貫して関わり続けた人口問題に関わる組織，財団法人人口問題研究会（以下，人口問題研究会）の存在も大きく浮上してくる。

　次節ではまず，日本における人口を主題とする最初の政府機関「人口食糧問題調査会」の活動を取り上げるところから始めたい。当会から出された答申「人口統制に関する諸方策」（1929年）こそは，その後のわが国の人口政策展開につながる起点として重要な意味をもつことになる

永井　亨（1878～1973）

出所：[財団法人人口問題研究会 1983]

が，それが有する重さも行論上明らかになるだろう。

2　人口政策をめぐる戦前

　近代日本において，社会的に広く人口問題が認識されはじめるのは1920年代以降のことである。具体的には1918年の米騒動の後，人口問題が論議の対象となった［人口問題審議会 1959：3］。それは，大正・昭和初期人口論争として専門家の間で議論されるとともに，政府の人口政策樹立に向けた政治的な動きにもつながった。1927年7月7日には，内閣直属の審議調査機関として人口食糧問題調査会が設置されるが，これが日本で最初の人口を主題とする政府機関である。本調査会が組織された当初の目的は，以下のように語られている。

　　我が帝国の人口は，遂年増加の趨勢に在り。是れ蓋し我が民族の精彩を発揚する所以なるのみならず，又実に国力充実の根蔕を成すものにして，邦家隆昌の徴象として慶すべきなり。然れども，我が国土狭小にして天然の資源に乏しく，産業経済の発達未だ不充分なるを免れる為，人口の稠度愈々密に，食糧の需要著しく増加するに随ひ，動もすれば，労働の需要供給を不均衡ならしめ，延いて国民生活の不安を醸成するが如き事情無しとせず。仍て帝国人口の増加と食糧の充実とに善処するの対策を確立し，社会的経済的に之が解決の方途を講ずることは洵に刻下の重要問題たらざるべからず。此の所信に基き，政府は，内閣総理大臣の下に，関係各大臣の諮問に応じて，人口問題及食糧問題に関する重要なる事項を調査審議するの機関として，朝野各方面の有識堪能の士を網羅し，人口食糧問題調査会を設立するに至れり。（下線－引用者）
　　　　　　　　　　　　　　　　　　　　　　　　　　　　［人口食糧問題調査会 1931：1］

　これをみれば明らかなように，当初人口問題は食糧問題との絡みで捉えられ，人口が食糧との均衡を破って増加する傾向にあるという過剰人口問題の認識が優勢であった。また，当調査会の第1回総会（1927年7月20日）における当時の内閣総理大臣，田中義一の挨拶をみると，以下のとおりであった。

　　……我国は人口は年々非常な速力を以て段々増加をする，従て之に要する所の食糧と云ふものが此増加に伴はぬと云ふことが吾々の最も懸念を致す所であります。又それが今回皆様を御煩はして此問題に対しては如何にして解決の途を辿るかと云ふことが主なる目的であります。人口の増加は固より国力の発展を一面には意味するもので

あり，又国運の興隆を物語るものであって，御互に人口の年々増加して行くと云ふことは寧ろ慶ぶべき事でありまするが，此慶ぶべきことであると共に食糧の問題を如何にして之に伴はしめるかと云ふのであります。（下線－引用者）

[人口食糧問題調査会 1931：3]

以上から明白なように，人口の増加は喜ぶべきことであるが，それに食糧の供給がついていけない状況をどのように解決すべきかということに本調査会の主眼がおかれていた。このような認識に基づいてなされた諮問は以下の通りで，人口部で諮問第一号，食糧部で諮問第二号についての審議が重ねられ，本会設置期間中に以下の答申および決議が政府に提出されている。

諮問第一号
　人口問題に関する対策，殊に我国の現状に鑑み急速実施を要すると認むる方策如何
　　説明
　　我国の人口は累年増加し，其の密度は益々高からんとする趨勢に在り。凡そ人口の増加は国力の増加に資し国家興隆の基調を為す所なりと雖も，国土狭小にして天然資源に乏しく，而も産業経済の発達未だ不充分なる我国に在りては，人口稠密の度を加ふるに随ひ労働の需給均衡を失し国民生活の不安を招来するの虞あり。斯くの如き状態に鑑み我国人口の増加に対する根本方策を樹立することは刻下喫緊の要務なりと認む。仍て並びに本案を提出し之に対する意見を求む。

諮問第二号
　食糧問題に関する対策，殊に我国の現状に鑑み急速実施を要すと認むる方策如何
　　説明
　　食糧問題は人口問題に対して特に緊切なる関係を有し，之が解決は人口の増加に伴ひ益々緊要の度を加へつつあり。而して食糧問題の解決は啻に食糧需給を円滑ならしめ，国民生活の安定を期する所以なるのみならず，又我国資源を開発し以て国富を増進する所以なるを以て，我国現下の状態に応じ食糧の生産，波及等の各方面に亘り新なる考察を加へ，以て全国的に食糧問題に対する方策を樹立することは刻下喫緊の要務なりと認む。依て並びに本案を提出し之に対する意見を求む。

人口部
〔答申〕
1　内外移住方策
1　労働の需給調節に関する方策
1　内地以外諸地方に於ける人口対策

1　人口統制に関する諸方策
　　1　生産力増進に関する答申
　　1　分配及消費に関する方策答申
〔決議〕
　　1　人口問題に関する常設調査機関設置に関する件
　　1　社会省設置に関する件
食糧部
〔答申〕
1．農産
　　1　農産食糧品の生産増進に関し急速実施を要する方策
　　1　農産物の利用増進に関する方策
　　1　耕地の保護に関する方策
　　1　大規模開墾を促進する為其の用排水主要工事を国営にて施行すること
1．水産
　　1　改訂日露漁業協約に於ける帝国既得権利の擁護に関する件
　　1　海洋漁業基本調査機関設置に関する件
1．畜産
　　　畜産に関する方策

　歴史的にみて，本調査会の設置期間（1927～1930年），さらにはそれに続く1930年代にかけての人口問題をめぐる政治的状況は，激動の時代であったといえる。すでに述べたように，当初は人口－食糧問題としての過剰人口が強く認識されていた。ところが，1930年代には人口問題の基調は食糧問題から失業問題へと重点が移っていく。食糧問題は朝鮮・台湾における食糧増産もあって多少緩和されるに至るが，それにかわって世界大恐慌（1929年）の影響で200万にのぼる大量の失業者が出ていたためである［戦時下日本社会研究会　1992：105］。さらには，1931年の満州事変から，日中戦争，第2次世界大戦へと時代の流れが変わるにつれて，とりわけ戦時下においては過剰人口の解決を領土拡張策に求めることになっていく。人口問題は，短期間の間に"食"の問題から"職"の問題へ，さらには人的資源確保の問題へと目まぐるしい展開をみせたのである［舘・黒田　1969：115］。
　このような時代の激変期にあって，人口食糧問題調査会の活動は，少なくとも社会政策の観点からはその意義が論じられてこなかった[1]。とはいえ，その成果を振り返ってみると，とりわけ人口部については戦後に続くものを多く有す

るとして特に注意が払われるべきである。ここで注目したいのは，以下の決議と答申である。
　1．決議「人口問題に関する常設調査機関設置に関する件」
　2．答申「人口統制に関する諸方策」
　まず，1．についてである。当決議は当会の設置終了の直前である1930年3月29日になされたもので，当初政府はこれを尊重し，「人口問題研究機関の設置に関する予算案」を帝国議会に提出し，1931年度予算についてその協賛を得ていた。しかし，その後当時の浜口雄幸総理大臣が狙撃によって重体となり内閣が総辞職する（1931年4月13日）という事態となったため，結果的に予算を執行する運びとならなかったものの，ここに1つの成果が認められるといえる。

　　内閣人口食糧　第五五号
　　　　昭和五年三月二十九日
　　　　　　　　　　　　　　　人口食糧問題調査会会長　浜口雄幸　㊞
　　　内閣総理大臣　浜口雄幸　殿
　　本会は諮問第一号人口問題に関する対策に関し慎重審議を遂げ別紙人口問題に関する常設調査機関設置に関する件及び社会省設置に関する件を決議致し候條此段及報告候

　　　　　　　人口問題に関する常設調査機関設置に関する件
　我国の人口問題は常時調査研究に従いその真相を明にし之に基き随時其の対策を講ずるにあらざれば問題解決の進路を失い対策施設の基準を誤り洵に憂うべき事態に陥ることなしとせず，然るに現在の人口食糧問題調査会は政府の諮問に応じ政府に建議する外常時に於て調査研究を行ふに適せざる憾あり，加ふるに人口問題は其の性質上国際的見地より之を講究し国際機関との連絡を図ること亦必要なり，依て政府は此際速に人口問題に関する常設機関として研究所を設置し並に諮問機関として委員会を付設せられんことを望む。
右決議す。（これに続く「社会省設置に関する件」は省略－引用者）

　結局，政府機関としての人口問題研究機関の設置は実現に至らなかったが，1932年11月21日には内務省発起の下に人口食糧問題調査会の委員であった官民有志が集まり，財団法人として人口問題研究会の創立が決意された[2]。こうした経緯で設立された人口問題研究会は，実質的に人口食糧問題調査会（人口部）

第 8 章　人口政策論の水脈を求めて　189

を引き継ぐものであった。会長の柳沢保恵をはじめ，発足当初の理事も人口食糧問題調査会の委員出身者で占められているのは，その証左である。1934年，人口問題研究会が主催した第1回人口問題同攻者会合における冒頭，会長あいさつでは以下のように述べられているように，人口食糧問題調査会の委員の多くは早くから人口問題研究の重要性を認識しており，それが本会の設置という形で実を結んだのである。

　　一口に人口問題と申しましても時代により処によつて種々の内容，形式を以て其の解決を訴ふるに至ることは申すまでもないことであります。（中略）昭和2年，漸く勅令を以て人口食糧問題調査会を設置致しました。私も当時の委員の一人であり，又特別委員長として之に参加して居りましたが，此の調査会は其の名称の示す通り，一面人口問題及び食糧問題に関する重要なる調査研究を行ひ，他面政府の諮問に応じ，又種々の建議を致したのであります。然るに，昭和5年，内閣の更迭や，財政難の為に，十分の機能を発揮するに至らずして遂に官制が廃止せられましたことは洵に遺憾であります。然るに<u>人口食糧問題調査会当時から既に多くの委員達は，人口問題は永続的であり，且つ其の性質は頗る複雑であつて，一時的，臨時的の調査研究を以てしては到底其の真相を明かにし，之に基いて適切なる対策を講ずることは不可能でありますので恒久的調査機関設置の必要を痛感し，種々の提案として現はれたのであります</u>。（下線－引用者）
　　　　　　　　　　　　　　　　　　　　　　［財団法人人口問題研究会 1983：28］

　特に，人口食糧問題調査会の人口部には，委員，臨時委員として様々な立場から人口問題を論じる専門家が集まっていた。そのため，すでに高澤淳夫が指摘している「その後の人口政策確立のための人的グルーピング（永井亨，那須皓，上田貞次郎など）を果たした点で（人口食糧問題調査会に－引用者）重要な意義が認められる」［戦時下日本社会研究会 1992：104］だけでなく，当会を通じて人口問題をめぐる立場の違う意見が交わされたことで，人口問題研究が広範な領域にわたるものであるという認識，さらにはそれを独自の問題として考究するべきであるという意識が醸成されたといえる。先に人口問題研究会が主催した人口問題同攻者会合における会長挨拶を引用したが，本会は人口問題に関する研究の促進を図り，総合的研究を実現するために各部門の研究者が交流できる機会として開設されたことが，そのことを物語っている。また，会長の柳沢が続けて以下のように述べている点にも注目しておきたい。

近来，我が国人口問題の重要性が益々認識せられまして各方面の研究が日に増し進歩するに至りましたことは洵に御同慶に堪へない次第であります。（中略）人口問題研究に就ても其の性質頗る複雑多岐で御座いまして，ご承知の如く経済学，社会学，統計学，生物学，優生学，医学，衛生学，地理学，人類学等と極めて広範なる領域に亘っているので御座います。従って人口問題の研究を遂げ，一切の国策の根底たらしめる為には，科学の各部門，更に同一科学の内部に於ても諸種の観察点から到達せられた研究の結果を綜合することが欠くべからざる必要事でありますことは多言を要しないところであります。　　　　　　　　　　　　　　[財団法人人口問題研究会 1983：29]

このように，人口問題研究会に至っては，人口食糧問題調査会設置当初と比較して，人口問題の解釈および人口問題研究に対する認識が大きく変わりつつあったことも確認しておく必要がある。また，戦前の当研究会は人口問題の調査研究，資料収集，講演会の開催，印刷物の刊行等とともに，その主催で人口問題全国協議会を開催し，内務大臣と厚生大臣に答申を出すという役割も果たしていた[3]。こうしてみると，当研究会の前身としての位置を占める人口食糧問題調査会は，そこに集まった委員の人口問題に対する意識を高めるとともに，人口問題研究会の組織化にもつながったという点で，その後の人口研究，人口政策の展開に資したといえるだろう。

次は，もう1つの注目すべき成果「人口統制に関する諸方策」(1929年，図表8-1) についてである。これは人口食糧問題調査会の人口部から提出された答申の1つであるが，本答申はその後の日本における人口政策展開の方向づけとなったといってよい。本答申は「特別委員及起草委員の間に於ても種々の議論ありたるものにして，且本問題が一度成文の答申として，社会に公表せらるるに至らば其の影響する所大なるべきのみならず，誤解を招くの処又少なからざるべきに依り，特別委員及起草小委員の会合を重ぬることも最も多く，特に慎重に討議せられた」[人口食糧問題調査会 1930：117-118] と述べられているように，その社会的影響を考慮してとりわけ慎重に討議されたものである。その表題には「人口統制」という言葉が用いられているが，それは以下のような意図による。

所謂産児制限と異なり必ずしも人口数の制限を意味するものに非ずして，死亡率の

図表8-1　答申「人口統制に関する諸方策」

答申「人口統制に関する諸方策」
　人口の民勢的状態健全なる場合に在りても之に統制を加ふるに非ざれば国力の発展，産業の振興は其の万全を期するを得ず。之を我国人口の動態に徴するに死亡率甚だ高くして未だ其の低減の傾向を認むること能はず。而も出生率更に著しく高くして其の結果人口の自然増加の率は高率を示し所謂多産多死の畸形態に属す。此の状態は大都市に比し地方農村に於て甚しく，又一般に生活程度低き社会に於て然るを見る。殊に乳児幼少年及成年の死亡率高く為に国民の平均余命短く生産年齢に於ける人口の割合他国に比し少く，就中青年女子の死亡率男子に比して高率を示すは誠に寒心に堪へざる所なり。上述の状態を改善して数及質の上に於て健全なる人口状態を実現するは我国人口問題解決上一日を緩うするを得ざる最緊要のことに属す。
　以上の見地より人口対策上緊急実施を要すと認むるもの左の如し。
　1．社会衛生の発達，国民保健の向上を図り，特に結核防止に努めること。
　2．地方農村並に都市労働者住居地域等における衛生保健施設に特に力を致すこと。
　3．女子体育の奨励，女子栄養の改善を図ること。
　4．保健衛生上の見地より女子職業に関する指導を行うこと。
　5．女子及幼少者の労働保護並に幼年者酷使の防止に遺憾なからしむること。
　6．母性保護及児童保育に関する一般的社会施設を促成すること。
　7．結婚，出産，避妊に関する医事上の相談に応ずる為適当なる施設を為すこと。
　8．避妊の手段に供する器具薬品等の頒布，販売，広告等に関する不正行為の取り締まりを励行すること。
　9．優生学的見地よりする諸施設に関する調査研究を為すこと。

［人口食糧問題調査会 1930］より筆者作成。

低減，平均寿命の延長等の積極的意義をも包含し，且単に人口数の問題のみならず，優生学的見地よりする人口の質の向上をも意図するものなり。即ち本答申前文の示すが如く，数及質の上に於て健全なる人口状態を実現せしめんとする方策を一括して，人口統制に関する諸方策と謂ひたるものなり。　　　　［人口食糧問題調査会 1930：118］

　答申の内容をみれば，そこで提起されている人口政策の枠組みは〈量〉の問題というよりは，〈質〉の問題を強く意識したものとなっている。人口問題の把握において人口の質，さらには生活の質といった次元に焦点が当てられることは，その解決策が人口政策から社会政策という領域へと拡大する可能性を示唆している。人口の〈質〉という概念の解釈にはかなりの幅が認められ，その解釈に応じる形で質的な意味での人口問題に接近しようとすると，人口政策だけでなく社会政策とも関わりをもつのである。本答申には，その〈質〉的な問

題に対する配慮がうかがえるという意味で，戦後への連続性を考えたとき重要な意味をもつことになる。

　以上，決議と答申に関する2つを取り上げたが，次節では答申につながった「人口統制に関する諸方策」の審議過程にとりわけ注目し，そこに人口資質の解釈をめぐる重要な論点を見出したい。その意図するところは，後に明らかになるであろう。

3　「人口資質」の解釈をめぐって——永井亨と永井潜

　「人口統制に関する諸方策」の審議過程をみると，当初「人口資質」の解釈をめぐっては委員の間で相当な開きが認められた。本答申作成のために指名された小委員は永井亨，永井潜，福田徳三の3名であったが，そのうちの両永井は，優生学的な見地からの産児制限に対して，対照的な態度を示していた。永井亨が政策としての産児制限に対して慎重な姿勢を示していたのに対して，永井潜は優生学的根拠による産児制限，さらには断種の必要性を強く訴えていたのである。それは，単に人口政策としてのそれらに対して肯定的か否定的かという態度だけではなく，「人口資質」に対する解釈の違いでもあった。その違いは，永井潜が人種改良を実現する「優生政策的人口政策」を主張するのに対して，永井亨は「社会政策的人口政策」を主張したとして捉えることもできる。

　永井潜は，優生論者として「民族衛生」の観点から断種法の制定を強く訴え続けた人物として知られている。1920年代の日本は，単に断種法の制定を訴えるという意味での優生運動だけでなく，優生学的言説が広がった時期である。それは環境改善運動，産児調節運動といった形態としても現れたが，当時永井潜は「逆淘汰」の原因になりかねないそれらの活動と自身の主張が混同されることを嫌っており，以下のように述べている。

　　産児制限なるものの根本的欠陥は何処にあるかといえば，それは単に数を顧みて質を忘れていることである。単に頭数を減らせばよい，生産を人為的に制限しさえすればそれで以て総ての解決が出来ると考えている点に過誤が潜んでいるのである。之に反して正しき産児制限においては数を顧みると同時に質を考えることを忘れない。言

葉を換えて申せば遺伝学の知識により優生学の運動に従って，この大なる問題を解決しようとするのであります。殊に我日本の如く国土の縮小であり十分なる考慮を払って，優秀なる性質の者が数多く殖え劣悪なる素質の者の増殖を防止するという方針をもって，この重大なる問題を解決すべき方策を立てなければならぬと思うのであります。(下線－引用者)　　　　　　　　　　　　　　　　　　［永井潜 1928：44-45］

「優秀な性質の者が数多く殖え劣悪な素質の者の増殖を防止する」という純粋な優生政策に基づいた人口政策を主張するのが，いわば永井潜の「優生政策的人口政策」であった。それに対して，「社会政策的人口政策」論者ともいえる永井亨は，人口政策として産児調節および産児統制のみを追求することに慎重な態度を示し，それとあいまっての育児保全に関わる政策の重要性を以下のように主張している。

　産児制限を実行上の問題として又人口対策として見るときには考慮を要する幾多の案件が横たはつて問題はそこにある。(中略)国家が産児制限についていかなる態度をとるべきかであるが，(中略)国家や公共団体の任務としては産児制限よりも育児保全に関する社会的施設に力を致すべきであるが，しかし産児制限の手段用具についての取締を行ひ有害又は無効のそれが頒布せざらんことに意を用ふ間接に指導の任に当るべきことは少なくとも今日の国家が負うべき責任であろう。一般国民就中無産階級の人々に向かつて産児制限と育児保全とに関する誤らざる知識を普及することは社会の負ふべき責任であろう。要するに産児制限の問題は育児保全のそれと相俟つて社会の組織，国民の理知いかんにかかる問題である。我国の今日の如く多産多死の現象を呈するのは社会の組織が発達せず国民の理知が発展していないからである。社会は国民をして育児の責任を完うせしむべくその組織を改革し，国民は社会に対して育児の責任を完うすべくその理知を向上しなければならぬ。遺憾ながら育児の責任が完うし得られない限りはその限度において産児の制限を行ふ必要がある。が，恐らく国民は実際において育児の責任を完うせんがために産児の制限を行ふに至るであろう。
(下線－引用者)　　　　　　　　　　　　　　　　　　　　　［永井亨 1929：414-422］

この両永井の主張――人口統制をめぐる「優生政策的見地」と「社会政策的見地」――は，答申「人口統制に関する諸方策」の審議過程で交錯することになる。人口部会議日誌として会議の日程と審議事項が記されている『人口食糧問題調査会要覧』(1931年)と，それぞれの議事が記されている『人口食糧問題調査会人口部答申説明』(1930年)とあわせて整理すると，**図表8-2**のように

図表8-2　人口部会議日程およびその審議事項（「人口統制に関する諸方策」に関するもののみ）

年月日	審議事項
1928年7月13日 (特別委員会)	優生運動・産児制限問題について，（一）優生学的見地よりある種の法律的制限あるいは宣伝による制限をなすことの是非，（二）産児制限を人口問題として提唱すべきかどうか，（三）産児制限是非の根本問題には触れずとも現在の産児制限の相談所販売器具薬品等について取締を加える必要があるかどうか，の三点について審議することとなり，特別委員長より永井（亨），永井（潜），福田の三委員が小委員に指名され，更に議論を進めることになった。長岡，下村小委員は随時出席することに決定。
10月30日 (小委員会)	「人口調節に関する方策」と題する永井亨の私案について意見を交換し，次回迄に各小委員は独自の案を作成することの申合わせをなす。 ※永井亨委員の私案「人口調節に関する方策」 産児統制による人口調節は人口問題の解決上消極的対策たるに過ぎざるのみならず，動もすれば目前の弊害を伴ひ将来に禍根を胎す処なしとせずと雖も，我国人口の多産多死多婚多婚の現状に鑑み其の質量に統制を加へることは当面緊要の対策たるを失はずと認む，其の方策の重なるもの左の如し 一，我国人口の死亡率は他国に比較して一般に甚だ高率なるのみならず，未だ其低減の傾向顕著ならざるを以て之が低減を期すべく，国民保健及社会衛生の発達普及に努むること。 二，我国人口の女子死亡率は，男子死亡率に対照して更に一層高率なるを免れざるを以て，之が低減を期すべく女子の体育職業に一層の注意を払ふこと。 三，我国人口の出生率甚だ高く，従って死産率及嬰児死亡率の甚だ高きこと他国に多くの比類を見ざるを以て，之が低減を期すべく産婦保護及育児保全に関する社会的施設に力を致すこと。 四，国家は産児統制の手段に供する器具薬品等の取締を行ひ，之に伴ふ弊害防止の方途を講じ，間接に之が指導に任ずる実を挙ぐること。 五，優生学的見地よりする産児統制乃至遺伝統制は，国民保健の向上並一国生産力の発展上に資する所多かるべきを以て，之が調査研究を奨励すること。 六，我国人口の死亡率甚だ高率なるに拘らず，出生率更に高率な為に人口増加率の高率なること他国に多くの類例を見ざる所以を国民に周知せしむること。 七，我国人口の婚姻率甚だ高率にして離婚率甚だ高率なるを免れざること，他国に事例乏しき所以を国民に周知せしむること。 八，我国人口の体性別構成は均衡を得たり雖も，其の年齢構成は必ずしも常態ならず，幼年者人口甚だ多くして所謂生産年齢者人口の割合他国に比較して少きに失する所以を国民に周知せしむること。 九，人口増加率の一高一低は何ら直接過剰人口の有無増減を意味するものにあらず，特に人口増加の一般的傾向に周期的，回帰的変動の伴ふことは我国人口の増加率に徴して顕著なる所以を国民に周知せしむること。 十，所謂一家二児制の如き慣行は，人口過少の結果を招き民族衰退の運命に陥る処あるべき所以を国民に周知せしむること。

| 12月7日
(小委員会) | 「優生問題に関する答申案」と題する永井潜の私案と前回の永井亨の私案に付いて協議。その意見をもとに福田委員が総合案を作り次回提出することとなる。
※永井潜委員の私案「優生問題に関する答申案」
国家の隆昌，社会の安寧は，一に懸つて優秀なる国民の双肩に在り。されば，人口問題は，単に数の問題たるのみならず，又実に質の問題たらざるべからず。体質強健にして，精神卓抜せる多くの民衆を有する国家は，期せずして必ず栄え，之に反して，国民の心身劣弱にして，元気頽廃せんか，たとえ其数如何に多しと雖，前途知るべきのみ。其意味において，優生学は，人口問題と最も密接なる関連を有す。
良果を獲んと欲せば，先ず良種を選ばざるべからず。優生学の基調をなりものは，輓近遺伝学の長足の進歩なり。人類の遺伝も亦一般遺伝の理法に従ふものたる以上，内的種性の改善と，外的環境の改良とは，恰も鳥の両翼の如く，両々相待つて始めて完全なる結果を挙ぐべきものたることは，識者を待たずして自ら明かなりとす。而かも此の両者の中，何れを重んずべきかと云へば，種性の改善なりと断言するを憚からず。何となれば，環境の改良によつて恵まれたる影響は，之を後代に遺伝すること能はざるに反して，種性の改善によりて起りし好結果は，世々代々，之を子孫に伝へて其の徳沢を享け得るを以てなり。
凡そ優生学の力めんとする所は，二つとなす。其一は優種の繁殖を保護することにして，是れ即ち積極的優生学なり。其二は劣種の増殖を制限することにして，是れ即ち消極的優生学に属す。而して其徹底的遂行は，是を教育による国民の優生学的自覚に待つと共に国家は，須く自己将来の後継者の為に永遠の策を立て，機宜に応じて喫緊の施設をなし，又適切なる法規を制定するの覚悟なかるべからず。是れ即ち個人的産児制限に対して国家的産児調節と云ふを得べし。
今優生学の見地より，本邦人口問題に関して緊急なりと認むるものを挙ぐれば，凡そ左の如し。
第一，基礎的調査
民族衛生に関する調査宣伝機関の設立
其の目的とする所は，遺伝学上より，民族に於ける一般的素質の調査（向上の傾向ありや将た変質の患ありや等等）特殊の素質（例へば天才精神病其の他病的素質等等）の調査。病毒其の他（花柳病アルコール等等）による遺伝質の侵害，結婚年齢，産児制限の得失に関する研究等を行ひ，優生学の基礎を築くと共に，其の知識の普及宣伝に力を尽くし，以て民衆に優生学的の自覚を促すこと，且つ又，広く人口問題に関して国民の注意を喚起すべく力むるに在り。［註］民族衛生研究機関設置に関する建議案は大正十年五月二十七日学術研究会議より時の総理大臣原敬氏に提出せられたり。
第二，実行的施設
［甲］民族素質の改善に関する施設
（1）結婚及び産児相談所の設置
結婚に関して，健康上より，性的関係より，優生学上より，果して幸福なる配偶者たり父母たり得るか否か等に就きて，信頼すべき相談を受け，更に進んでは，一般性的問題（性の教育，性病の予防，結婚生活の衛生等等）に関して，指導をなし，或は必要に応じて結婚健康証を，授産児に関しては，子なき者の悩を除去すべく受胎の道を講ずること，或は医学的優生学的見地より，合法的の妊娠中絶を行ひ，乃至避妊法を教ゆること等等。
（2）母性保護及び児童保護に関する施設
妊婦の休養。母性保健。乳児保育に関する巡回講習等等。
［乙］法規の制定
（1）結婚に関して健康証明書を必要とする法規の制定。
（2）合理的避妊，乃至妊娠中絶，乃至絶種的手術を必要に応じて認容する法規の制定。
（3）不合理なる避妊法（不良なる産児相談所。器具，薬品等の広告及び販売等）を取締る法規の制定。 |

| 12月19日
(小委員会) | 福田委員起草の総合案「人口統制に関する諸方策」について審議。その結果多大の修正を施すに至り、この修正案は次回の特別委員会に提出することを申し合せた。
※福田委員起草の総合案「人口統制に関する諸方策」
一国人口増減の趨勢は自然不可抗的条件にして、人口問題の解決は唯だ国力の発展又は産業の振興によりて之を期す可し、別に人口の統制を目的とする人口政策の存在を許す余地なしとするは、現成の事実を無視する空論にして、同時に往々にして原因と結果とを顛倒するの謗を免れざる見解なり、他方現在の社会組織は必然に過剰人口を現出す可き約束の下に在るものにして、此の社会組織の下に於て人口の統制を図るは無用の長事なりとするも亦極端の見解にして、一部の減少を取て直ちに普遍的現象と認むるの誤謬に陥れるものなり。
人口の民勢的状態健全なる諸国に在りても猶ほ数量の上に於て統制を加ふるにあらざれば、国力の発展、産業の振興に於て其の萬全を期するを得ざるは古今東西の史実の明に示す所なり。況んや我邦現在の人口自然増加は死亡率著しく高きに拘らず、出生率更に高きによりて高率を支持するものにして、所謂多産多死の畸形態に属し、これが数量的統制の必要あることは多言を俟たざる所なり。此の畸形態を改善して、出生率必ずしも高からず而も死亡率更に遙かに低きによりて、自然増加率緊要の事に属す。而して此の数量的統制を有効ならしむる為には、優境、優生学の立場より人口の質に於ける改善向上を図ることを怠る可らず。
以上の見地より人口対策上緊急実施を要すと認むるもの左の如し。
(一) 我邦人口の民勢的構成に関し、国民に正しき理解を得せしめ其の自発的努力により根本的改善を図ること国民に周知せしむる急ある事項粗ぼ左の如し。
　(イ) 我邦人口の死亡率は他国に比し一般に甚だ高く、而して其の低減の傾向は未だ認む可からず、国民は其の自発的努力によりて鋭意其の根本的低減を念とすべきこと。
　(ロ) 我国の女子死亡率就註青年女子死亡率は青年男子死亡率に比し著しく高きは寒心す可きことなること。
　(ハ) 我国人口の出生率甚だ高く而してこれに伴ひ死産率及嬰児死亡率著しく高きこと他国に比類を見ざるは、国民経済発展上極めて不利なること。
　(ニ) 我国人口自然増加率の高きは死亡率甚だ高きに拘らず、出生率更に著しく高きが為にして其の構成の状態甚だ不健全なること。
　(ホ) 我邦幼年者死亡率甚だ高く従て人口の年齢別構成に於て幼年人口に比し生産年齢人口比較的少きは、国民経済生産力の基礎堅固なる所以にあらざること。
(二) 死亡率の根本の低減を図る左の諸施設を為すこと。
　(イ) 国民保健、社会衛生の徹底的発達普及。
　(ロ) 女子事に少年及青年女子の体育の奨励発達、女子生活の改善及女子栄養の改善の促成。
　(ハ) 女子職業に関し保健衛生上周到なる調査を遂げ、其の選択の標準を示すこと。
　(ニ) 職業女子の就業上の保健衛生に関する保護、取締を励行すること、就註鉱山、工場、商店等に於ける職業女子に対する労働保護を徹底的に行ふこと。
　(ホ) 母性保護、産婦及産児の保全保育に関する施設をなすこと。
　(ヘ) 児童保全の施設を促成し、幼年者虐待を厳罰し、幼年労働者に関する保護諸規定を根本的に励行すること。
(三) 出生率統制の為め左の諸施設をなすこと。
　(イ) 産児制限に関し指導的任務を有する機関を設置すること。
　(ロ) 不合理及不合法なる産児制限の取締を励行すること。
　(ハ) 民勢学的及優境、優生学の見地より見たる合理的出産統制の諸手段（例へば緊急の必要あるものに対する妊娠中絶、絶種的手術等）に関する適当なる法規の改善並に制定。 |

	（ニ）　結婚に関し健康証明書を必要とする法規制定の当否を調査し，其の必要を認むるに於ては之に要する法規の制定． 以上の方針に基き急設を要する機関左の如し． 　（一）　人口統計に学理的基礎を与ふる為，民勢学的調査研究と，優境，優生学的調査研究とを合せ行ふ可き国立人口問題調査所． 　（二）　結婚及産児相談所． 其の主として行ふ可き事項左の如し． 　　（イ）　結婚に関し，健康上，性的関係上優生学上より結婚適否に関し助言を与ふること． 　　（ロ）　一般性的問題（性の教育，性病の予防，結婚生活の衛生等）に関し指導を与へ，必要に応じて結婚健康証を授与すること． 　　（ハ）　産児に関し子なき者の悩を除去すべく受胎の道を講じ，又一般社会的医学的優生学的見地より必要と認むる合法的妊娠中絶又は避妊法を指示すること． 　（三）　妊婦の休養，乳児保育等に関し助言を与ふる母性保護相談所． 　（四）　母性保険，出産保険制度． 　（五）　児童保護，児童適性の相談，職業児童保護及相談を行ふ可き児童保護相談所．
1929年1月18日 （小委員会）	特別委員会に先立ち，福田委員の修正案について再議．意見を交換し，若干の修正を施して特別委員会に臨むことになった． ※福田委員の修正案「人口統制に関する諸方策」 　人口の民勢の状態健全なる場合に在りても之に統制を加ふるに非されば国力の発展，産業の振興は其の萬全を期するを得ず，況んや我邦現在の人口自然増加は死亡率他国に比し甚だ高くして，未だ其の低減の傾向を認むること能はず．然るに出生率更に著しく高き結果高率（此の高率は経済的下層社会に於て最も甚し）を支持するものにして，所謂多産多死の畸形態に属す，殊に乳児幼年及青年の死亡率高く，為めに国民の平均余命短かく生産年齢期に於ける人口の他国に比し少きのみならず，青年女子の死亡率男子に比して高率を示すは誠に寒心に堪えざる所なり．此の状態を改善して健全なる人口状態を実現するは我邦人口問題解決一日を緩するを得ざる際緊要のことに属す，此れが為には啻に人口の数量的統制を図るのみならず，同時に其の質に於ける改善向上を期することを怠るべからず． 　以上の見地より人口対策上緊急実施を要すと認むるもの左の如し． 　（イ）　国民保健，社会衛生の普及発達を図り特に結核の防止に努むること． 　（ロ）　女子体躯の奨励，女子生活及栄養の改善を図ること． 　（ハ）　保健衛生上の見地より女子職業に関する指導を行ふこと． 　（ニ）　女子及幼少年労働者保護に関する法規を励行し特に幼年者虐使の取締を厳にすること． 　（ホ）　母性保護及児童保育に関する一般的社会施設を促成すると共に結婚妊娠防止並に乳幼児保育に関する相談に応ぜしむる為適当なる施設を講ずること． 　（ヘ）　遺伝的悪疾を有する者其の他社会的衛生的見地より必要ある者に対する妊娠防止中絶及絶種の手術を認容するの途を講ずること． 　（ト）　妊娠防止の手段に供する器具薬品等の頒布販売広告等に関する取締を励行すること． 　（チ）　結婚に方り健康証明書を交換するの風習を助長すること．
同上 （特別委員会）	福田委員の再修正案「人口統制に関する諸方策」について経過報告をなし，意見を交換したが決定するに至らず．近く，再度特別委員会を開くことになった． ※福田委員の再修正案「人口統制に関する諸方策」 　人口民勢の状態健全なる場合に在りても之に統制を加ふるに非されば国力の発展，産業の振興は其の萬全を期するを得ず，之を我邦人口の動態に徴するに死亡率甚

	だ高くして，未だ其の低減の傾向を認むること能はず，然も出生率更に著しく高くして其の結果人口の自然増加率は高率を示し，所謂多産多死の畸形態に属す，殊に乳児幼少年及青年の死亡率高く為に国民の平均余命短く，生産年齢期に於ける人口の他国に比し少く，就中青年女子の死亡率男子に比して高率を示するは誠に寒心に堪えざる所なり．此の状態を改善して健全なる人口状態を実現するは我が国人口問題解決上一日を緩するを得ざる最緊要の事に属す．此れが為には啻に人口の数量的統制を図るのみならず，同時に其の質に於ける改善向上を期することを怠るべからず． 　以上の見地より人口対策上緊急実施を要すと認むるもの左の如し． （イ）社会衛生の普及発達国民保健の向上を図り特に結核防止に努むること． （ロ）女子体育の奨励，女子生活及影響の改善を図ること． （ハ）保健衛生上の見地より女子職業に関する指導を行ふこと． （ニ）女子及幼少年労働者保護に関する法規を励行し，特に幼年者虐使の取締を厳にすること． （ホ）母性保護及児童保育に関する一般的社会施設を促進すること． （ヘ）結婚，避妊並に乳幼児保育に関する相談に応ずる為適当なる施設を為すこと． （ト）遺伝的悪疾を有する者其他社会的衛生的見地より必要ある者に対する避妊，妊娠中絶及絶種の手術を認容する法規を定むること． （チ）避妊の手段に供する器具薬品等の頒布販売広告等に関する不正行為の取締を励行すること． （リ）結婚当事者間に健康証明書を交換するの風習を助長すること．
1月25日 （特別委員会）	前回審議未了の人口統制方策に付いて審議をなし，前回における未決定事項を確定可決．案文を整理して人口部長に報告することとなる． ※前掲の答申「人口統制に関する諸方策」

［人口食糧問題調査会 1930：33-58；1931：79-80］より筆者作成．

なる．

　このように，審議は対照的な両永井の私案を受けて，福田が調整案を作成してそれに修正を重ねるという形で進められた．人口資質をどのように考えるかの違いともいえる両永井の私案と，最終決定された答申の内容を比較対照すれば，永井亨の見解（＝「社会政策的見地」）に近いものとなっている[4]．すでに触れたように，人口の質的な問題はそこに生活の質という観点を含むことによって社会政策が関わりをもつことになる．あくまで答申という形であったとはいえ，本答申をもって人口資質の社会政策的解釈が確立されたといっても過言ではない[5]．その意味で，永井亨の主張がもつ意義はきわめて大きかったというべきである．

　ただし，本答申には「優生学的見地よりする諸施設に関する調査研究を為すこと」という項目として優生学的解釈も織り込まれることになった．永井亨も，

その即導入という点では永井潜と対照的ともいうべき慎重な態度を示したものの，今後の検討課題として優生学的政策をめぐる調査研究の必要性を認めていたのである。だとすれば，ここに「優生学的見地」をも含む人口政策の本格的な検討が始まったことになり，その意味で本答申の審議過程は人口政策における社会政策路線と優生政策路線の融合というべき部分を有していた。人口食糧問題調査会は1930年4月でその設置期間を終えたが，先にも触れたように人口問題に関わる調査研究の仕事は，その後1933年に設置された人口問題研究会に引き継がれている。当研究会の調査研究事業は，優生政策的な見地をも含める形で，社会政策的路線に沿った人口問題研究がその方針とされたのである[6]。ところが，当研究会が発足して間もなく，戦時体制へと時代の流れが大きく変わることになった。人口政策は軍部主導のもと，敗戦に至るまでの間いわゆる「産めよ殖えよ」が方向づけられ，強化されていく[7]。

一般に1941年の「人口政策確立要綱」がその指針になったとされるが，1937年の母子保護法，1938年の厚生省設置，1939年の人口問題研究所の設置，1940年の国民体力法，国民優生法の形成は，いずれもその「産めよ殖えよ」の影響を受けている。そのなかで国民優生法は，永井潜がその中心であった日本民族衛生協会の断種法制定計画が，国家総動員体制を背景にその制度的基盤を得る形で実現したものである[8]［松原 1997：46］。その意味で，確かに優生学的見地を体現したものではあったが，その実際は人口増強策を支える厳格な中絶規制法として機能していたところがある［松原 2000：5］[9]。そのことにも現れているように，この間の人口政策は特異な状況で形成されたものとして配慮する必要があるだろう。

4　人口政策をめぐる戦後

戦争を経て，戦後再び過剰人口が問題として認識されるのは，主に敗戦による国民経済の突然の破綻に由来する。当時の状況について「未解決のままに取り残されていた戦前の人口問題は，食糧飢饉というような異常に原始的な姿をとって，戦後に再認識の機会をあたえたことになる」［人口問題審議会 1959：6］

と表現されたように，その背景はまったく異なるにせよ，戦前に生起した過剰人口問題が戦争を経て再登場するのである。人口問題研究会の戦前に果たした役割についてはすでに述べた通りであるが，当研究会は人口問題の調査研究および啓蒙宣伝機関として，さらには人口政策の決定主体として戦後も重要な役割を果たしていく。その戦後の活動に限っては先行研究があるものの，その戦前までさかのぼる系譜の重要性を正面から論じるものはほとんどない[10]。そこで本節では，終戦直後における人口政策立案をめぐる動きについて，戦前からの連続性の部分を意識するという観点から人口問題研究会の活動を眺めてみよう。

敗戦後，人口問題研究会は一時的に活動停止を余儀なくされている。しかし，その再建に力を尽くしたのは，前節でも取り上げた永井亨であった[11]［財団法人人口問題研究会 1983：63］。1946年（5月4日），当研究会に人口政策委員会が設置されるが，それは以下のような経緯による。

> 戦後人口問題の重要性に鑑み厚生省においては人口問題に関する各方面権威者の参集を求め，昭和21年1月30日同省内で人口問題懇談会を開催した。然るに同問題は複雑多岐に亘り慎重審議の要があるから継続的に委員会を設けてこれを研究せしめるべきであるという意向が強かったので，新たに人口問題研究会に人口政策委員会を設けその研究を継続することとなった。　　　　　　［財団法人人口問題研究会 1983：76］

本委員会は厚生省の人口問題懇談会[12]の要望に応えて設置されたものであり，その委員長には永井亨が選ばれ，「人口の収容力及び分布に関する部会」（第一部会）と「人口の資質及び統制に関する部会」（第二部会）で組織された[13]。

発足後間もなく，当委員会から「新人口政策基本方針に関する建議」（同年11月20日，図表8-3）が出されるが，これが戦後における人口問題研究会の活動再開となる。本建議は人口政策の指針として戦後はじめて示されたものであり[14]，「第一　産業の収容力に関する事項」「第二　出生調整に関する事項」「第三　死亡率低減に関する事項」「第四　優生政策に関する事項」という4つの項目からなっている。その内容をみれば明らかなように，ここで取り上げた内容（第二〜第四）は，戦前の人口食糧問題調査会から出された答申の1つ「人口統制に関する諸方策」（1929年）と見事に対応しており，それを具体化したものと

図表 8-3　新人口政策基本方針に関する建議

新人口政策基本方針に関する建議
(※「第一　産業の収容力に関する事項」は省略。第二以降，項目のみ。)
第二　出生調整に関する事項
　「ポツダム宣言」受諾の結果，極めて制限されたる経済的条件の下に，資源乏しく狭隘な国土に，多数の人口を維持しなければならなくなった我が国において，国民生活の窮迫は出生調節に対する要求を促すこと切なるものがある。もとより現在から近き将来にわたる我が国人口問題の解決に対して出生調節のもつ意義は決して大なるを期待しえない。速かに我が国経済再建の根本計画を樹立し，人口収容力の拡大を図り社会政策の強化拡充によって国民生活の実情に鑑みれば，好むと好まざるとにかかわらず，今後における出生調節の普及は必然の勢であるかの如く思われる。即ち出生調節に関し人口政策上特に留意すべき事項は概ね以下の如くである。
一．国民生活の現状に鑑み，出生は両親の希望に任せる原則を明らかにし，健全なる受胎調節を行うことはこれを個人の自由に任せ，受胎調節に関する健全なる宣伝及び教育の自由を確認するとともに適当なる指導機関の発達を図ること。
二．欧米諸国の事実に徴すれば，受胎調節の普及は人為的不妊及人為的妊娠中絶の普及と並行するものの如くである。人為的不妊及人為的妊娠中絶については慎重なる考慮を必要とする。
三．出生調節はややもすれば結婚に対する道徳的責任感を減退せしめ，性道徳の頽廃に誘う懼れなしとしない。ここに鑑み，道徳的観念の昂揚，特に性道徳の向上に努めること。又正しき性教育の普及徹底を図ること。
四．出生調節の普及は往々にして逆淘汰現象を随伴する懼れあるもって，社会的活動に貢献の少ない寧ろ障害となるような子孫を生むべき家族において出生減退が現われ，優秀なる資質の子孫を生むべき家族の両親の出生意欲を向上せしめるが如き方策をとる等，出生調節の普及による逆淘汰現象の発言を極力防止するとともに，更に積極的にこれを人口資質の向上に資せしめるよう努めること。但しその具体的方策に関しては幾多の極めて困難なる問題を包含するをもって別途慎重に考究を遂げることが必要である。
五．出生調節に関する保健上有害なる手段の普及を防止すること。
六．受胎調節に関する指導機関の普及発達を図るとともに不健全なる機関の蔓延を防止すること。
七．不健全なる多産の原因となる高き乳児死亡率の低下方策を強化徹底せしめること。
八．優生思想の普及徹底を図り現行優生政策の任意主義を強制主義に改める等優生政策の強化拡充を行うこと。
九．従来我が国において出生調節に関する調査研究の極めて乏しき事実に鑑み，これから調査研究の飛躍的強化拡充を図り，その結果に基き，出生調節の人口政策的指導に遺憾なきを期すること。
十．出生調節に関する政府の態度，政策等の発表は往々社会の甚だしき誤解を招く懼れあるをもって，この点慎重なる考慮を払うとともに真の趣旨徹底に努めること。

> 第三　死亡率低減に関する事項
> 　国民の健康を増進し死亡率を低減せしめることは文化国家たる資格の第一義的要件であるとともに人口政策の重要なる目的の一つであり，且つ又公衆衛生の向上を企図せる新憲法の趣旨に沿う所以である。これがためには公衆衛生及び医療に関する総合的組織網の整備拡充図るとともに，国民栄養の合理化，一般体育向上の奨励普及，齲歯の予防及び早期治療，花柳病，寄生虫病等に対する対策等，幾多の施策に努めなければならないが，就中現在我が国において最も緊急の対策樹立を必要とされている乳幼児死亡及び結核予防についてその重点的施策を次に列挙することとする。
> 　其の一　乳児死亡減少方策
> 　　一．健康成熟児の出産促進
> 　　二．乳児保健施設の拡充
> 　　三．乳幼児重要疾患による死亡減少施策
> 　　四．母子栄養施策の徹底
> 　　五．母子保健教育の徹底
> 　　六．乳幼児救済施策の拡充
> 　其の二　結核死亡率低減方策
> 第四　優生政策に関する事項
> 　国民の素質を改善する必要はいかなる時代においても変るものではない。況や文化国家建設を目途としている我が国において又出生調節普及過程における逆淘汰現象に直面している現在，優生政策は益々その重要性を加えたものというべきである。而して現在直ちに採るべき方策としては次にあげる如きものがある。
> 　一．強制断種規定の実施
> 　二．国民優生法の改正
> 　三．優秀素質者の教育費全額国庫負担及び育英制度の拡大強化，優秀な素質をもっている青少年は国家がその教育費を全額負担し，また，育英制度を拡大強化して多額の教育費を補助し，もって優秀健全な人口を保持するよう努めること。
> 　四．優生指導機関の設置拡充を図り，結婚指導その他優生指導の徹底を期すること。
> 　五．優生学に関する知識及び優生思想の普及
> 　六．優生問題に関する総合的調査研究の拡充を図ること。

［財団法人人口問題研究会 1983：68-75］より筆者作成。

いってよいほどその枠組みが酷似している。その意味では，ここに戦前と戦後の連続性の重要な一面を見出すことができるといってよいだろう。

　その後1951年に改組再発足するまで，人口問題研究会の目立った活動は記録されていないが，当建議における4項目のなかで，第二の出生調整に関する事項と第四の優生政策に関する事項が，まず戦後の人口政策として体現されることになった。具体的にそれは「優生保護法」の成立と「薬事法」の改正による

図表8-4 標準化人口動態率の推移 (%)

年　次	1925	1930	1937	1938	1939	1940	1947	1948	1949	1950	1951	1952
出生率	35.27	32.35	29.77	26.02	25.37	27.74	30.87	30.05	29.83	25.47	22.76	20.85
死亡率	20.24	18.17	17.35	17.99	18.22	16.80	15.40	12.37	11.94	11.03	9.93	8.91
自然増加率	15.03	14.18	12.42	8.03	7.15	10.94	15.47	17.68	17.89	14.44	12.83	11.94
年　次	1953	1954	1955	1956	1957	1958	1959	1960	1961	1962	1963	1964
出生率	18.96	17.53	16.88	15.91	14.69	15.27	14.90	14.69	14.31	14.34	14.52	14.88
死亡率	8.88	8.19	7.70	7.89	8.04	7.18	7.05	7.02	6.74	6.67	6.12	5.94
自然増加率	10.08	9.34	9.18	8.02	6.65	8.09	7.85	7.67	7.57	7.67	8.40	8.94

＊人口動態統計に基づき，1930年全国人口を標準として算定。戦前は沖縄県を含み，率算出の基礎人口は総人口を用いている。ただし，1947年以降の基礎人口は日本人のみで，かつ沖縄県を含まない。
［舘・黒田 1969：118］をもとに筆者作成。

ものである。先にも述べたように，戦後間もなくの日本は国民経済の突然の破綻とともに復員やベビーブームによって人口が急増し，深刻な形で過剰人口問題が現れたため，当時生存の最低限を維持するための堕胎（＝「やみ堕胎」）がまん延していた（図表8-4）。そのような状況で1948年に成立した「優生保護法」は，国民優生法の優生政策的趣旨を継承発展するとともに，「やみ堕胎」が母親の健康，ときには生命をも脅かしている実情に鑑みて，母性保護その他の社会的諸見地から人工妊娠中絶を合法的に行いうる範囲を大幅に拡大したものであった[15]［人口問題審議会 1959：71］。同年の「薬事法」改正も，それまで禁止されていた避妊薬の製造，販売，広告を認めたものとして，過剰人口問題に対処するものであった[16]［財団法人人口問題研究会 1975：9］。

ところが，人工妊娠中絶による母体障害が多く報告されたことによって，まもなく人工妊娠中絶自体が政治問題化することにつながった（図表8-5）。その解決を図るべく，1949年には人口問題審議会（内閣）が設置され，同年6月に当審議会から出された建議案には[17]「人口増加を防ぎ，健康にして文化的な生活を実現するために，産児調節を政府が指導すべきである」と記されている。さらに1951年10月には受胎調節普及に関する閣議了解事項が決定されるが，これが1つの転機となって，人工妊娠中絶を健全な受胎調節に切り替えていくこと，そしてそれが人口政策としてではなく，母性保護の見地からする母子保護政策

図表 8-5　人工妊娠中絶および不妊手術の登録件数

(a) 人工妊娠中絶

	実　数 (単位1,000)	同年出生数に 対する割合 (%)
1949年	246	9
1950	489	21
1951	638	30
1952	806	40
1953	1,068	57
1954	1,143	65
1955	1,170	68
1956	1,159	70
1957	1,122	72

(b) 不妊手術

	男女計	男	女
1949年	5,695	78	5,617
1950	11,403	130	11,273
1951	16,233	239	15,994
1952	22,424	389	22,035
1953	32,552	641	31,911
1954	38,056	957	37,099
1955	43,255	1,528	41,727
1956	44,485	1,774	42,711
1957	44,400	1,864	42,536

備考：1　厚生省調
　　　2　人工妊娠中絶は普通の動態統計では妊娠4ヶ月以上のものについてのみ公表されているが，本表の数字は4ヶ月未満のものも含む全件数である。なお，1952（昭和27）年の中絶件数の数字は記録に不備があって正確を期しがたい。
　　　3　不妊手術は優生保護法第三条で優生手術とよばれているものである。なお，1949（昭和24）年の手術件数は別種の記録があって確定しがたい。ただし差は僅少である。
出所：［人口問題審議会 1959：72］

として行うことが決定された[18]［財団法人人口問題研究会 1983：91］。

　この方向転換と重なる形で，1953年に新たな人口問題審議会（厚生省）が設置される。また同年には，人口問題研究会に新たな組織，人口対策委員会が設置されるが，それは人口問題審議会の建議案作成を，当研究会が担うことになったためである。人口対策委員会は1954年，1955年，1956年，さらに1962年，1965年，1966年，1968年，1969年と開かれたが，その都度政府への建議案を作成し，人口問題審議会の検討資料を提出していった。当委員会の設置以降，日本の人口政策立案においては「人口問題研究所が研究資料を作り，それを基に人口対策委員会が検討議論し，そこで作成された原案を人口問題審議会に提出して討議の末，最終的な決議文を作って政府へ提出する」というやり方がとられたのである。この人口問題研究所－人口問題研究会－人口問題審議会の関係は，永井によって「人口問題に関する三位一体論」と呼ばれ，1953年にそれが

図表8-6　永井亨の略歴[19]

年月	事項	年月	事項
1878年12月	東京市本所区石原町に生まれる	1928年5月	明治学院講師
1903年7月	東京帝国大学法科卒	1930年4月	巣鴨高等商業学校講師
1903年7月	任農商務属	1930年4月	専修大学講師
1905年5月	任農務省参事官，叙高等官7等	1933年10月	(財)人口問題研究会理事
1907年9月	任鉱山監督局事務官，庶務課長	1940年4月	厚生省人口問題研究所参与
1910年4月	任農商務省書記官，叙高等官5等	1946年5月	(財)人口問題研究会常任理事
		1947年10月	(財)鉄道弘済会顧問
1912年3月	任鉄道院参事，叙高等官4等	1949年4月	中央労働学園大学長
1915年6月	任中部鉄道管理局経理課長	1949年6月	日本人口学会理事
1916年12月	任総裁官房保健課長	1951年4月	(財)人口問題研究会理事長
1918年10月	任鉄道院理事，経理局長	1953年10月	(財)家族計画連盟顧問
1919年5月	勲四等瑞宝章授与	1956年4月	(財)新生活運動協会理事，会長代理
1920年5月	任鉄道省経理局長		
1920年11月	旭日小綬章授与	1957年4月	日本人口学会会長
1921年7月	欧米各国へ出張	1957年12月	交通文化賞授与
※ 1920年10月より1926年6月まで (財)協調会常務理事，中央職業紹介所長		1958年3月	全日本教育父母会議顧問
		1959年4月	福祉社会研究会評議員
1922年9月	叙従四位	1960年9月	保健文化賞授与
1923年4月	日本大学講師	1960年10月	藍綬褒章授与
1924年2月	中央職業紹介委員（内務省）	1964年4月	勲2等瑞宝章授与，第1回生存者叙勲
1924年4月	日本女子大学講師		
1925年6月	経済学博士	1965年2月	福祉センター弘済館顧問
1925年10月	東京商科大学講師	1973年10月	物故（94歳）
1927年7月	人口食糧問題調査会臨時委員		

［財団法人人口問題研究会 1983：55］より筆者作成。

確立されて以降，この方式で人口政策の立案が進められていくことになる。[20]

このように，人口問題研究会は当会内に設置された人口政策委員会（1946年），人口対策委員会（1953年）としてある時期まで人口問題研究所，人口問題審議会とともに戦後の人口政策立案においてきわめて重要な役割を果たすことになった。前節でも取り上げた永井亨の果たした役割についても，これまで述べてきた組織との関わりでいえば人口問題研究会の理事長として人口政策委員会の委員長，人口対策委員会の委員，さらには1953年から1964年にわたって人口問題審議会の委員を務める等，わが国の人口政策立案の全体に及ぶものであった。[21]

図表8-7　人口問題に関する審議機関・組織等年譜

	政府の動き	人口問題研究所の動き	人口問題研究会の動き
1927年 ｜ 1930年	人口食糧問題調査会(内閣)		
1933年			財団法人人口問題研究会(設立)
1939年		人口問題研究所(開所)	
1946年	人口問題懇談会（厚生省）		人口政策委員会設置
1949年 ｜ 1950年	人口問題審議会（内閣）		
1953年	人口問題審議会（厚生省）		人口対策委員会設置

［財団法人人口問題研究会 1983：62；人口問題研究所 1989：83］より筆者作成。

5　むすびにかえて

　さて，本章では，人口政策の立案をめぐる動きについて，その戦前から戦後への経過を追いかけてきた。その過程を振り返れば，永井亨の存在は，全体を通じて繰り返し浮かび上がることになった。そのことは，人口政策をめぐる戦前と戦後の連続性を考えるうえにおいて，実に重要な意味をもったといってよいだろう。にもかかわらず，永井の存在は，特にその戦前期までさかのぼる「人口問題と社会政策」の系譜として，社会政策史や社会政策論史のなかに明確な形で位置づけられてこなかった。

　それについては，おそらく以下の事情が大きく影響しているものと思われる。何より，冒頭でも述べたように，日本で人口問題と社会政策の関わりが改めて注目されるようになったのは1990年代以降のことである。したがって，それに至るまで「人口問題と社会政策」の系譜をめぐっては長い間本格的な検討がな

されてこなかった。さらには，本章で論じてきた人口政策史が，1970年前後に1つの転機を迎えたことである。永井によって「人口問題に関する三位一体論」と呼ばれた人口政策立案体制「人口問題研究所－人口対策委員会－人口問題審議会の関係」は，1970年に政府の意向によって改められ，人口問題研究所の研究資料がただちに人口問題審議会へ送付されて審議されることになった。

その結果，人口問題研究会は従来の役割を外され，それ以降「政府との縁が薄れることになり，専ら民間団体，一般大衆へ向かっての啓発教育を行わざるをえなくなった」[財団法人人口問題研究会 1983：83] のである。これには，永井の人口問題審議会の任期が1964年で切れたことも1つの契機になっていたといってよい。さらに悪いことに，人口問題研究会の財政は1970年代に及んで行き詰まりをきたしていた。このように，人口問題研究会にとって，そして永井にとって不幸といわざるをえないいくつかの出来事が1970年前後に重なってしまったのである。このような事情は，今という時点から人口政策史を振り返ったとき，どうしても永井や人口問題研究会の影を薄れさせてしまうことになるのである。

1) 本調査会の意義について，これまで論じられてきたのは①（人口政策史の観点から）その存在が日本で最初の人口を主題とする政府機関であること，および②（優生政策史の観点から）その答申に優生政策の体現につながる課題が明記されたことにとどまる。①については，財団法人人口問題研究会編『人口情報昭和57年度版 人口問題研究会50年略史』財団法人人口問題研究会，1983年，②については，松原洋子「優生運動・解説」『性と生殖の人権問題資料集成第15巻』不二出版，2000年，等がある。

2) 財団法人という形にはなったものの，1949年までは主として政府の補助金によって運営されており，その意味では準政府機関であったとする見方もある［人口問題研究所 1989：81］。

3) 財団法人人口問題研究会が主催した人口問題全国協議会の第1回〜第7回の開催期間と，そこから出された答申および決議は以下の通りである。第1回：1937年11月4〜5日，「内務大臣の諮問（1937年11月4日）に対する答申」「国立人口研究機関設置の建議」，第2回：1938年10月29〜30日，「厚生大臣の諮問（1938年10月29日）に対する答申」「国立人口研究機関設置の建議」，第3回：1939年11月6〜7日，「厚生大臣の諮問（1939年11月6日）に対する答申，第4回：1940年11月14〜15日，「厚生大臣の諮問（1940年11月14日）に対する，国土計画研究機関の拡充を含む建議」，第5回：1941年11月14〜15日，「人口対策審議会（仮称）設置を含む建議」，第6回：1942年11月13〜14日，「民族人口政策と結婚促進に関する建議」，第7回（人口問題全国協議会「人口の都市配置に

関する継続委員会」）：1943年12月19日～12月27日，「人口の都市配置に関する建議」［人口問題研究所 1989：83］．

4）　これについては，永井（亨）が後に振り返って「福田徳三教授が私を支持してくれまして，大体私の考えた原案通りに議が進んだ」と述べている［日本交通協会 1955］．

5）　なお，永井亨の社会政策に関わる発言は，ここに始まったわけではない．人口食糧問題調査会（1927～1930年）の委員に加わる直前まで（1920～1926年），永井は協調会の常務理事を務めていた．その間，すでに『社会政策綱領』（1923年），『婦人問題研究』（1925年）といった著作を発表している［法政大学大原社会問題研究所 2004：35］．だとすれば，それまでの永井の社会政策論が人口政策をめぐる社会政策的な主張として，ここで現れ出たと考えるべきである．
　　また，その影響は人口食糧問題調査会（人口部）から出された答申にも見出せる．当会から人口問題対策として提起されたのが「内外移住方策」「労働の需給調節に関する方策」「内地以外諸地方に於ける人口対策」「人口統制に関する諸方策」「生産力増進に関する方策」「分配及消費に関する方策」であったが，その枠組みは人口政策と社会政策の関わり，あるいは人口政策としての社会政策の重要性を強く意識したものとなっている．そして，人口部から出されたすべての答申に関して，その作成から審議，決定に及ぶ過程に，小委員および原案作成者として関わったのは永井（亨）ただ1人であった．

6）　事業概要は，財団法人人口問題研究会，前掲書（1983年），34-35頁．また，1935年（第1巻第1号）から1944年（第6巻第4号）にかけて，当会から機関誌『人口問題』が発行されており，人口問題に関する調査研究，資料の紹介，書評等が発表されている．

7）　財団法人人口問題研究会から出された調査研究および答申の内容の一部にも，戦時人口政策の影響が見出せる．

8）　永井潜も，当初から評議員として財団法人人口問題研究会の役員に名を連ねていた．ただし，断種法の制定を実現すべく，それに精力を注いでいたようである．

9）　優生政策の展開に関しては本解説，および松原洋子「第5章 日本－戦後の優生保護法という名の断種法」米本昌平ほか『優生学と人間社会 生命科学の世紀はどこへ向かうのか』講談社，2000年，等に詳しい．

10）　戦後の財団法人人口問題研究会は，主に「新生活運動」との関わりで取り上げられる．それに関する先行研究としては，土屋敦「母子衛生戦略の中の優生思想―胎児を可視化するまなざしと障害児の出生を予防すること―」（東京大学大学院社会学専門分野修士論文）2003年，田間泰子『「近代家族」とボディ・ポリティクス』世界思想社，2006年，荻野美穂『「家族計画」への道―近代日本の生殖をめぐる政治―』岩波書店，2008年，等がある．

11）　当時の会長，佐々木行忠がパージになり，もう1人の常任理事であった井上雅二が亡くなったため，永井は「生き残った唯一の常任理事であった」という［永井亨 1959：3］．

12）　本会は「集まってみたものの，討議に必要な資料は殆どなく，なにひとつ具体的な結論は引き出せなかった」とされ，その成果は緊急を要する課題として以下の8項目が決定されるにとどまった［財団法人人口問題研究会 1975：4-5］．
　　（1）　人口動態の空白時代で，特に19年以降，出生率も死亡率も全く欠如しているから，速やかにそれらが回復する必要があり，また各種の仮定に基づく将来人口の

第8章　人口政策論の水脈を求めて　209

推計を行って，近い将来の人口動向を研究すること．
(2) 産業の現状を分析して，人口収容力拡大の見地から，その再建再編成の方途を研究すること．
(3) 国民所得，生活水準の現状とその向上に関する方策を研究すること．
(4) 戦争によって人口の地域的分布は混乱状態にあり，人口収容力の拡大を目途とする人口の地域的再分配方策を研究し，総合国土計画の一環としてこれが考究されるべきこと．
(5) 産児調節の普及に関する諸問題を検討すること，特に政府のこれに対する態度並びにこれを政策として取上げることの可否を検討すること．
(6) 第一次大戦後の悪性インフルエンザの世界的流行にかんがみ，現在，戦後的流行病発生の可能性があること，生活水準の低下による死亡率上昇の可能性が大であるから，速やかに死亡率改善の具体的方策を検討すること．
(7) 人口の質的向上は普遍の人口政策であり，戦後には国民資質の低下が起こるのが通例であり，且つ人口の量的増加が歓迎せられないから，人口の先天的，後天的資質の向上に関する具体的方策を検討すること．
(8) 海外移住については，現在は何ごとも表明すべき時期ではないが，人口政策の見地から，これを研究しておくこと．

13)　3節で取り上げた両永井（永井亨・永井潜）は，ともに第2部会の委員となった．
14)　ただし，財団法人人口問題研究会が戦前の会長制度を廃止し，理事長制度に変更する形で正式に再発足するのは1951年のことである．もっとも，永井亨自身は以下で取り上げる1953年の人口対策委員会設置をもって当研究会の戦後の活動の第一歩と位置づけている．
15)　本法の成立には戦前以来の産児調節運動家や医系議員が果たした役割も大きかったとされる［藤目 1997：358］．
16)　それまでも避妊薬は存在していたが，それは避妊薬としてではなく，性病予防薬の名称で売られていたという．
17)　当会の会長は戸田貞三で，永井が会長代理的な役割を果たしていたという［永井亨 1959：4］．当会からは「人口収容力に関する建議」「人口調整に関する建議」およびさらに強力な総合的委員会常設の要望がなされたが，翌年当会は廃止になった［人口問題研究所 1989：83］．
18)　この転換は，この時点で優生政策の文脈から母子保護政策が厳密に分岐するという意味で，日本の人口政策および社会政策の展開において重要な意味をもつというべきである．
19)　永井はここに記した以外にも，例えば社会道徳協会の会長，人口問題審議会の会長等も務めていたとされるが，在任の時期が特定できなかったため記していない．
20)　人口政策立案体制の確立の時期と平行して，日本の出生率は急激な低下傾向へと向かう．この時代の日本の出生動向について，社会政策の観点から言及したものとしては中川清の研究がある［中川・松村 1993；中川 2000］．
21)　本人によって語られたものとしてその客観性には欠けるが，永井は以下のように論じている．1953年厚生省に設置された人口問題審議会の「運営のことは私にまかせる，し

たがって審議会の委員をそろえることについても一つ協力してほしいということになり，それから私が財界の巨頭を説きまして，10人ばかり委員をつくってやったのであります．あとは言論界，官界方面の人が多いのですが，とにかく，こうして政府に審議会をつくり，その代わり運営のことは私にまかせる．したがって研究会が推薦した人を会長にしてもらいたいということになり，そこで研究会の創立以来，理事として関係していた下村海南博士を審議会の会長にしてもらいたいという希望を申し入れたのに対して，政府は承諾しまして，下村博士を会長にしたのであります．審議会は会長代理をおく職制になっており，その会長代理には私自身がなり，実際の審議会の運営のことは私にまかせるという了承がついたのであります」［永井亨 1959：4］．

第9章

永井亨と新生活運動

1 はじめに

　本章では，戦後の多産から少産への転換期と重なる1950年代半ば以降，企業レベルにおける家族計画普及の取り組みとして展開された新生活運動をそのテーマとする。確かに，日本で出生率の低下が問題として認識され始めてからの月日は相対的に浅く，近年における日本の家族政策や少子化対策をめぐる議論では，西欧先進諸国を引き合いに出して何かと後進的に論じられがちである。ところが，日本でも戦前までさかのぼる少子化論の系譜があり，また出生に関わる社会政策，および本章で取り上げる新生活運動のような独自の動きがあった。それを西欧由来の家族政策という概念で捉えられるかどうかは別にしても，日本独自の議論および政策展開があったことを重視すべきである。

　新生活運動そのものについては，すでにその内容や性格，およびその位置づけをテーマにした研究成果がいくつか存在しているので，ここで取り上げておこう。

　田間泰子は，その著『「近代家族」とボディ・ポリティクス』で新生活運動について詳細に論じている［田間 2006］。特に日本国有鉄道を例にその内容を分析し，家族計画運動が「健全な近代家族」をつくる計画であったことを指摘する。重田園江は「産児調節を軸とする戦後の一大運動といえる『新生活運動』は，現在の日本の人口構成や性と生殖に関わる人々の価値観・ふるまいを規定する一つの要素となっている」［重田 2000：36］とし，それが今日における「『できるだけ優れた子どもを少人数』という『成熟した少子化社会』における『普通の願望』へとつながっている」［重田 2000：42］という。また，柳井郁子は新生活運動の広がりをもって企業による家族管理を論じ，企業が「すでに

1950年代において労働者だけではなくその家庭をも管理の対象として位置づけ，妻の労働力再生産をいかに向上させるかに高い関心をもっていた」［柳井 2001：114］と論じている。荻野美穂は，新生活運動が「個人の幸福への希求と努力が国家および企業の利益とも矛盾することなく重なり合った」［荻野 2008：213］ものであり，その規模からしても「『家族計画の時代を』象徴する現象であった」［荻野 2008：213］と述べる。一方，加藤寿延は本質的に企業体の利害が優先されるものであり「高度成長期においては家族計画の面よりもむしろ企業の従業員とその家族に対する福祉対策的傾向が徐々に強化されて」［加藤 1970：36］いったことで，1960年代に入ると逆に新生活運動に対する積極さが失われたと指摘する。

　それに対して以下では，前章でも取り上げた永井亨の存在を鍵に，人口政策の史的展開，そして社会政策的な視点から本運動を捉えてみたい。近代以降の日本で人口を主題とする最初の政府機関ということになれば，1927年内閣に設置された人口食糧問題調査会までさかのぼる。当会は食糧部と人口部で組織されたが，その人口部から出された6つの答申によって当会の基本思想が打ち出されている。永井は早くも戦前から，社会政策との関わりで人口政策を説いており，以下で明らかになるように新生活運動は，その永井が戦前に説いていた「社会政策的人口政策」を体現したといえるものである。戦後日本の人口政策は，一見すると1948年の優生保護法に始まり，その枠組みで「人口資質の向上と母体保護」が企図されてきたとみなされがちである。確かに，直接出生に関わる政策として戦後貫かれてきたのは優生保護法（1996年には母体保護法に移行）であるが，それだけの把握では不十分であるというべきだろう。

　以下で明らかになるように，戦前から通してみると1950年あたりが日本の人口政策における1つの転機となる。人口政策の史的展開，さらには社会政策との関わりに注意を向けて本運動を捉えれば，日本の出生に関わる政策の独自性を考える重要な材料として，新生活運動が新たな意味をもちうるのは必至である。

2 永井亨の人口問題観

　まず，永井の人口問題観を明らかにするところから始めたい。永井は早くも戦前から，日本の人口政策立案に深く影響を与えてきた人物である。戦前は人口食糧問題調査会人口部の委員として，そこから出された答申の1つ「人口統制に関する諸方策」(1929年)の審議過程において優生政策の導入に慎重な態度を示すなど，その存在感を示してきた。

　その永井が，当初から主張してきたのが「社会政策的人口政策」である。それが具体的に示されたものとして，戦前に公表された人口問題に関わる著作を2つ紹介しよう。その1つが『日本人口論』(1929年)である。すでに述べたように，戦前の日本では過剰人口が問題として認識されていた。永井は日本における人口問題の発生について以下のように述べる。「我国の人口問題は先ずもって食糧問題となって国民の視野に入り，次には失業問題となってその面前に現はれ，更に移民問題となってその目睫に迫り，終わりに人口累増の事実が其ま〻過剰人口の問題となってその眼底に映じた」[2)][永井亨 1929：288]。つまり「我国の人口問題が現実の問題となり時代の問題となったのは最近数年間における人口の自然増加率や絶対増加数の累積にあつたと察せられる。更に国土及び耕地面積による人口密度それに結びついてそこに過剰人口が予断され人口問題が独断され，それが失業問題と結び移民問題より食糧問題へと逆にそれとも結んだのが今日の人口問題であろう」[永井亨 1929：292]。

　戦前日本において問題とされた過剰人口の実体についてこのように述べ，「出生率も死亡率も共に高きこと今日の他の文明国に類例がなく，しかも出生率は一高一低しつつも原則として年次に累増しているのに，死亡率は対照に末期を明治の末葉に比較すれば殆ど低下していない。もちろん人口の増加率や増加数が過剰人口を示すものではないことは勿論であるが，死亡率は低下せずして出生率は高騰するといふが如きは文明国民として看過する訳にゆかぬ」[永井亨 1929：293-294]として，当時の日本における人口問題は，社会の生産力についても人口数についても，また両者の均衡が得られないことにおいても，社

会科学的人口法則（＝社会進化の原動力即ち史的動力）の一端を示すものであると分析した。

　当時の過剰人口をめぐっては，社会学者を中心に，その原因について貧窮人口と結びつけて論じる傾向が強かった。それは当時，早くも出生率の低下が問題となっていた西欧社会由来の優生思想の影響を受けたもので，「貧者のなかには悪質者が多い」という考えに「富者よりも貧者の出生率が高い」という人口現象が結びつけられ，過剰人口＝下層社会の拡大＝上・中流社会の縮小＝逆淘汰の問題として把握するものであった。それを前提に「優等階級の増加，劣等階級の減少」を唱える人種改善策の必要が主張されたが，永井は「過剰人口なるものは，所謂失業人口や貧窮人口（被救恤人口）の如くはっきりしたものでなく，一般生活程度又は平均生活標準の劣化又は低下——実際においては主として無産階級のそれ——によって判断する外ない」［永井亨 1929：294］と考えていた。

　「我国の今日に人口対策を立てんとするときには何よりも先ず社会組織の現状を察し，その過程に顧み将来を考慮せねばならず，同時に天然資源と民族心理とに着眼すべき」［永井亨 1929：296］であるとし，「今日にあっては遺憾ながら階級的結合乃至社会的統一が甚だ不完全である故に個人的努力も団結的協力もよく行われていない。然らば何を措いても社会階級の民主的協調と社会組織の民主的改革とを期するは今日の急務であらねばならぬ。私の<u>社会政策的人口対策</u>なるものはそこに基調を置いている」（下線－引用者）［永井亨 1929：297］と述べた。永井のいう社会政策的人口政策とは以下のようなものである。

　　社会政策は社会哲学と社会科学を前提とし，社会哲学は社会政策に向って社会理想又は目的を提供し，社会科学は社会政策に向って社会法則又は理論を提供する。それ故に社会政策は社会一体の目的を達成し，全体社会の秩序を統一すべく，そのための社会化又は民主化の過程を果すべく努力する。社会理想に導かれ社会法則に従いそれを史的社会事実に結ぶべく方策を立てる。これ即ち社会問題解決の政策である。

　　　　　　　　　　　　　　　　　　　　　　　　　［永井亨 1929：297］

　この社会法則に従って社会問題の解決を引き受ける方策を社会政策というならば，人口政策も人口法則に従って人口問題の解決を引き受ける方策である，

つまり人口法則または人口理論を社会理想にあわせ，社会目的に適合させてそれを人口現象に結ぶ努力が人口政策であるとして，これを「社会政策的人口政策」と呼んだ。

この社会政策的人口政策に基づく人口法則は，「社会科学的人口法則——社会一体の力即ち統制力であるが人口に関する限りそれは人口を支持する社会の力，生活資料を獲得する社会の力，即ち社会の生産力であって労働の生産力又は労働力でなく土地の生産力又は自然力でない——と人口数との対比の上に立てられる社会的，普遍的人口法則」〔永井亨 1929：297〕であり，人口対策は生産力の増進，分配比率の公正を期するために社会政策にまつべきものがはなはだ多いという。

> 社会政策である以上——それは政治上，経済上，社会上の民主主義を基調とするものである以上——資本家的生産も労働者的生産もその支配するところに一任する訳にゆかず，資本主義も社会主義もそれに制限を加へ社会的統制を施すべきであろうこと政治組織及び一般社会制度におけるとその理を二にしない。しかも我国今日の人口対策は人口数の調節，生活標準の有効且適切なることを期せんがためにも社会政策に俟つべきものが甚だ多かろうと思う。　　　　　〔永井亨 1929：298〕

このように，永井は人口数の調節とともに，生活水準を適正な水準へと導くための人口対策として社会政策に頼るところが大きいと考えていた。

もう１つの著作は，『人口論』[3]（1931年）である。それは大正・昭和初期人口論争として知られるように，戦前には人口の増加そのものが貧困の原因であるとするマルサス人口論の立場に立つ学者と，過剰人口は資本主義の経済体制が生み出す失業に起因する貧困層にあるとするマルクス主義の立場に立つ学者とに分かれる形で，人口論争が繰り広げられた。永井はそれについて，「我国の今日に多くの学者の説く人口論は一般にマルサスかマルクスかその何れかの人口論に囚はれ或はマルサスとマルクスとの何れもの人口論に囚はれている」〔河田ほか 1931：4〕けれども，「人口の増加それ自体は直ちに過剰人口を生ずるものでないがその事を離れて過剰人口なるものはなく人口問題は人口そのものの問題であると私は思う」〔河田ほか 1931：9〕と述べ，マルサスの扱った人口問題は食糧問題，貧窮問題であり，マルクスの扱った人口問題は職業問題であ

り失業問題であるが，日本の人口問題を扱うのは「マルサスよりマルクスへとその何れもの人口律に発してその何れもの上に立たざる社会科学的人口律に基づく社会政策的人口論であると自ら考えている」［河田ほか 1931：10］と，この論争からは距離をおいた独自の人口問題観を表明していた。

先にも触れたように戦前における永井の立場，そして「社会政策的人口政策」は，人口食糧問題調査会の人口部答申に反映されるなど，戦前にも大きな意味をもったのだが，その影響は戦後にも及ぶことになる。これまでの議論をふまえて，次節では戦後間もない人口政策について概観し，新生活運動が登場するに至る過程を追いかけてみよう。

3　戦後人口政策の展開と永井

戦後日本の人口をめぐる状況は，まず深刻な過剰人口問題として現れた。それは敗戦による混乱とともに復員や出生率の増加による急激な人口増加に対して，国民の生活水準の回復が立ち遅れたことによる。国民生活水準の見地から人口問題の所在を把握していた永井によれば「国民一人当たりの実質国民所得でみると，国民生活水準は戦前（昭和9－11年）水準の半分に近い状態にまで落ち込んだ」［永井亨 1954：577］とされ，それによる人口圧力の大きさは相当なものであった。当時の人口抑制は避妊よりもむしろ堕胎に求められる傾向があり，このような状況下で生存の最低限を維持するための「やみ堕胎」が広く普及していたとされる［財団法人人口問題研究会 1951：16］。

この非合法的な堕胎に対処する意味をもったのが，戦後日本における人口政策の起点となった優生保護法（1948年）であり，本法によって人工妊娠中絶の許される範囲が大幅に拡張された。当初その適用には制限があるとともに，手続きも面倒であったが，翌49年の改正で「経済的理由」が追加されることでその適用が大幅に拡大され，さらに1952年の本法改正では，それまでの審議会制度（医学的・優生学的理由の一部については必要な同意を得て優生保護法指定医師の裁量で人工妊娠中絶が行えたが，それ以外のケースでは保健所内の「地区優生保護委員会」の審査が必要とされた）が改められ「指定医師の判断のみ」で中絶手術が行える

ようになっている。

　このように，戦後の深刻な過剰人口問題を背景に，短期間で合法的に堕胎を行える範囲が著しく拡大された。1949年には避妊薬の第1次合格品が正式に許可され，その後続々と許可された避妊薬が普及することで避妊の普及も進んでいたが，この間優生保護法で認められた指定医師からの届け出件数だけをみても，人工妊娠中絶の件数は24万6000件（以下単位1000，1949年），48万9000件（1950年），63万8000件（1951年），80万6000件（1952年），106万7000件（1953年）と著増の過程をたどっていった［安川ほか 1978：162］。このような状況に対して「人工妊娠中絶よりも避妊を」という声が高まりをみせ，中絶手術による母体障害も報告されることで政治問題化されるに至った。

　1949年に内閣に設置された人口問題審議会において作成された「日本人口対策に関する建議案」（1949年）では，「人口増加を防ぎ，健康にして文化的な生活を実現するために産児調節を政府が指導するべきである」という表現が盛り込まれることになった。当審議会は1950年には廃止になるが，ここに受胎調節普及に向けた動きが始まろうとしていた。1951年には，人工妊娠中絶による母胎障害問題の解決に向けて「受胎調節普及に関する閣議了解事項」が決定され，厚生省に新たに設置された人口問題審議会（1953年）を舞台に，以後本格的な人口政策立案が進められることになった。当審議会の設置は「人口問題研究所－人口問題研究会－人口問題審議会」という戦後の人口政策立案をめぐる三位一体の関係（人口問題研究所が研究資料を作り，それを基に人口対策委員会が検討議論し，そこで作成された原案を人口問題審議会に提出して討議の末，最終的な決議文を作って政府へ提出するというやり方）が確立されたという意味で重要な転機であったが，ここでそれ以上に注目すべきは，それが戦後の人口政策展開における路線変更という意味でも1つの転換点であったということである。

　すなわち，「人工妊娠中絶から受胎調節へ」という文脈で戦後優生保護法によって進められてきた人口政策が，母胎保護を目的とする政策へ（少なくとも形式的に）移行することになったのである。人口問題審議会（1953年）の設置を促した「受胎調節普及に関する閣議了解事項」（1951年）は，その了解理由として「人工妊娠中絶は，母体に及ぼす影響において考慮すべき点があるので，か

かる影響を排除するため,受胎調節の普及を行う必要があるから」［厚生省公衆衛生局企画課 1958：154］とされ,ここでは人口問題との関係には深く触れられなかった。

> 受胎調節は人口問題と関連はありますが,しかしそれにもかかわらず,公衆衛生の見地から,母体保護の見地から考えられていますのは,人口問題は,社会問題とか,経済問題とかいろいろの立場から検討され,解決されなければならない問題でありますので,人口は多いのがよいと簡単に考えるのも,また人口は少ない方がよいと十分な検討もなく結論されることもどうかと思われる点があるからであります。(中略) <u>行政の施策として,人口問題との関係は極めて重要な問題で十分検討されなければなりませんが,国民の誰もが,納得できる母体を保護するという公衆衛生の見地から採り上げられたということであります</u>。[4] (下線－引用者)

[厚生省公衆衛生局企画課 1958：154]

受胎調節問題と人口問題の関わりを認めつつも,国民の誰もが納得できるということから母体保護という公衆衛生の見地が採用されたのである。先に1952年の優生保護法改正で,それまでの審議会制度が改められ指定医師の判断のみで人工妊娠中絶が行えるようになったと述べたが,この改正ではまた,受胎調節を実地指導する実地指導員の仕事が規定され,閣議の申し合わせ事項として「受胎調節普及実施要領」「受胎調節実施要領細目」が発表された。これが事実上政府レベルでの受胎調節普及に向けた取り組みの起点となった。

ところで,1950年代前半に受胎調節は家族計画という呼び名によって社会に広く普及することになるが,当初家族計画をめぐっては２つの潮流があり,この２つが対立していたとされる。そう語るのは,前節でその人口問題観について取り上げた永井亨である。「家族計画を人口問題の解決に役立たしめよう,言い換えれば過剰人口の重圧をこれによって緩和しよう,これが一つの流れであります。もうひとつの流れはそうではなく,家族計画は母体の保護であるとか,あるいは各家庭の生活水準を高める,要するに衛生上,生活上の問題であり,人口問題とは元来交渉のない問題である」[5] [永井亨 1956：38]とするものである。この発言は,人口政策立案をめぐる当時の状況を端的に表している。先に述べた受胎調節の普及が母胎保護として推奨されたことは,永井の発言でいう後者の衛生上,生活上の問題という流れが採用されたことを意味するが,他

方で受胎調節をあくまで人口問題との関わりで捉える流れも存在したということである。永井は，続けて以下のように述べている。

> この二つの流れはどちらも間違った方向に流れておるのではない，いわば盾の半面ずつを見ておられるのであります。人口問題は生活問題であり，違った問題ではない，でありますから一方では我国の如く過剰人口に苦しんでおるところでは，人口の重圧を緩和すべくこの運動（新生活運動－引用者）を取り上げることは，少しもさしつかえない，又当然やるべきことだと思います。他方には人口の重圧というのはとりもなおさず失業や，貧困の危険にさらされておるということであります。各家庭の生活に直結した問題であります。　　　　　　　　　　　　　　　　［永井亨 1956：38］

永井は（避妊に対して）堕胎を「事後的次善的対処手段」と呼び，優生保護法が成立し，その後繰り返される改正の過程で人工妊娠中絶規制が緩和され，その件数が急増したことに対して批判的であった。

> 戦後しばらくの間はやみの堕胎がさかんに行われた。そこで優生保護法を作って公然妊娠中絶を認めた。改正に改正を重ねていよいよ楽になった。経済上の理由でもって，ほとんどそれだけでもって，医者が公然中絶の手術ができるようになった。それですからこの３，４年間毎年110万件，それは届け出をしている数がそうです。届け出をしない数を加えれば106.70万（160万〜170万－引用者注）になるでしょう。その数はちょうど日本の人口が生まれる数と同じです。<u>生まれ得るべくして生まれ得ない，胎児の間に手術によって殺されてしまう人口がそれだけあるのです。それが一体文明国でしょうか。この非人道的な人工妊娠中絶－法律でこれを認めなければ堕胎というのです，同じことです。それが生まれる数と同じものが殺されておる。それじゃ封建時代の間引きの遺風をちっとも脱却しないじゃないですか。人命を重んずるこの民主主義の法則に反するじゃないですか。いかにも人命を軽んじている。これが今われわれの目前に横たわっておる大問題です。どうしてもこの人工妊娠中絶を防止しなければならない。</u>（下線－引用者）　　　　　　　　　　　　　　　　　　　　　　［永井亨 1960：12］

この人工妊娠中絶急増に対する批判的な見方と，すでに戦前に形成されていた永井の人口問題観，すなわち人口問題＝生活水準の問題とする見方が結びついて体現したともいえるのが，本章の後半で取り上げる新生活運動である。

4 新生活運動の理念

　本節では，新生活運動についてその理念を中心に検討するが，その前にまず確認しておくべきことがある。ここで取り上げる新生活運動は，同時期に公衆衛生院が行った農村や生活保護世帯を対象に行った家族計画運動とは別次元のもので，人口問題研究会が大きく関わったものであるということである。1953年は，先にも触れたように戦後日本における人口政策の立案体制が確立された年であり，それ以降人口問題研究会は当研究会内に設置された人口対策委員会において人口問題審議会の建議案作成を担っていく。その意味で当研究会は一方で国レベルの人口政策立案に深く関わっていくことになるが，他方で同じく当研究会内に設置された新生活指導委員会を通じて，企業体の新生活運動という独自の運動を推進していくことになったのである。永井は，まさにこのとき政府の機関ではない「財団法人」人口問題研究会の理事長として，人口政策の審議，立案ばかりでなく，運動の指導をする必要性をも感じていたといってよい。

　国立の人口問題研究所との対比を意識して，「研究所というのは，これは純然たる政府の調査機関であります。人口の基本的調査研究をする機関であります。研究会はそうじゃない。宣伝啓発の任にも当たりますが，主として人口対策を審議，立案する機関であります。しかしそれだけでは困る。実際運動を指導しなければ，人口問題の解決に資するわけにはいかぬ」［永井亨 1960：8］と，永井は財団法人人口問題研究会の理事長としての立場を述べている。この言葉のとおり，1953年以降，人口問題研究会の理事長としての永井は，人口対策委員会として国レベルの人口政策立案に関わるかたわら，新生活指導委員会として新生活運動の指導にあたるという，いわば二重の役割を果たすことになったのである。

　さて，新生活運動の具体的な検討に入ろう。永井は本運動を，企業体の取り組みとして「家族計画」（＝計画を立てて，合理的に子どもの数を調整すること）と「生活設計」（＝設計を立てて生活すること）を出発点に生活水準の向上を目指す

ものと捉えた。この「新生活運動＝家族計画＋生活設計＝生活水準の向上を目指すもの」という考えは，永井の人口問題観を反映するものといってよい。すなわち，永井は早くから過剰，過少の人口問題が起こっているかどうかを見定める1つの目安が生活水準であり，この水準が下がるか上がるかによって過剰もしくは過少の問題が発生するという意味で，人口問題と生活水準の問題の密接な関わりを指摘していた。ここでは，家族計画の運動が単に人口を抑制し，また減少させるものではなく，それと一そろいとしての生活設計の運動という主張で現れたのである。

　まず子供の数を調整して，計画的に子を生んでもらいませんと，どんなに日常生活の設計を立てても，子供はたくさんできる，その生まれた子供を育てることもよくできない，教育もよくできない，それでは困る。まずもって家族計画をやる，こういう意味です。家族計画をやればこの新生活運動の任務が終わってしまうと，こうお思いであれば非常な誤解であります。家族計画というものは何のためにやるのですか。結局主婦を解放し，主婦に文化生活を送らせながら，家庭の経済を少しでも豊かにし，生活水準を高める運動じゃないですか。もとより母体の保護，母子の保護のためであることは言うまでもありません。しかし家族計画だけして，あとは野となれ山となれ，何にも生活の設計を立てない，そういう家族計画では実を結ばないじゃないですか。それを家族計画の運動だから家族計画だけを考えるというのでは困るではありませんか。なるほど家族計画ということは今までのように無計画に子供を生むことではない。計画を立てて，合理的に子供の数を調整しよう，こういうことが家族計画であります。結局帰するところは主として生活水準の問題じゃありませんか。　［永井亨 1960：13］

このように永井は「家族計画」と「生活設計」を結びつけるとともに，本運動が「将来に理想を持った有機的，総合的な運動」であるとし，その目標として人口問題の解決（＝人口の「量的調整」）と社会道徳の樹立（＝人口の「質的向上」）の2つを掲げて人口問題との関わりを強調した［財団法人人口問題研究会 1955：3］。それは当時永井が日本再建を妨げる二大難関として考えていた「人口の重圧」と「道義の頽廃」の解決に対応するもので，「日本を民主的な文化国家と申しますか，福祉国家と申しますか，とにかく新しい時代のあたらしい日本を作り上げる土台として」［永井亨 1955：9］根底にある大事な問題に対処することであった。「人口問題を解決しなければ経済の自立は期せられない，生産性を高めるにはまず計画的な家庭生活を人数から決めて行こう，もとより

経済は計画してやるのは当然でありますけれども，先ず以て家庭の安定を期する必要があるだろう。そのためには子どもの数を2，3人程度に計画的に決めないと家庭の安定は期せられないし，それがなければ生産性も高まらない。そこに一つの大事な基礎がある」［永井亨 1955：9］とした。これが，家族計画運動の実施を通じての人口の量的調整という1つ目の目標である。

　もう1つが新生活運動を通じての社会道徳の樹立であり，永井はそれが人口の質的向上に関わると考えていた。「人口問題の解決に没頭してはおりますが，それだけではどうしてもいかん，今までの古い道徳は相当発達しておったがこれだけではいけない，もっと社会人としての道徳がなければいけない，今までは道徳が皆対人化され，個人化されておったが，もっと社会化され，民主化された道徳が立てられなければ到底日本の基礎は立たない」［永井亨 1955：10］として，道義心を高めることが重要であると訴えた。社会道徳，すなわち社会良識に伴われた道義心の確立は，新生活運動によって実現される家庭道徳，職場道徳の延長に実現可能となるものとして，以下のように述べている。

　「家庭を形作る人々，各自の利益や自由は家庭という社会の共通の利益，協同の目的のためには制限を受ける，時としては犠牲に供してもよいという心構えを持つべきものと考えるのであります。こういう具合に家庭の道徳が成立すれば，そこに社会人としての道徳を確立する根源が生まれる」［財団法人人口問題研究会 1955：19］という。職場における労使関係においても同じで，経営者も労働者も自己の利益にとらわれて他を顧みないようでは職場の協力体制はできるはずもなく，「ある程度は自己の立場を犠牲にしなければ職場の協力体制も生産性の向上も期待できないでありましょう。要するに家庭から職場へ，家庭道徳から職場道徳へと押し進めてゆけば，やがて一般の社会道徳も確立されるでありましょう」［財団法人人口問題研究会 1955：20］と述べた。このような考えを前提に，新生活運動によって職場と家庭を直結させ，職場の基礎を家庭におくようにすることで，結果として労使協力も生産性向上も期待できると主張している。

　このように，本運動は精神運動という側面ももつものとして構想され，その理念は企業体新生活運動の推進として人口問題研究会内の新生活指導委員会に

よって取り組まれることになった。当委員会の設置にあたってまとめられたのが「新生活指導委員会設置要綱」および「新生活運動指導要綱」(下記資料参照)である。当委員会の設置は正式には1954年のことであるが，それに先駆けて日本鋼管株式会社川崎製鉄所（以下，日本鋼管）によって1953年4月から新生活運動が始められ，人口問題研究会はその指導にあたっていた。次節ではその日本鋼管を例に，新生活運動の内容を明らかにしよう。

新生活指導委員会設置要綱
新生活指導委員会決議（昭和29年7月30日）

1．趣旨

　わが国が当面するきびしい人口問題を解決に導く根本は国民各自が真にこれに適合する近代的，道徳的，合理的，計画的な日常生活を営むにある。

　国民生活の現状をかえりみれば，人口対策の見地からこのようにその生活を指導することが，人口対策徹底の根本的要件であり，国民生活を通じて人口問題の解決を促進する基盤である現下喫緊の要務といわなければならない。

　ここにかんがみ，本会は学識経験者を集めて新生活指導委員会を設け，人口対策の見地から生活指導に関する諸般の重要事項を審議検討し，職域的，地域的生活指導運動の基礎に役立てようとするものである。

2．名称

　本委員会はこれを財団法人人口問題研究会新生活指導委員会とする。

3．目的

　本委員会は人口問題の見地から生活指導に関する重要な事項を審議し，この種の職域的，地域的生活指導運動を国民的に展開し，関係諸機関および諸団体との連絡協調を保ちながら，人口問題解決の根本に資することを目的とする。

4．組織

　（1）本会顧問，役員およびその他の学識経験者100名以内を委員とし，本会理事会の了承を経て理事長これを委嘱する。

　（2）本委員会の会長は本会理事長とする。

　（3）必要ある場合には本委員会の決議によって小委員会を置くことができる。
　　　　小委員会の委員長は委員会の承認を得てこれを委嘱する。

　（4）本委員会に幹事若干名を置く。

　幹事は財団法人人口問題研究会幹事がこれに当たる。ただし，必要がある場合には，本委員会会長は別に幹事を委嘱することができる。

5．運営

　（1）本委員会の審議事項は本会理事会の議決によってこれを定める。

　（2）本委員会は実践的事項を定めてこれを審議する。

(3) 本委員会において特定の事項について審議を終えたときはこれを決議として本会に報告する。

この決議の処理は重要なる事項については本会理事会の議決によって定める。

(4) その他，本委員会運営上必要な事項は本委員会においてこれを決議する。

[財団法人人口問題研究会 1954b：5-6]

新生活運動指導要綱

新生活指導委員会決議（昭和29年12月2日）

1．趣旨

およそ人口問題は直ちに国民の家庭生活につながる。国民の家庭生活を刷新しその向上を図り，そこに現実的基盤をがっしり据えてこそ，われらの人口問題は力強くその解決の途につくことができる。

今日，わが国民の家庭生活は戦後の急激な社会変動の渦中にもまれ，刷新向上はおろか，ほとんどまったく混迷の実情にある。

このままで行くと人口問題の解決もむずかしく，まして真に民主的な文化国家，福祉国家の実現，国家緊急の経済自立のごときは到底望み難いところであろう。

こう考えてくると，あらゆる職域，地域にわたり国民の生活を刷新し向上させるために一大運動を展開しなければならぬことが痛感される。そして家庭生活の日常においてこの効果を十二分にあげなければならぬ。人口問題の解決はここにそのしっかりした基盤を得，真の文化国家，福祉国家の実現もまたその上に立って力強く約束される。

われらはこういう意味で，これから具体的で実際的な一大運動を展開しようとするのであるが，この運動を呼んで「新生活運動」という。

2．目的

われらの「新生活運動」はもちろん人間の尊重，人間性の本質の上に立つ。要は生活の充足，人間完成のための運動である。よってあらゆる職域，地域にわたり，近代的な道徳的，合理的，計画的の家庭生活を実現するよう現状に即して具体的に指導し，基盤をここに置いて人口問題を解決し，ひいて真に民主的な文化国家，福祉国家の建設に導こうとするのである。

関係諸機関および諸団体の協力と一般大衆の支持を得て，この運動が国民的に展開することを期待する。

3．方針

この運動は次のような要領により現実に即し実際的に推進する。

(1) この運動は近代的合理主義にもとづき，人と物と両面を兼ねて計画的で幸福な家庭生活を設計し，その刷新向上を期する。

(2) この運動特に家族の大きさを合理的計画的に調整するため近代的「家族計画」の理念にもとづく受胎調節の普及および実現を期する。

（3）この運動はただに人口の量的調整にとどまらず，その質的向上を期する。すなわち，
　　a．自主的に，計画的な家庭生活を創造し，
　　b．心身共に健康で優秀な能力をもつ人々を多数育成することに努める。
　　c．この努力はやがて国の生産を増強しその経済の自立に有効でなければならぬ。
　　d．特に婦人の家庭生活における負担を合理化し，その人格を尊重し，家庭生活の安定向上を計ることに努める。
（4）この運動は近くは家族間の縦横たがいの支え合い，進んで国家社会につながる人々たがいの連帯意識面を強調する。このような家庭生活の調和から出発して社会生活一般の調和を計り社会緊張を和らげるよう家庭道徳ひいては社会道徳の確立を期し，特に職場におけるその実践指導に力を尽くす。
（5）この運動は，あらゆる職域，地域にわたる。しかもそれぞれの職域，地域に適応した現実的で具体的な仕方により全国すみずみにまで浸透させ，すべての家庭がもりあがる自発的意欲をもって実践するよう努力する。

4．実施要綱
（1）宣伝
　　新聞，雑誌，ラジオ，テレビジョン，映画，演劇等あらゆる機会を利用してこの運動の宣伝に努める。あわせて関係諸機関，諸団体の協力を得て，講演会，展示会等を開催し，宣伝用印刷物の大量発行を行う。
（2）連絡連携
　　関係諸機関，諸団体にあらゆる機会を捕らえて呼びかけることに努める。かねて職域的，地域的懇談会を開催し，事業所，地域社会の積極的協力を促進する。
（3）モデル事業所，モデル地域を設定
　　この運動を理想的に展開し世間に率先するとともに，この運動の向上発展に資する調査研究を行うためのモデル事業所，モデル地域を設け，特に入念な指導を行う。
（4）新生活指導者の養成訓練
　　この運動の趣旨にもとづき，新生活指導者の養成訓練に努め，事業所または地域の需要に応じる。
（5）参考資料の編集発行
　　この運動に関する事例集をはじめとして，道徳－社会道徳，家族計画，人口問題等に関する指導上の参考資料の編集発行に努める。

［財団法人人口問題研究会 1954b：1-4］

5 新生活運動の展開

　わが社の新生活運動は傘下各事業所のうち最大の川崎製鉄所が発祥の地となりまして，昭和28年4月に始まりました。その際，財団法人人口問題研究会理事長永井先生その他の方々の懇切なるご指導並びにご協力によりまして発足に踏み切った次第であります。
　　　　　　　　　　　　　　　　　　　　　　　　　　［武田 1960：206］

　こう述べるのは当時の日本鋼管厚生課長，武田潔である。日本鋼管が本運動に着手するに至るまでには，以下のような来歴があった。

　当時，各大企業は厚生課という組織を持っていた。この課は戦時中，労働者のために食糧，物資などを買い集めて自社の労働社員に補給して労働力の維持に努めていた。しかし戦後になると，最早，このような買いあさり，また労働力維持のために走り回る必要がなくなったので，会社はこうした厚生課を整理廃止しようとしていた。しかし厚生課社員は何か戦後でも厚生課として為すべき仕事がある筈だ。とにかく厚生課をつぶさない有益な仕事を新しく設定する必要に迫られたようである。そこで厚生省という役所がある以上，何か会社の厚生課で出来るものはないかと，当時，日本鋼管株式会社の厚生課の社員が厚生省の多分官房総務課と思うが御伺いに行ったようである。
　　　　　　　　　　　　　　　　　　　［財団法人人口問題研究会 1983：110］

　ところが，厚生省は公務を取り扱う部署として相談に乗ることができず，そこで人口問題研究所の篠崎信男が紹介されたという。篠崎は永井とともに新生活運動の推進に重要な役割を果たした人物であり，当時人口問題研究所調査部第四科長であったとともに，人口問題研究会人口対策委員会の幹事にも就いていた。篠崎がその相談窓口となって，「新生活運動として第一に家族計画運動を展開すること，第二に月給生活者である大企業サラリーマンであるから，その収入内で生活設計を行うことを提案し，色々な資料を渡した」［財団法人人口問題研究会 1983：110］。1951，52，53年にかけて予備調査，および家族計画運動を会社の社宅を中心にして指導したところ，出産率および妊娠率の激減という成功を収めたため，日本鋼管は1953年の4月から正式に新生活運動に取り組むことになったとされる。家族計画の推進については助産婦が各家庭を個別訪問して指導にあたるとともに，主婦を組織化しそこに推進委員および地区委員

をおいてしばしば会合を開いた。それが母体となって，家庭生活の設計（生活の合理化，保健衛生，家族計画，育児教育，社会作法および甲種道徳，教養慰安等）が実践されることになった［財団法人人口問題研究会 1955：22］（より具体的な運動の内容および結果の詳細は下記の資料を参照）。

日本鋼管川崎製鉄所―モデルケース―
（1．序，2．企業体におけるこの種の運動発展の動機は省略－引用者）
3．実施概要

　日本鋼管株式会社川崎製鉄所は，従業員14,300名，その新生活運動の第一段階としては社宅地区約1,000世帯を対象とし第二段階としては4,000世帯，第三段階は3,000世帯を予定しながら，運動の実施に着手している。この運動中特に家族計画（家庭生活の設計）運動を展開するに当たって，その総括的指導に，財団法人人口問題研究会が当たり，具体的指導面は企業体の厚生課，保健課，鋼管病院等がそれぞれ分担している。さらに個別指導には，優生保護法によって認定された助産婦が家族計画指導員となって当たることになっている。この助産婦に対しては人口問題研究会が再教育を行いその修了者およそ20名が家族生活指導員に選ばれている。

　新生活運動の組織は，委員長に川崎製鉄所副所長を，副委員長には各従業員の主婦の代表を当て，その下に各地区別の推進委員をおき，この推進委員には各家庭の主婦が当たり，それぞれ各世帯5ないし10を受け持ち，指導員との連絡および世話を見ることになっている。

　したがってその運営は，年一回開会してその主意を了解させるための新生活運動大会，各推進委員から成る代表者会議，各家庭の主婦と推進委員とから成る各地区委員会などの活動による。

　これと平行して家族計画指導員は1人1年200主婦から350主婦を単位として受け持ち，毎日これら家庭を訪問して個別指導を行う。また月1回定例合同協議討論会を開く。合同協議討論会には人口問題研究会および企業体の厚生課，鋼管病院からそれぞれ参加し，具体的な面における総合統一，および指導方法を調整し研究し検討する。家族計画以外の新生活運動については，それぞれ担当者を定めて指導し，必要の場合には専門家を迎えて指導を受ける。またこの種の運動が道徳面に多くの顧慮を用うべきは云うまでもない。

　よってこの方面については社会道徳協会（会長友枝高彦，理事長永井亨）の後援協力を得ることになっている。同協会は「社会道徳は家庭道徳から」という標語のもとに本運動に参画している。

　本運動のスローガンとしては次の三点が掲げられてある。
　　1．新生活運動は日夜生産に従事する夫の留守を守る家庭婦人が誇りをもって幸福な家庭と明るく秩序正しい社会を築くための礎となる運動です。

2．新生活運動は，隣人愛と相互扶助を基として，互いに教養を高め道義を高揚し，生活の向上を図っていく運動です。
 　3．新生活運動は，日本鋼管川崎製鉄所従業員およびその家族を対象とし，厚生課が中心となってこの仕事に当たって行くものです。
 このような運動要領の下に，具体的な実施項目としては次のようなことが提唱されている。
 　1．生活の合理化に関すること
 　　　　イ　衣食住の改善
 　　　　ロ　貯蓄の奨励
 　　　　ハ　相互扶助
 　　　　ニ　習慣の簡素化
 　　　　ホ　能率的処理
 　2．保健衛生に関すること
 　3．家族計画（受胎調節）に関すること
 　4．育児ならびに子女の教育に関すること
 　5．児童の不良化防止に関すること
 　6．社会作法および公衆道徳に関すること
 　7．教養に関すること
 　　　　イ　講座，講演，懇親会の開催
 　　　　ロ　各種講習会（和洋裁，編み物，染色，料理等）
 　8．従業者およびその家族の慰安に関すること
 　　　　イ　幻灯，演芸，おはなし，その他
 　　　　ロ　レクリエイションの奨励
 　9．親睦会，見学，その他
 4．第一段階実施の結果
 　まず，1,000世帯の個別的指導は専ら家族計画を中心として行われたが，指導前の実状と指導の状況を述べれば次のようである。
 　家庭生活の設計を合理的に考えなかった夫婦は19.3%減少し，特に40才以上の夫婦ではそれが著しくその減少割合は22%を超えている。
 　次に生活合理化に関し意欲の最も低い教育程度の低い工員層において格段の効果が見られ家族計画の実行者が17%以上に増した。
 　したがって前からすでに行っているものと指導によって各家庭が家族計画（受胎調節）を実行し始めたものとを総計すると65.6%となる。
 　なお現在は妊娠中その他の事情で実行していないものでも近い将来において家族計画（受胎調節）を実行しようというものは33.6%に達し，これを加えればほとんど大半は本運動に積極的に参加し，運動の効果を示し始めている。その他の諸問題においては，今後なお十分に，社会教育の見地から行うべきもの検討すべきものもあるが，

国民的自覚の上に立って自主的な運動となるためにはさらに指導面の拡充強化が望ましい。

なお合理的予算生活へ切り替えるために，会社は，各家庭に家計簿を無料配布し，その記入法の講習を行うとともに，計量コップを無料配布して調理法の合理化を促進し，食生活の改善からひいては食料問題の解決にむかって尽力している。

このようにしてこの企業体の新生活運動は今や軌道に乗ってきたのである。

5．この運動展開に伴う社会的諸反響

人口問題研究会の指導による職域団体における新生活運動として，本企業体のモデルケースは，各方面の多大の共感を得影響を及ぼし，新聞ラジオその他に報道されている。

最近（昭和29年6月）銀座松屋において開催された全国主婦連合会の新生活展ではその大体が展覧されて話題となっている。

これと平行して数多の企業体は本運動の展開に賛意を表明し，人口問題研究会にその指導を要請する向きが多いのみならず，全国主婦連合会（会長奥むめお）もまた人口問題研究会の後援を得て地域的に新生活運動を展開しようとしている。

このような情況に対応して人口問題研究会は，別紙のように新生活指導委員会を設け，関係諸機関および団体との連結協調を保ちながら，運動の方針を立て計画を定め，広く国民各層に呼びかけて社会教育のための国民運動の展開を期している。

[財団法人人口問題研究会 1954b：11-15]

すでに述べたように，日本鋼管の事例は「実験的」な位置づけで始められた。本運動に対しては人口問題研究会が積極的な実地指導にあたるとともに，人口問題研究所による「実験的調査」の対象とされた。1958年には，その5年間にわたる調査の研究結果が報告（『家族計画を中心とする新生活態度の実地指導研究結果の概要―日本鋼管における事例―』）［人口問題研究所 1958］としてまとめられている。

それによれば，1年目の1953年度は750世帯の集団社宅をモデルとして，2年目にあたる1954年度は全社宅地区にその対象が広げられ，合計で5300世帯が本運動普及の対象とされたという。本運動開始からはじめの2年間は，家族計画（受胎調節）の普及に力が入れられ，その効果は顕著に現れた。本運動に着手された年である1953年の出生率は，全国平均で2.16％であったのに対して日本鋼管川崎地区従業員の出生率の平均は2.9％と全国平均を上回っていたが，その翌年のデータでは，前者が1.99％に対して後者が1.52％であったという［人口問題研究所 1958：20］。

これを受けて，3年目の1955年度からは，生活設計のほうにより力点がおかれることになった．その具体的な内容については先に示した通りであるが，講習会のなかでは料理，編み物，和・洋裁の順に希望が多く，生活相談も需要が高かったとされる．また，生活設計の基礎として家計簿の無料配布が実施され，総計58.1％の夫婦がその記入を実践し，それによって予算生活が実現されたという．報告書によれば，家族計画の普及とは対照的に，生活設計をめぐっては実態調査から①夫の外出と家庭の妻との連絡方法の問題，②家庭生活に対する男性の協力と妻の夫の仕事に対する協力の問題，③家庭紛争問題，といったいくつかの問題点が浮上したとされるが，〈家族計画＋生活設計〉で表現されるトータルとしての新生活運動は，以下のように十分評価されている．

　　このような運動は最近始ったばかりのもので少なくとも10年を経過して見なければ本当の功罪は論ぜられないものであるが，人口問題との関わりにおいて見ると，人口問題が人口の量についての自主的調整と質的向上にその問題点を見出すとすれば，その具体的な足がかりを家庭生活において捕え，其処から実践的に本運動が展開されている以上，必ずは人口問題の解決にも寄与するものがあると確信している．
　　　　　　　　　　　　　　　　　　　　　　　　　　　［人口問題研究所 1958：41］

　モデル事業としての本運動の社会的反響は大きく，他の大企業の厚生課も順次新生活運動に興味を示して次々に取り組むようになったとされる．もちろん，本運動に関与するのは，あくまで個々の企業体であり，人口問題研究会は当初からその着手のための世話役，さらには運動推進のための相談役としての役割を担ったにすぎない．もっとも，その導入に際しては，まず①経営者に職場と家庭を直結させ，職場の基礎を家庭におくように経営方針ないしは管理方法の変更を説得し，納得するまで話すことに始まり，続いて②労働組合の代表者と会見し，この運動は会社の直接利益のための運動でなくて，労働者の家庭生活の安定のためであることを納得してもらい，その協力または諒解を得なければならなかった．そこで実施に移るが，③第1にそれは主婦の組織をつくり，その代表者を集めて運動の趣旨を説明することに始まったとされ，各家庭の切り盛りをしていた主婦の協力が大きな意味をもったのである．本運動の柱である家族計画は自分の身に直接関係のあることであり，皆非常に熱心であったとい

われている［財団法人人口問題研究会 1955：22-23］。

「本運動は百社100万人の動員参加を目標にして関東，関西の経営団体を口説き，以後大企業の新しい運動事業になった。この中で最も大きな運動体は国鉄であり，日本通運であり，また九州，北海道の炭坑であり，私鉄，造船，トヨタ自動車，東芝など多くの企業体が人口問題研究会と連携して本運動を進めるに至っている」［財団法人人口問題研究会 1983：111］と述べられるように，1960年2月の段階では，本会指導のもとに新生活運動を実施していた企業が約50社，その世帯数約120万に及んでいたとされる［柳井 2001］。また，人口問題研究所の創立50周年を記念して企画された座談会「創立50周年を回顧する」において，本運動に医学の立場から関わったという（1989年当時）国立公衆衛生院前衛生人口部長・村松稔は，当時を振り返って以下のように述べているが，本運動の本質を突いていて実に興味深い。

> 最初のころはこういう運動は経営者が家族手当を減らすための経済的な意味での策略ではないか，というような労働組合からの批判が出たこともあったのですが，実際には働いている職員，殊に家庭にあって妊娠，分娩，育児に当たる女性の方が，非常に切実な問題としてこれを受け止めたということでそれが大きなドライブになってこの仕事は伸びていった。　　　　　　　　　　　　　［人口問題研究所 1989：254］

6　むすびにかえて

本章では，戦前までさかのぼる永井の思想を軸に，日本における新生活運動の展開について論じてきた。本運動の起点となった1953年は，戦後日本における人口政策の立案体制が確立された年でもあった。これまで述べてきたように，この一致は決して偶然ではない。なぜなら，その直前である1950年頃が，日本の人口政策展開における1つの転機となったからである。つまり，人工妊娠中絶件数の急増が問題となり，その対応として受胎調節の普及という政策課題が浮かび上がった。新生活運動がこのような状況，および文脈から生まれたことを把握することは，それ自体重要なことであるだろう。

最後に，本運動と企業福祉との関わりについて指摘しておきたい。永井とと

もに本運動に深く関わった篠崎は，これから新生活運動に取り組もうとする会社に向けて，以下のメッセージを発している。

> ある会社では，とてもうちでは生活の設計までは入れない，しかしながら家族計画はどうやら労働組合も反対はすまい，従って一応自分のところではこの新生活運動を家族計画の運動として始めよう，こういう一つの理念の確立もあろうかと思います。またある会社では，とにかくこれは従業員の家庭の福祉に役立ち，それが陰に陽にはね返って職場に返ってくる。従ってこれは産業安全と結びついて，はっきりこうだとは言い切れないにしましても，とにもかくにも家庭福祉と職場安全とは結びつくであろう，こういう理念の統一をいたしましてこの運動をお始めになるということも一つの道でありますし，さらにもう一つ大きく上回りまして，とにかくその運動はいいが，もう一つ大きく考えて，今日の企業体というものは，特に大企業体におきましては新しい福祉経営の考え方を取り入れてみようではないか，その一つの運動としてこれを行ってみてもいいではないか，つまり福祉管理というような一つの近代経営のあり方を打ち出してみてもよいではないかというような理念のまとめ方もあろうかと存じます。　　　　　　　　　　　　　　　　　　　　　　　　　　　　　　［篠崎 1960：185-186］

まずはその会社の立地条件や経営規模に応じて運動の理念を確立し，その統一を図ったうえで「これを具体的に行います場合には，どうしても最初は私どもは家族計画から出発していただきたい，かように考えておるのでございます」［篠崎 1960：186］。この発言は，新生活運動が単に出生に関わる政策展開というだけでなく，その後の企業福祉の展開および発展にもなんらかの意味をもったことを示唆している。

考えてみれば，今日の少子化対策では企業の役割が重視されている。現時点でそれが広く普及しているとはいえないものの，女性を積極的に活用している業種，企業を中心に，育児休業制度やフレックスタイム制度など，企業独自に育児支援制度の充実が図られてきている。それらの企業はファミリーフレンドリー企業と呼ばれるが，本章で取り上げた新生活運動は，その課題や時代状況等の背景は異なるものの，企業体の今日につながる取り組みとして十分結びつけて考えることができるのではないか。結婚・出産は，あくまで個人や夫婦の自由な意思によって決定されるべき問題である。したがって，少子化対策としては，あくまで産みたいのに産めない状況に対して，なんらかの社会的支援が

行われることが望ましいということになる。女性の社会進出が進んだ今日，仕事と育児の両立という問題は，出生率に影響する問題の1つであることは間違いない。だとすれば，少子化対策における企業の果たす役割を見直すという意味でも，本運動を顧みることはなんらかの意味をもつといえよう。

1) 「新生活運動」は，そもそも本章で取り上げる企業体新生活運動だけでなく，戦後農村部で展開された生活改善運動等を含む総称である。1950年頃から生活の合理化，近代化，民主化を図ろうとする運動を包括した呼称として用いられるようになったとされる。もっとも，本章では企業体の家族計画運動を指して「新生活運動」と呼ぶ（新生活運動の全容，および史的展開については財団法人新生活運動協会『新生活運動協会二十五年の歩み』，1982年，を参照されたい）。
2) 以下，旧字体が含まれる引用に際しては，適宜修正を施している。
3) 厳密にいえば，本書は河田嗣郎，永井亨，金持一郎の『土地経済論』『人口論』『植民政策』の合本（河田嗣郎ほか『現代経済学全集 第22巻 土地経済論・人口論・植民政策』日本評論社，1931年）の一部であるが，それぞれの内容は完全に独立したものである。
4) 「人工妊娠中絶が母体の生命，健康という観点から，非常に思わしくないということからいたしまして，政府におかれましては，人工妊娠中絶をやめるということを目的といたしまして，なるべくこれを健全な受胎調節に切りかえて行く。それを人口政策としてではなしに，母性保護の見地からこれを行う。大体こういったような趣旨に基づきまして昭和26年の10月26日と記憶いたしておりますが，閣議におきまして了解事項として決定せられました。それ以来厚生省が中心となりまして，人工妊娠中絶を回避するために，母子保護の政策といたしまして，受胎調節普及の努力をいたしておるわけでございます」［財団法人人口問題研究会 1983：91］。これは1953年6月30日に開かれた人口対策委員会第1回総会の記録であるが，ここでも受胎調節の普及を母胎保護の政策として取り組む旨が記されている。
5) 1953年，日本は国際家族計画連盟に加盟している。この発言はその第5回国際家族計画会議（1955年，東京）におけるものである。
6) 1954年に成立した鳩山内閣が新生活運動の実践を公約にし，それを受けて翌1955年に財団法人新生活運動協会が設立される。永井は協会設立当初から常任理事としてその役員に名前を連ねているが，当協会の活動は青年団や婦人会，公民館といった地域レベルの新生活運動推進を目的としたものであった。当協会の財団法人人口問題研究会との関わりは，協会が研究会に指導者研修会を委託開催したのみにとどまっていたとされ，その意味で当協会の活動は，地域を対象としたものとして以下で取り上げる財団法人人口問題研究会の取り組みとは別次元のものである［財団法人新生活運動協会 1982：12］。あえていえば，地域レベルの新生活運動の指導を担ったのが新生活運動協会，（大）企業レベルのそれを担ったのが財団法人人口問題研究会，生活困窮者に対しては公衆衛生院という整理ができるだろう。

終 章

出生政策と家族政策 ▶史的回顧

1 はじめに

　本書を貫くテーマは,「人口問題と社会政策」である。それを締めくくる章として, ここで「家族政策」という概念の日本的展開に注目したい。

　論者によって必ずしも定義づけは同一ではないが, 家族政策は「家族および家庭内の個人の基礎的ニーズに対応し, 家族をサポートする国の政策」[1]であり, それは社会政策の一領域をなしていることに大方の異論はないだろう。日本では, 出生率の低下が問題となった1990年代以降, その議論が過熱することになった。

　それに対して, 戦前の西欧先進諸国までさかのぼっての家族政策は〈女性政策＋児童政策＋優生政策〉として把握できるものであった。こう述べたとき, 3要素のなかで最も眼をひくのは優生政策であるだろう。その根拠とされる優生学は, 今日における位置は別として戦前期の家族政策, いいかえれば家族政策の起源を考えるにおいて外すことのできない存在であった。当時の家族政策をめぐる議論は, 出生率の低下という人口の〈量〉をめぐる観点だけでなく, 優生学を根拠とする人口の〈質〉をめぐる観点こそが, 大きな影響を及ぼしていたからである。

　そのことは, 日本を例に考えればわかりやすい。当時の日本は西欧先進諸国に比して高出生率を維持するとともに, それが食糧や失業との関わりで過剰人口問題として認識されるほどであった。だとすれば,〈量〉という観点に限っていえば女性や児童を重視する家族政策の展開および発展は望みにくい状況があったといってよい。にもかかわらず, 戦前の日本においても人口の〈質〉をめぐる議論との関わりで「家族政策」をめぐる動きが現れ, 曲がりなりにもそ

れが政策として結実していたのである。その人口の〈質〉的な議論の展開を根拠づけたのが，優生思想であった。

この事実と関わって，見直すべきは戦前期の西欧先進諸国と日本を比較する際においてしばしば見受けられる家族政策の成立（＝西欧先進諸国）・不成立（＝日本）という構図である。この見方は両者の相対的な比較を根本から拒むことになるが，そこには家族政策という概念の歴史性に対する配慮が欠けている。今日の私たちが考える（福祉的対応に限った）家族政策とその起源としての家族政策には隔たりが認められるため，家族政策について長期的なパースペクティブから論じるのであれば，それと人口政策との接点を抜きには語れないのである。

このような認識に基づいて，本章では少子化問題の歴史が浅い日本で，概念としての「家族政策」がどのように展開されてきたのかを考察したい。具体的には人口政策史における家族政策の位置づけに触れたうえで，今日へと引き継がれる家族政策理念の提唱者であるミュルダールの思想およびその影響下で展開された家族政策が，わが国でどのように紹介，吸収されてきたのかといったことを中心に検討することになる。

2　日本における家族政策概念の展開

家族政策理念の提唱者は，ミュルダール夫妻である。ミュルダールは，当時のスウェーデンが直面していた出生率低下の背景，さらには民主主義社会における人口問題の性格について深く考察し，出生減退防止策として予防的社会政策という独自のアプローチを提唱した。この予防的社会政策は，女性や児童家庭を重視する家族政策として語られることになる。スウェーデンに限らず戦前の西欧先進諸国は，19世紀終わりから20世紀初めにかけて次々に出生率の低下を経験し，それが深刻な問題として認識されていた。そのなかでミュルダールの思想，ひいてはスウェーデンの例が画期的であったのは，全体の人口増加を目的とすることには変わりないが，個人に対して産児制限の自由を認めたこと，そして子どもを生むことを避ける原因を取り除くため，児童の養育費用を社会

化する方向に政策が向けられたという点であり,それをもって周辺諸国の出産奨励主義政策と一応の区別をすることができた。[2]

　ミュルダールの思想,さらにはスウェーデンの事例が日本でどのように紹介されてきたのかを追究する作業に入る前に,その社会政策史や人口政策史における位置づけを確認しておきたい。

　　スウェーデンは1934年にミュルダール夫妻（Gunnar and Alva Myrdal）が『人口問題の危機』と題する書物を書き,出生力低下による人口減少が重大な帰結をもたらすことを警告し,出生力低下の原因を解明してそれに対する対策を講じる必要があることを提案した。この書物の影響はきわめて大きく,<u>スウェーデンでは結婚・出産は国民の自由な意志によって決定されるべき問題であるという基本原則をとりながら,詳細な調査研究の結果をもとにして,結婚・出産・子育てに対して社会的支援を行う政策をとった</u>。この方式は,出生促進のために政府が直接的な介入を行うことを避ける現在の先進諸国の人口政策のモデルになっている方式でもある。（中略）戦後先進諸国では家族政策（Family Policy）と呼ばれる政策の拡充が進んでいる。それはスウェーデンのミュルダールによって提唱された政策とその思想と手段において共通のものである。（下線－引用者）

　これは『人口大事典』[日本人口学会 2002]における記述であり,冒頭でもふれた家族政策は社会政策の一領域であるということについて,それを再確認するものであろう。次に,これを家族政策が登場する以前からの人口政策（学説）史の上で把握してみよう。ミュルダールの思想は「減退人口」をめぐるものとして,さらにはその対策を社会政策（福祉）との関わりで論じたものとして人口政策史上に把握することができる。マルサスの人口論以降でいえば,19世紀を通じて人口をめぐる議論は過剰人口に焦点が当てられ,減退人口が問題として論じられるに至ったのは20世紀に入ってからのことである。その直接的な要因は19世紀に登場した新マルサス主義を根拠とする産児調節の普及であり,減退人口が課題となって以降は主にそれをめぐって社会学的あるいは民俗学的な観点からの人口学説が展開されるに至っていた[平凡社 1957]。ミュルダールの思想はそれを人口学説とは呼べないにせよ,この文脈でスウェーデンにおいて登場したものである。

　もちろんこの時期は,日本でいえば「産めよ殖えよ」で知られる戦時人口政

策のもと，スウェーデンの周辺国も「人口増加戦」を繰り広げていた。その意味ではミュルダールの思想およびスウェーデンの事例も，同じ出生促進を志向する政策である。とはいえ，第2次世界大戦中スウェーデンは最後まで中立国であった。戦後スウェーデンの事例が特別な扱いを受けることになったのには，何よりそのことが大きいと思われる。すなわち，ミュルダールの思想およびスウェーデンの事例は，この時期に「減退人口（A Declining Population）」を問題として取り上げたという点が画期的であったというのではなく，「停止人口が衰退人口よりも望ましい」という命題を提示したものとして，そしてそれが人口増加戦と関わりをもたなかったことをもって，ある時点から特別の扱いを受けることになるのであった。

そのことを示すために，以下この家族政策の原型ともみなされていたミュルダールの思想およびスウェーデンの事例が，日本でどのように紹介されてきたのかを時系列で取り上げてみたい。その際，「家族政策」の解釈がどのように変化していくかに注目したい。

（1）戦　前（戦中）

（イ）北岡壽逸（じゅいつ）（1940年）

　管見の限りでは，1940年の『人口問題』（人口問題研究会編）に掲載された北岡壽逸の論考「スウェーデンの人口問題及人口政策」，および同「最近各国人口政策概観」『人口問題研究』（人口問題研究所編）においてそれがはじめて紹介されている。前者においてはA. ミュルダールの論文"A Programe for Family Security in Sweden"（1939年）の内容を紹介しているが，その序言において以下のように述べる。

> 出生率の低下，人口減少の脅威，と云うことは，現下欧米各国を襲うている文明病であって，スウェーデンも亦その脅威を自覚し，最近之が対策を講じた。それは我国によく紹介されて居る独伊や仏国とは種々異なるものがある。固より我国に採用すべからずと思われる点もあるが，兎に角人口政策上興味深きを以て，右に掲げた論文（"A Programe for Family Security in Sweden"－引用者）によって，同国の人口現象の近況及採用されたる主たる人口増加策（下線－引用者）を紹介する。著者ミュルダル女史は『人口委員会』の委員たり，その夫はストックホルム大学教授で夫婦共著

の『人口問題の危機』がある。　　　　　　　　　　　　［北岡 1940b：61］

　注目したいのは，ここでスウェーデンの事例は（本論考のタイトルにもあるように）「人口政策」として紹介されていることである。後者においては，西欧先進諸国における人口現象について以下のように述べる。

> マルサスの論究の対象となった時代とは事情全く一変した。殆ど百八十度的転回と云ふも不可はない。殊に最近に至っては食糧の増産甚だしく，生産過剰，価格低落の傾向著しきに拘わらず，出生率，人口増加率は年々減少して行く。　［北岡 1940a：3］

　それについて主要国の出生率を示したうえで，クチンスキー（Kuczynski），ブルクドェルファー（Burgdörfer），ヴィクセル（Wicksell）の人口の減少をめぐる議論を紹介する。そのうえで「今日の世界の如く民族国家対立し，ブロック経済の世に於いて国力の基礎たるべき人口の減少を憂へざるものはない。是欧州諸国に於いて近時相次いで人口増加政策又は人口減少防止政策の採らるる所以である」と述べ，ドイツ，イタリア，フランス，イギリス，スウェーデン等の「人口増加策又は人口減少防止策」を以下の10項目に分けて紹介している［北岡 1940a：3］。

　1．結婚の奨励，2．避妊の防遏，3．堕胎厳禁，4．出産の負担軽減，5．育児負担の軽減，6．多数家族に対する便宜，利益又は特権，7．相続税の調節，8．酒精中毒及花柳病防止，9．都市集中防止，10．教育及宣伝

　図表終-1はそれら10項目を示したものであり，ここでは各国の事例が人口増加策として対等に扱われていることに注目したい（便宜上，スウェーデンに関わる記述に下線を施している）。

図表終-1　西欧先進諸国の人口増加策または人口減少防止策

1．結婚の奨励 　結婚奨励として述ぶべきもの二ある。一は独身者に対する特殊負担であり，二は結婚に対する貸付金制度である。前者の例としては伊太利の独身税及独逸の税制を挙ぐることが出来る。尤も所得税は何れの国に於いても家族の数に応じて一定額を控除するの制度を有するも，多くは労働能力なき養司及老人，疾病者等に対する控除を常とする。反之，伊太利の独身税は独身者に重課し且結婚奨励策たることを声明している。後者の例として，独逸，瑞典，仏国に於ける結婚貸付金の制度を挙げることが出来る。是等三ヶ国の制度は新婚者に家庭を持つ為の資金を貸与するものなる事に於いて共通であるが，その内容は夫々

異なる。瑞典の制度は（金額千クローネ以内期間５ヵ年以内）単純なる結婚奨励制度なるに反し、独逸の制度は出産奨励と結合し、仏国の制度は更に都市集中防止策を結合している。

２．避妊の防遏

尤も、何れの国に於いても風俗上の理由よりして避妊に関する知識の普及、避妊具の頒布等に制限を加へて居る。然し避妊は或場合母体の健康上必要であり、避妊具は合字に性病予防具なるが故に之を抑圧する由もない。独、伊、仏、何れも人口政策の見地より避妊の知識の普及及避妊料品の販売を制限せんとしつつその実何ら実効ある方法を講じ得ないのはこの理由による。反之、瑞典に於いては他の方法に依り出産増加の方法を講じつつ避妊の知識の普及は之を抑制して居ない。

３．堕胎厳禁

堕胎は何れの国に於いても風俗上の理由よりして之を禁止せざるはない。唯何れの国に於いてもその母体の生命の保護の為に必要なる場合は之を認めざるを得ない。故に或は法を犯し、或は法を免れて堕胎を行ふの風何れの国にも絶えないのである。之が防止の方法としては制裁を厳重にすること、届出制又は立会医師の制度を設くること及警察力に依りて取締りを励行することである。仏国の新家族法典は法制として最も厳格なものであり、ナチス独逸の取締りは法の励行として最も有効なものであらう。前者は未だその効績を見るに至らざるも後者は既に顕著なる成績を挙げた。ナチス政権掌握以来独逸の出生率の著しく向上した最初の直接の原因は之に依ると日はれている。

４．出産の負担軽減（産院の普及、公費補助及出産奨励金）

他の条件にして同一ならば産院の完備し、その費用の廉なる方が然らざる場合に比して出産の奨励となるべき事は容易に想像が出来る。之独、伊、仏等に於いて出産増加策として産院の普及改良に努むる所以であるが、この点に特に重点をおいて居るのはスエーデンである。同国に於いては1937年の議会は母子議会と日はるる程、母及子に関する多くの法案が提出されたが、その趣旨は出産増加であり、最も力を入れたことの一は産院及助産婦の施設であった。即ち公費の補助を受けた低廉なる産院及助産婦が全国に普せられ、凡ての国民は－財産及収入の如何に拘わらず－出産時の手当を保障せられ、尚年収三千クローネ（国民の九十二％は之に該当すると云ふ）以下の国民には、出産手当七十五クローネが与へられることとなつた。

又上記独逸及仏国の結婚奨励金は同時に出産奨励金の性質を含み、産児一人毎に独逸に於いては四分の一、仏国に於いては五分の一の割合で貸付金が免除され、独逸では四人、仏国では五人生めば貸付金は棒引になる。その他に仏国では結婚後二年内に長子の生まれた場合には五千法乃至二千法の奨励金がある。

５．育児負担の軽減

①育児施設の普及

是は何れの国も従来主として社会政策の理由より行つた所であるが、近時に於いて出生率増加を目的として行はれた。その最近の顕著な施設はスエーデンに見る。同国に於いては1938年より、半額国庫負担の原則の下に学童の栄養食配給を行ひ、又全然無料を以て肝油、カルシュム、その他の強壮剤を児童保護所に於いて配給することとした。尚更に大規模なる児童保健施設の社会化が企図されている。独逸においてもナ

チス社会事業団は乳児死亡率の減少と共に育児費の負担軽減の為に各種の施設をやつている。仏国及白耳義に於ける家族手当平均金庫のなす育児施設もその著しき例である。何れも育児の負担の軽減と共に乳児死亡率の低下を目的とするものである。

②所得税の家族控除

之は従来は単に，租税をして負担能力に応ぜしむることを目的としたにすぎないが，近時に於いて出生増加を標榜するに至つたものがある。伊太利及独逸はその適例である。

③家族手当制度

家族手当も亦必ずしも常に出生増加政策の見地より実行せらるるものではない。或は合理的なる賃金，俸給の定め方として，或は戦時物価騰貴の際の最小限度の賃金引上方法として或は最低賃金の方法として，或は雇主の福利施設として，行われたのであるが，今日に於いては人口増加政策として実行せらるるもの寧ろ多きを見る。仏国，白耳義，伊太利，独逸，ハンガリー，スペイン等の家族手当制度は凡て人口増加が政策の主たる目的とすることを標榜している。

6．多数家族に対する便宜利益又は特権

例として，以下のものがある。

1 公営の住宅に関し家族多きものは比較的家賃を低廉にすること，<u>スエーデン，独逸，伊太利，仏国に於いて国策として之を実行する他</u>，英国の如き政府として何等人口増加政策を採らざる国に於いても，半ば社会政策，半ば人口政策として公営住宅の家賃決定に当たり，多子家族の為に家賃を割引するの政策をとる公共団体の数殆ど百に及ぶと云ふ。

2 鉄道の割引，独逸及仏国に於いて行ふ。

3 学校授業料の減免，独逸，伊太利及仏国に於いて之を行ふ。

4 政府及官業に於いて優先雇用すること，独逸及伊太利に於いて之を行ふ。

5 免税，所得税の家族控除の外特に子女の多い家族に対して免減を行ふ。伊太利に於いては官吏の場合は七人，一般には十人以上の子女を有するものには手厚い免税が行はれる。

6 補助，奨励金，特に多子家族の補助奨励を目的とする財団法人は仏国に於いて数多い。その数多くも二十を数へる。

7．相続税の調節

産児制限の受容動機が相続財産の分散を逃れること，即ち，其の子孫をして，親と同様の財産的地位を継承せしめたいと云ふにあることは一般に承認せられて居る所である。この事は仏国の如き，境の固定し，向上の機会の乏しい国に於いて特に著しい。之を以て，仏国に於いては子女の数に応じて相続税の率に著しい差異を設け，兄弟多きものの相続税負担を軽減した。

8．酒精中毒及花柳病防止

病毒の防止は国民衛生上及風俗上も必要なる事云ふまでもなく何れの国に於いても之が防止に努めて居るが，伊国及仏国に於いては特に出生増加の見地より，之が防遏に努むる事とした。

9．都市集中防止

人口政策上より都市集中を防止する政策をとる例として，以下のものがある。
　其の1は伊太利であって，尨大なる国帑を費やして開墾を計りたるが如き，1927年省令を以て，十萬人以上の都会には百人以上の工場を設立する事を禁じたるが如き，又都市労働者の農村帰還を命じ，田舎より都市に集中する事を禁ずるの権限を地方長官に与へたが如き，何れも人口政策上都市集中を防止せんとする企てである。
　其の2は独逸に於いて伯林，ハンブルグ，ブレーメン等の都市に田舎より移住する事を制限し，都市労働者の農村に向かふ事を勧め，逆に農村労働者の都会に働くことを制限した。是等の政策は主として失業防止を目的とするものなるも，又同時に人口政策の見地より，都市集中を防止するものなる事もその標榜する所である。
　其の3は仏国の農民定着資金制度で，農夫にして新たに結婚して農村に定着せんとするものに対しては二千法以内を貸し付ける。是は独逸の結婚奨励金と同様結婚の外産児の奨励を目的とするもので，償還期限は十年であるが，子供を生む毎に年賦金が減額せられ，五人の子を生めば全部棒引きとなる。独逸の制度と異なる所は対象を農民に限り農村に定着する事を目的として居ることである。
10．教育及宣伝
　出生率の増加の為には，国民の気魄を盛んにし，人口増加の国家的見地より必要なることを知らしめなければならない。この精神運動の最も盛んなるは，独逸及伊太利であるが，仏国の新家族法典が公私凡ての学校に於いて一ヵ年に少なくとも六時間人口問題に関して教育することを要することを定めて居る事は誠に興味あることである。

［北岡 1940a：3-12］より筆者作成。

（ロ）森岡正陽（1941年）

　次に，その翌年『人口問題』（人口問題研究会編）に公表された森岡正陽の論考を取り上げよう。それは，スウェーデン人口委員会の報告（1938年）による家族生活安定計画を紹介するものである。本稿は40頁に及ぶもので，計画の内容を「教育的措置」「性に関する法律の変化」「収入の均衡化」「母性保護に関する経費」「孤児等に対する経済的保障」「子女を擁する家族に対する住宅計画」「結婚貸与金」「栄養」「児童の保健監督並に児童に対する医療費軽減」「教育」「就学前の児童に対する保健施設並に休養娯楽施設」「有配偶夫人の雇用」「都市並に農村の生活状態改良方策」に分けて紹介している。森岡は「スエーデンの人口政策は，自由主義的人口政策・民主主義的人口政策の特徴を遺憾なく発揮してゐる。一方においては新マルサス主義を採用して合理的産児制限を是認しつつあるのに対し，一方では人口逓減対策としては保守主義的態度を採り産児制限を抑制して人口増加を促進せんとする。この両者を如何に使ひ分けるか，

如何にして両者の要求を調和せしむるかにわれわれの興味が懸る」［森岡 1941：158］と述べ，本計画を「スエーデン国に於ける家族生活の安定による<u>人口増殖方策</u>」（下線－引用者）［森岡 1941：194］と呼んでいる。なお，以下では先に列挙した項目のうち，「性に関する法律の変化」についてのみ取り上げよう。

「性に関する法律の変化」
（1）避妊
　「スエーデンに於いては1910年以降避妊に関する知識の伝播を阻止せんとする法律が施行されてゐたが，近年その違反者さへもが告発を免れてゐる程に実施状況が寛大になつてゐた。人口委員会は，親になることを個人の自由意志に委ぬべきことと，性教育を一般に実施することとを承認してゐる上に斯様な実際上は無視されてゐる法律を正式に支持することは一般の風紀を毀ふ所以でもあり，更に，この法律の実施は間接的に，一般に対して性教育を行ふのを躊躇せしめ，性生活に対する観念を罪悪感又は不道徳感と連想せしむるに至るのでその弊害は益々増大されるのを惧れて，この法律に対して反対的態度を採り，刑法及び新聞紙法中，性交の結果を忌避せんと企図する手段の広告を処罰する条項の廃止を要求し，予防剤に関する営業の取締として保健局の告示を遵守すべきことを主張した。堕胎の方法・手段については禁止したものもあるが，医師の処方により薬剤師の許に於いてのみ薬剤の販売を許すことを認めた。この委員会の主張は若干の訂正はあつたが1938年に政府より議会に提出されて法文化された。」［森岡 1941：173］
（2）堕胎
　「1935年に専門家より構成された特別委員会は，堕胎を禁止する法律の緩和方に就いて意見を提出した。即，この委員会は，何ら特別の立法によらずして，医学的理由のみにより堕胎を行ひ得るやうに為すべきことを主張し，堕胎を許すべき場合としては，強姦・近親相姦・未丁年者の妊娠等の人道的理由によるもの・遺伝の如き生物学的理由によるもの・子女の出生が母を長く不幸に陥れ，若しくは堕胎を行ふ以外には母を貧窮より免れしむる方法の見出せざるが如き社会的理由によるもの等を列挙したのであったが，この最後の理由に関しては議論が続けられた。即，人口委員会としては，何より先ず合理的なる産児制限の知識並に方法を教へてスエーデンの成人人口の渇望を満たすことが緊要であり，家族の大きさを調整するためには堕胎を利用すべきではないとの意見を主張した。性教育の機会が急激に増加し，個人的相談が公衆の為に門戸を開き，家族保全の問題に関し強力なる社会改造方策が講ぜられてゐることは，即，社会的理由に由る堕胎の禁止を正当たらしむるための必要なる条件を提供してゐるのに外ならぬことを以て其の根拠とした。委員会は，社会的理由に由る堕胎を，経済的要因と体面なる要因に分つて更に詳細に分析検討を試みた。即，貧困の場合に胎

児の破毀を是認するよりは，子女の出生に関連する経済的困苦を排除することの方が社会のためには一層適切であるとの社会的理由を力説し，更に，現在に於いては，未婚の婦人にして子女を擁する者に対する譴責は，その子女の父なる男に対するよりは苛酷であり，そのやうな夫人よりも遙かに多数存在するところの未婚婦人にして性的関係を持続しながらも子女なき若しくは堕胎によつて出生を避けてゐる者に比べれば何倍か苛酷であるとの体面上の問題を提起してゐる。人口委員会の要求に応じて，政府は1938年に議会に提案し，僅少の修正のみで議会の協賛を経て，1939年1月1日から新法令を施行した。」［森岡 1941：173-174］

(3) 断種

「1934年5月11日の断種法，即，現行断種法は精神病患者・白痴等の承諾能力を欠く者に対する強制断種を規定するものであるが，人口委員会は承諾能力ある者に対する任意断種に関する調査研究を命ぜられた。即，遺伝の惧ある素質にして悪質なる者に対しては希望に応じ断種を行はうとする消極的優生学とも称すべき観点に立つ研究であるが，その対象は単に遺伝性疾患のみではなく，将来子女を育成する上に明白に不適当なりと考へられる者をも含んでゐることは注目に値する。本件に関しては未だ議会に諮るに至つてゐない。」［森岡 1941：174-175］

本論考はスウェーデン人口委員会の報告（1938年）による家族生活安定計画の紹介であり，ミュルダール夫妻の思想についての言及はなされていないが，スウェーデンの例が「人口政策」として語られていること，またここで引用した優生政策的な側面についての言及もなされていることは確認できる。

(ハ) 小田橋貞壽（1941年）

次に小田橋貞壽によるG.ミュルダールの著作，*Population: A Problem for Democracy*（1940年）の紹介を取り上げよう。小田橋は，本書を以下のように評している。

> これを我国の現状に照してみるとき，その根本的な思想において異なるものはあるけれども，尚人口の動向はデモクラシー国家のそれに頗る類似のものが存在することを発見するであろう。（中略）デモクラシー国家では個人の利益を全体に優先して認めるが故に，個人個人が抱くところの人口に対する所信の変化なくしては，人口増加の態勢は招来し得ない。　　　　　　　　　　　　　　　　　［小田橋 1941：105］

> 人口減退が社会経済的に不利であり，個人的にも産児制限が不幸をもたらすことが，明確に論断され是認されるに至れば，デモクラシー国家においても人口は増加する方向へ動くかもしれぬ。しかし著者が産児制限を一方に認めなければならぬこと，個人

と全体との利益相反が決して簡単に解決し得ないであろうことは，デモクラシー国家における人口の将来を暗示するものといえよう。　　　　　　　　［小田橋 1941：105］

すでに指摘したように，本書のなかには「望まれない出生（undesired births）」に関して論じた一節がある。その箇所について，本論考では以下のように取り上げている。

> デモクラシー国家では，無知と貧乏を其の儘に放置して而も産めよ殖えよと奨励し，彼等によつて人口の維持を図るが如きは不合理であると著者は極言してゐる。さればとてストックホルムの如く人口純再生産率が3分の1にまで下がることを歓迎してゐるわけでは勿論ない。そこで人口を増加せしむべきは寧ろ上層階級であつて，これによる人口増加乃至維持を図るこそ健全なる政策だといふのである。そこで筆者の提唱する人口政策は一方において産児制限の普及を主張し，他方において産児奨励を得といふ，一見すこぶる矛盾したものとなるのである。人口政策の消極的部分は，まづ望まれざる出生を減ぜしむることにあると著者はいひ，これは又スウェーデン人口委員会においても採択されたのである。かかる意見によればスウェーデンの如き国においてさえ人口は更に減少することになるかも知れないが，然し民主主義国では貧乏と無知を何としても艾除（ガイジョ－引用者）しなければならず，仮に人口の状態が現在以上に衰滅の危険に曝されようとも，尚『文明の進歩を犠牲にしてまで子供を多くせんとは望まない』というのが著者の意見である。　　　　　　　［小田橋 1941：103］

（ニ）河野和彦（1942年）

1942年には，河野和彦が『人口問題』（人口問題研究会編）に *Population: A Problem for Democracy*（1940年）の概要を紹介している。

> 民主主義国における人口問題は，急速に低下する出生率がやがて人口完全代替をすら不可能ならしめ，人口の老衰が始まるに至るという深刻な悩みに曝されている。今世紀における各文明国の出生率の漸次低下は既に各国が程度の差はあれ，真剣に取り上げている問題であり，必ずしも民主主義国に限られた問題ではないけれども，殊に第一次世界大戦以後，此の問題は従来新マルサス主義の浸透せる民主主義国には強く現れ，一部の技術家，或いは専門家の手に委ねて置ける問題ではなく，国家が正面から取り上げねばならぬものであるとの自覚が生ずるに至った。スウェーデン国における此の種の方策の樹立を巡る活動は，民主主義の人口問題の性格を把握する事の出来る一つの地盤を提供している。　　　　　　　　　　　　［河野 1942a：125］

こう評したうえで，「民主主義国における人口問題の深刻な悩みを提示する此の書の要旨の紹介は必ずしも無益ではないと考えるので，ミュルダールの推

終　章　出生政策と家族政策　245

論に従って概略を紹介する」[河野 1942a : 125] としている。
　先に同じく「望まれざる出生」について書かれた箇所を引用しよう。

　　スウェーデン国においては所謂望まれざる出生がかなり多く，私生児は前出生の
　10％は存在する。児童が正常な過程で成育すべき事は勿論のことで，かかる私生児の
　発生は何かと阻止されねばならない。又正常な夫婦関係においても，母が虚弱である
　とか，あるいは貧困，悪質遺伝，不適当な環境等の為に望まれざる出生があり，而も
　これらの条件の下に高出生率を示すことがある。これらの望まれざる出生に対しては，
　産児制限を認めてもよいのではないか，とミュルダールは言う。之はスウェーデン国
　に新マルサス主義が浸透する為に産児制限が極度に普及している現実に対して，ミュ
　ルダールは産児制限の普及が出生率の低下に作用するので困ったものであるが，こう
　した面には非難されるべきではないと云うのである。ストックホルムでは，所得と産
　児数との間には平行的な相関関係がある。これは低所得層にまで，産児制限が浸潤し
　ていることを暗示しているものであるが，もし，此の傾向が地方に迄蔓延するならば，
　全体として出生率の低下をみるに至ろう。民主主義国家においては，民衆を無知と貧
　困に放置して，人口増加を奨励することは出来ぬし，またこうした無知なる者や貧困
　なる者の出生に頼って人口増加を図ろうとする事は合理的ではない，とミュルダール
　は極言している。そうかと云って人口が低減しては困るから，知識層や上流階級には，
　人口を増加する事に協力してもらはねばならぬというのである。一方においてミュル
　ダールは，産児制限の適用される余地を認め，寧ろ産児制限を積極的に活用すること
　によって望まれざる出生を根絶せよと主張し乍ら，他方では，出産奨励をする。之は
　一国全体の人口政策に於ける一見矛盾した様相を呈したものとなるのである。その所
　で彼は次の如く述べている。人口政策の中心は文化や衛生の高く行き届いた教育標準
　の高い市民が，自発的に一家4人の子供を持つ事を目標とすることである。
　　　　　　　　　　　　　　　　　　　　　　　　　　[河野 1942b : 172-173]

(ホ) 増田抱村 (1943年)
　前項は概略紹介であったが，その翌年，(河野和彦による) 翻訳が『人口問題
と社会政策』というタイトルで公刊された。増田抱村は，『人口問題』(人口問
題研究会編) にその紹介文を載せている。ここでは質的人口政策の内容には触
れず，感興を覚える点として「人口論史を政治的思考との関連において緊密に
研究する要あり」[増田 1943 : 252] としたこと，「人口問題におけるもつと積極
的な政治的態度が諸種の間接的手段によつてある程度社会風潮の型や，個人の
行動を次第に変化させて行くことの出来るものであることを認め，民主国とい
へども国民生存への責任を持つものであるから，この見地における政治的命題

の下に人口政策の価値性を認め，その方法として社会政策の施行に依存した」
［増田 1943：253］こと等をあげ，ミュルダールの主張を「民主国における人口思想の最近の傾向を示すものとして多くの論点をわれらに与えていることに感興の深きものあるを覚ゆるのである」［増田 1943：254］と評している。

　以上が戦前（戦中）におけるミュルダールの思想，およびスウェーデンの事例を取り上げた主要な論考である。このように，これらは戦前において人口増加を目指す思想および政策として，さらに北岡の論文（1940年）では当時スウェーデンでとられた具体的な施策は人口政策として他の西欧先進諸国の事例と並べて紹介されていた。また，「戦前」の家族政策の特徴ともいえる優生学を根拠とするもの，いいかえれば人口の〈質〉的政策に関する内容も積極的に紹介されていた。

（2）戦　　後

　戦後，ミュルダールの思想に依拠しつつ家族政策という言葉が用いられ始めるのは1960年代以降のことであり，それは『福祉国家を越えて―福祉国家での経済計画とその国際的意味関連』（北川一雄監訳，ダイヤモンド社，1963年）や『経済学説と政治的要素』（山田雄三・佐藤隆三訳，春秋社，1967年）といった形でミュルダールの学説の輸入が進められ，スウェーデン・モデルへの注目が始まった時期でもある。そこでの家族政策は「家族・家庭の有する諸機能の低下」を補強・強化するという福祉的対応としてのみ語られることになった。以下の定義はその一例である。

> 家族が『正常な発達』をとげるための家庭内外の諸計画や諸対策を家庭（家族）の福祉計画または家族政策と概念することにしよう。ここにいう正常な発達とは家族および家族構成員の福祉がその発達段階をとおして調和・持続して達成されることである。さらに換言するならば，家族が生活行為を営むなかで，生活欲求とその欲求充足との間に対立が生じ，それから生まれるひずみを克服するためにとるところの家族社会と全体社会の政策的実践であるということができよう。　　［向井 1966：80-81］

　ここで注意すべきは，このような文脈においてスウェーデンの事例およびミュルダールの思想にみられた優生学を根拠とする人口の〈質的〉配慮に関する

内容が家族政策の枠組みから切り離されていく点である。以下，それに関連する各論者の論考について，スウェーデンの事例およびミュルダールの思想を取り上げている部分を時系列で列挙してみよう。

①安積鋭二（1969年）

「ミュルダール夫妻と議会の人口委員会とは，スウェーデンの世論を喚起して，人口が停滞しあるいは漸減していくことの政治的，社会経済的重大性を知らしめたのであった。そこで家族に対する社会政策の目標は，家族が普通子供のために要する余分の費用をできるだけ（理論的には完全に）補償するということである。言いかえれば，その目標とは，両親が，子供を正常に養育している間，同じだけの収入のある子供のない夫婦と同程度の生活水準を維持することを可能にすることであった。」［安積 1969］

②吉田忠雄（1971年）

「スウェーデンの人口政策は，単なる人口増加政策ではなく，家族と福祉との接点を求める温和な人口増加政策であった。子供を生めという政策ではなく，生むことが望ましいという政策でもなく，子供を生みたくとも生めない人に，生めるような福祉を充実しようという人口政策だった。」［吉田 1971］

③西村洋子（1981年）

「福祉国家が，家族に対する特殊な援助を推進するには，さまざまな動機がある。すなわち，(1)出生率の低下による人口縮小へのおそれ，(2)健康の増進をはかる，(3)優秀な労働力を確保する，(4)社会の基本的な制度で，かつ社会的単位として家族を維持する，(5)両親の生活水準および福祉の保護，(6)子供の保護，などである。もちろん，スウェーデンでは，経済，財政，労働市場，教育，家族等の各諸政策に加え，包括的な社会政策自体が，資本主義体系を改善し，不平等を是正していくためのきわめて重要な手段になされている。家族政策は，1930年代に，子供の出生率を高めるために，異なった子供数を持つ親達の収入格差を無くすために，もとは導入されたものであったという。したがって，家族政策の焦点は，本来子供に置かれるが，子供の福祉や繁栄は同様に，その親達を豊かにすることである。つまり，人々に子供を何とかして持たせるための方策だともいえる。そこで，子供が政策の対象としてまっ先に考

えられる場合，子供を持つ家族の税制政策はもちろんのこと，家族政策の進歩のためには，以前子供を中心の欠落し，不備であった問題が改めて検討され，分析される必要があった。それらは，(1)保護されないままに放置されていたこと，すなわち，児童労働，婚外出生児，未婚の母であり，(2)人口政策および収入の平等化の手段としての家族政策，(3)男女平等の推進，すなわち，母親と一人の稼ぎ手からなる家族から，同等の地位にある両親および二人の稼ぎ手からなる家族への移行という三つの課題であるとみられる。」[西村 1981：71-72]

また，「家族政策の目的は，明示的には（子どもの発展のための最適条件）であり，潜在的には（女性の就労を助長する）ことである」[西村 1981：105]とその定義に触れている。

④小野寺百合子・藤田千枝（1981年）

「児童福祉は今日では社会政策の中心の一つになっているが，この問題が表面に出てきたのはここ数十年来のことである。しかも発展の緒は人口問題であった。1800年代の人口は異常な膨張を起こし，1900年代にはいると反対に貧困と産児制限から出生率の激減となった。1934年，アルバ，グンナル・ミルダール夫妻の『人口問題の危機』によって警鐘が鳴らされ，人口問題委員会が設置されたが，つづいて人口問題調査会の調査の結果，従来の児童対策から一転した社会改革提案がなされた。その構想は次の二つを目的とした。

　1．国民が結婚しやすく，子供を生みやすく，子供を育てやすくする施策

　2．子供のある家庭が無い家庭よりも経済的貧困に陥らないようにする施策

このときでき上がった一連の児童福祉制度は，それからの四十有年間に時代に応じた改訂が加えられながらも，依然として児童福祉制度の基本をなしている。」[社団法人スウェーデン社会研究所 1981：170-171]

⑤竹崎孜（1984年）

「スウェーデンに於いて家族政策のかたちをもって児童の生活保護が企てられたのは1930年代であったが，その契機となったのは，ミュルダール夫妻による著書『人口の危機』刊行が呼び起こした出生率低下問題をめぐる議論であった。著者は『所得も養うべき子供の数もちがう家族の間では，かなり思い切っ

た所得の再配分が不可欠』と強調，折からの世界的な大不況のもとで生活苦にあえぐ有子家族に対する何らかの援助を求めた。(中略) あくまで生まれてくる子供の福祉を優先させる態度をとり，単に人口減をくいとめるとか，さらに増大させる方策は避けた。何故ならば親になって育児の責任をとるか否かは本人の自主決定にまかせるのが正当とみなされたことによる。」[竹崎 1984：39-40]

以上から明らかなように，スウェーデンの事例およびミュルダール夫妻の思想は，戦後に至って本来そこに含まれていた優生学を根拠とする人口の〈質的〉配慮に関する内容が，切り離されて紹介されることになった。なかには家族政策について，その人口政策との接点についてすら触れられていないものもある。さらにいえば，家族政策の定義自体が明確に示されないまま，スウェーデンの事例およびミュルダール夫妻の思想が語られているようである。その一例として，『社会福祉研究』(鉄道弘済会福祉部編，1984年) の企画「家族に対する福祉政策を問う」から家族政策の定義をめぐる記述を引用してみよう。「家族政策という概念は，日本では，現実政治の領域でも，学問研究の領域でも，充分に一般的な概念になっているとはいいがたい。そのときおりの用例をみると，論者によって，定義もまちまちである」[副田 1984：21]。家族政策は「殆ど新しい概念であり，体系的な文献もない。家族政策は，どちらかといえば，英，独，仏，スカンジナビア諸国にその起原をもつ領域であるといわれている。つまり，これらの国々においては，当初は主として幼児人口の増加を奨励するための家族手当の支給など人口政策の一環として発展し，育児を支える家族をいかに維持強化するかということを関心事として発展した分野である」[黒川 1984：33]。

1980年に至っても，家族政策という言葉はこのレベルで語られていたのである。

3 戦後日本における家族政策の系譜

これまで，スウェーデンの事例およびミュルダール夫妻の思想が，戦前から戦後へと日本でどのように取り上げられてきたのかを追いかけてきた。そのなかで戦前 (戦中) と戦後の間には家族政策をめぐる言説に空白が存在したとと

もに，戦後における家族政策の概念はその定義が判然としないまま用いられてきたことがわかった。以下ではその謎に迫るべく，その呼称の是非は別として，家族政策[4]の日本的展開ともいえる戦後一連の動きを整理してみたい。

戦後しばらくは，家族政策の展開におけるきわめて日本的な時期といってよい。具体的には終戦から戦後，おおよそ1950年代にかけての時期がそれに相当するが，その短い期間に日本の出生率は急激な低下を経験することになったのである。この間の人口対策は，優生保護法と家族計画普及運動（＝新生活運動）を中心に把握することができる[5]。具体的には「優生保護法」の成立（1948年），およびその後の一連の改正による①人工妊娠中絶の適用拡大と，「家族計画普及運動（＝新生活運動）」（1954年～）の展開による②受胎調節の普及である。

それは1948年に制定された優生保護法に始まり，本法の２つの目的，すなわち国民の資質向上と母性保護のうち，とりわけ母性保護を実現するものとして派生したのが家族計画普及運動（＝新生活運動）として登場した。優生保護法は1948年の制定以降，改正が繰り返されることで人口資質向上策の強化が図られることになるが，一方企業体の取り組みとしての新生活運動は，「家族計画」（＝計画を立てて，合理的に子どもの数を調整すること）と「生活設計」（＝設計を立てて生活すること）を出発点に生活水準の向上が図られた。これらが両輪をなす形で，この間の「急激な出生率の低下」がもたらされたのである[6]。

この出生率をめぐる動向について，社会政策の観点から言及されたものの１つとして中川清の研究がある。中川は戦後の生活変動についてその時期区分とともに特徴づけを行っており，そのなかで出生率の変動もその１つの指標として「1955～1975年という時期をより多くの人々が『よりよい』生活に向かって，歴史上おそらく類例をみない激烈な変動を経験した時期である」［中川・松村 1993：15-16］と把握する。

戦後優生保護法下での人工妊娠中絶の普及にも言及し，「誤解をおそれずにいえば，膨大な中絶行為は，貧困からの脱出と同時に，よりよい生活への志向を，その性格の内部にあわせ持っており，前者から後者への連続的な重心移動こそが，緊張をともなう急速な生活変動を可能にし，『生活革命』の基盤を形作ったのである」［中川 2000：290］と述べている。1970年代は，日本の出生率

が人口置換水準を下回るという意味でいえばまさに少子化の起点であり,戦後の深刻な過剰人口から少子化の起点までの約20年は,出生率の変動だけをみてもまさに激変期であったことは間違いない[7]。

しかしながら,この間の動きは家族政策の史的展開という観点によっては把握されていない。すなわち,この時点における出生力転換の実現とも関わって,これ以降(というより戦後)の家族政策をめぐる議論は家族機能の低下といった家族問題を対象とするものとして収れんしていくのである[8]。その転換点は,前節で明らかにした1960年代にある。戦後の家族政策をめぐる議論は,ここを起点に家族福祉をめぐる言説との関わりで展開されていくことになるのである。すなわちそれが指す内容は,「家制度」の廃止や核家族化といった家族構造の変化により生じた問題を対象とする政策であり,具体的に次のような文脈で語られることになった。

1947年に新民法が制定され,その結果として従来の民法の「家」や「戸主」に関する規定,夫婦間の不平等規定等が廃止された。これにより「家制度」が法制上から姿を消すことになり,戦後家族の法的基礎が確立したといえる。とはいえ,日常の家族生活はそれに即して急激に変化するというものではない。

> 昭和20年代は,現実よりも先行した新しい理念ないしモラルと伝統的な旧来のモラル,農村的・自営業的な直系家族と都市的・勤労者的な夫婦家族,親と子,高学歴者と低学歴者,男性と女性,などの間で意見の違いないし断絶や役割葛藤が発生し,不安定な混乱状態が発生し,(中略)単なる家族観とかモラルにおいてではなくわれわれの家族生活の実態面において,本格的変化が始まったのは,昭和30年代以降であった。　　　　　　　　　　　　　　　　　　　　　　　　　　　　　　　　[明山 1977:8]
>
> 昭和30年代以降からの日本経済は,重化学工業の急速な発展や第三次産業の進展を特徴として,いわゆる高度経済成長を遂げ,それに伴って就業構造も変化し,労働人口の都市集中,既婚婦人の被傭増大などをもたらしたが,それと共に世帯規模は縮小され,いわゆる核家族化が進行し,20年代にはなお相当の影響力を有していた『家族制度』的な実態ならびに家族意識は広汎に解体の方向に向かい,従来『家族制度』に対する批判反対を目標にしていた運動や家族論は相当部分目標を失ってしまった[9]。
> 　　　　　　　　　　　　　　　　　　　　　　　　　　　　　　　　[明山 1977:8]

この家族構造をめぐる変化は,「家族病理」「家族診断」[10]といった言葉が登場するとともに家族問題として,主に「社会福祉」の文脈で扱われることになっ

図表終-2　戦後日本における家族問題の段階区分

		「家」・家族解体問題	家族生活問題
昭和20年代	前半	戦争による家族解体 「家」制度の解体 家族の民主化 離婚の増加，青少年非行の増加	戦争による生活破壊 食糧難・住宅難 高度インフレーション 「家」への回帰
	後半	家族制度復活論台頭 家族制度復活反対運動 出生率低下	飢餓状態から脱出 食生活から衣生活へ 戦前なみの消費水準に回復
昭和30年代	前半	核家族化進展 母親運動，主婦運動 働く婦人の増加 青少年非行の増加	消費革命の進展 耐久消費財普及 社会保障要求運動 老後問題深刻化
	後半	共稼ぎ家族の増加 カギッ子の増加 家庭対策の登場 家庭教育振興対策	物価上昇 物価値上げ反対運動 子どもを守る運動 マイ・ホーム主義浸透
昭和40年代		家庭対策の進展 パート・タイマーの増加 離婚の増加 各種福祉制度・施設の拡充	生活行政・消費者行政の進展 消費者運動・市民運動 消費者問題深刻化 公害問題深刻化 社会保障の拡充

［山手 1973：273］より筆者作成。

た。前節で「戦後，家族政策という言葉が用いられ始めるのは1960年代以降のことであり，それは『家族・家庭の有する諸機能の低下』を補強・強化するという福祉的対応としてのみ語られることになった」と述べたが，以下で明らかにする「家族福祉」をめぐる言説の上に，戦後の家族政策論が展開していくのである。だとすれば，それが家族機能の低下をはじめとする家族問題に対する「福祉的対応」に限られた議論として収れんしていくことの説明は，もはやなすまでもないだろう。すなわち，1960年代以降の「家族政策」という言葉は，それが家族に対する福祉的対応という点において「家族福祉」とほぼ同義のものとして登場するのである。[11]

　例えば，山手茂は1973年の論考で戦後日本における家族問題を「家」・家族解体問題と家族生活問題として把握し，その時期区分とともに特徴づけを試み

ている（図表終-2）。

そのうえで，最近「家族福祉」という概念が盛んに使われるようになったと指摘し，「現代においては家族の機能を補い，家族員の役割の実行を援助し，家族の困難な問題の解決を助け，家族の福祉を高めるために，さまざまな社会保障・社会福祉サービスが行われている」［山手 1973：276］と述べ，家族問題（「家」・家族解体問題と家族生活問題）をその課題として把握している。また，家族政策と家族福祉の関係については以下のように述べる。

> 家族を対象とし家族福祉を目的とする社会的政策は，家族政策と呼ばれている。しかし歴史的にみると家族政策は必ずしも家族福祉を目的としているわけではない。明治の日本においては，天皇制絶対主義体制を支える社会的基盤として，封建的・権威主義的家族が再編成され，大正デモクラシーの時代には家族の近代化を推進する動きが強まったが，昭和の軍国主義時代には再び伝統的家族が強化された。戦後，民主主義と社会福祉の発展によってはじめて家族福祉を目的とする家族政策が登場したが，それに反対する勢力は依然として強力である。（下線－引用者）［山手 1973：277-278］

山手は，この家族を対象とし家族福祉を目的とする社会的政策という意味での家族政策の起点を，1963年に求めている。「明確な形をとった家族福祉政策は，経済成長とともに青少年非行問題や保育問題が深刻化した昭和38年，中央児童福祉審議会の家庭対策特別部会の中間報告において発表されている」［山手 1973：280］と述べ，それを以下のように述べている。

> この中間報告は『家庭内の人間関係から健全家庭の建設と児童の健全育成をねらいとして』まとめられたものであるが，家族問題の現状分析に基づいて，当面の具体的対策として以下の6項目を挙げている。
> ・専門機関による家族相談及び助言を行うこと。
> ・地域及び職域の組織活動を助成して健全な家庭の建設に役立てること。
> ・妊産婦と乳幼児の保護を徹底すること。
> ・経済的に不安定な家庭に対して援助措置を講ずること。
> ・児童福祉を柱とした一般家庭対策を所掌する機関を設置するように検討すること。
> ・変動しつつある社会経済状況下における現代家庭の状況を適格に把握すること。
> ［山手 1973：280］

そして，この報告がもたらした具体的な変化として以下の3つを指摘してい

る。①厚生省児童局が児童家庭局に改められ，福祉事務所に家庭児童相談室が設置されるなど行政機関が拡充された。②母子保健法，児童手当法などが制定され，児童福祉を中心とする家族福祉対策が拡充された。③保育政策，青少年政策，婦人政策，「老人」政策，心身障害者政策，消費者政策など家族福祉と関係の深い諸政策を家庭政策という観点から総合するために，1965年家庭生活問題審議会が設置された。

また，「家族政策は，国民の要求や世論に基づいて民主的に立案・実施されるべきであると同時に，科学的な家族問題の分析に基づいて効果的にその発生の予防と問題の解決を実現するものでなければならない」[山手 1973：282]とその課題に触れ，それについて国民の意識という観点から以下のように述べている。

> 今日では，ほとんどすべての国民は家族生活の中で多かれ少なかれ悩みを持ち，家庭生活や家族解体問題が存在していることを認識している。しかし大部分の国民は，家族問題への社会科学的認識をもたず，「他の家族は不幸でも，自分の家族だけは幸福になりたい」という，マイ・ホーム主義的な意識にとらえられ，マイ・ホームの幸福のために努力している。「自分の家族だけは幸福に」という意識は，一見現代的なマイ・ホーム主義のようにみえるが，歴史的にみると封建時代からの「わが家」精神を受けついでいる，きわめて古い意識である。現代では，生産をはじめ生活のあらゆる側面において社会化が進んでおり，家族は社会からの影響をより強く受けるようになっているのであるから，家族の問題も社会の問題とより密接に結びつけて考えざるをえなくなっているのである。　　　　　　　　　　　　　　[山手 1973：288]
> 真に民主的な家族政策が実施されるためには，まず第一に国民がマイ・ホーム主義から脱却して家族問題の社会科学的認識を深め，主体的に家族政策を要求する世論や運動を盛り上げなければならない。　　　　　　　　　　　[山手 1973：289]

以上，山手の議論を例にとったが，ここで使われている家族政策という言葉は，その目的である「家族福祉」を実現する手段として用いられているのである。先に，家族政策の定義は1980年代に至ってもそれが明確にされてこなかったと述べたが，以下ではさらに雀部猛利の論考を取り上げたい。雀部は，1981年の論考で家族福祉および家族政策について以下のように述べている。

> 今日，最も重要な社会福祉行政における政策的課題の一つは，家族に対する，家族

終　章　出生政策と家族政策　255

のための総合的，体系的な取り組み方であるといえる。しかし，家族がかかえている問題状況は，外部的にも，内部的にも多様性を帯び，さらにきわめて動態的な様子を呈しているため，それに対する社会福祉的対応も，おのずから，家族そのものに対する直接的なサービスから，社会政策，及び社会保障等の制度的な間接的なサービスにいたるまで，様々な捉え方が重層している。また，従来の施策やサービスはどちらかといえば，問題を抱えた個人そのものを直接対象として捉えていたが，個人の所属する家族そのものに対しての社会福祉的対応はきわめて弱いものであった。つまり，個人の生活基盤は家族であり，対象者を含む家族全体の生活条件全体に着目し，その家族基盤を強化するなかで，その生活障害問題の解決を構築していくことでなければ，家としてのまとまりを欠き，その家庭生活も維持できなくなり，家族共同体の意義が失われてしまうことになる。この意味において，家族のもつ積極的な価値に着目し，その対象を家族全体に視座を据えた福祉的対応をはかっていく必要性が提起されつつある。このような福祉的対応を〝家族政策〟と考える。さらに従来の家族福祉研究をふりかえった場合，その対象となる家族は，極めて限られた範囲──例えば，多問題家族と呼ばれているもの──であった。歴史的にみて，ソーシャル・ワーカーの役割というものは，初期においては，主として貧困な人々が抱える問題の解決にあたるということが主であったが，最近にいたっては，ソーシャル・ワークの実践のなかで貧困な人々が抱える問題だけが対象ではなく，あらゆる種類の人びとが遭遇する社会的な生活障害がその対象であると考えられるようになってきた。つまり，「問題をもつ家族」といったときのその問題といったものが，従来はきわめて限られた範囲のとらえ方であった。また，それに対する福祉的対応の仕方においても極めて直接的物的なサービスが主であった。1970年代を境として，特に，パブリック・ソーシャル・サービスというものを利用する人々が大幅に増加しはじめた。そうした従来の金銭的なサービスに代表されるものではなく，非金銭的なサービス，例えば，各種のカウンセリングをはじめ，ホームヘルプ・サービス，給食サービス等々といった今までの制度的なサービスだけでなく，きわめてパーソナルな対人福祉サービス（パーソナル・ソーシャル・サービス）が重要視されるようになってきた。そのような中で，家族がこれまで果たしてきた社会的役割も変化し，家族の機能が縮小するなかで，社会福祉が対応する家族というものをもう一度捉え直す必要があり，それと，今までのどちらかといえば，個人を対象とする福祉的対応というものを検討しなければならなくなってきた。つまり，ここでいう〝家族政策〟というものは，従来の限られた，問題をもつ家族そのものに対する福祉的対応に加え，広くすべての家族に対して，また家族そのものに焦点をあてた福祉的施策（一つの社会政策としてとらえた福祉的対応）なのである。（下線－引用者）　　　　　　　　　　　　　　　　　　［雀部1981：はしがき］

先の山手とは異なり，ここでは「家族福祉から家族政策へ」ともとれる主張がなされている。すでに述べたように日本では，1980年代に至っても家族政策の定義は判然としていなかったが，雀部は1960年代以降の家族福祉との関わり

で，家族政策がどのように論じられていたかを明らかにした。そこでは，家族福祉と家族政策はほぼ同等の，あるいは同じ福祉的対応であっても，すべての家族を対象とするという点で「家族福祉」と異なるものとして語られていたといえる。

こうしたなか，1980年代後半に至って家族政策と人口政策の関わりに眼を向けた研究が登場した。当時人口問題研究所に所属していた小島宏は，1985年に家族政策と出生政策の関係について考察した論考「出生政策と家族政策の関係について」[小島 1985] を発表している。まず，その問題意識についてこう述べる。

> 欧米諸国において1960年代以降，急速に進んだ女子の雇用労働力化に伴って女性の役割が大きく変わった。そして，それが一因となって人口と家族の面でさまざまな変化が生じた。主なものとしては婚姻の遅れと減少，離婚の早期化と増加，婚姻内の出生の遅れと減少，婚姻外の同棲と出生の増加などがある。このような人口と家族の次元での変化，特に出生率低下を背景として出生政策（Fertility Policy）と家族政策（Family Policy）が近年盛んに議論されるようになった。　　　　　[小島 1985：63]

そして，日本でも，出生・家族政策に対する関心が高まりつつあることから，異なる点も少なくなく，また矛盾する場合さえある「出生政策」と「家族政策」の関係を，概念上明らかにすることを目的としている。

両者の定義は論者によって一定でないことを認めたうえで，小島はそれぞれを以下のように定義する。

出生政策…一国あるいは地方の政策が人口の適正な規模と構成を達成するために，何らかの手段をもって現実の出生過程に直接間接の影響を与えようとする意図，またはそのような意図をもつ行為（相反する２つの目的によって出生促進政策と出生抑制政策がある）。

家族政策…一国あるいは地方の政府が家族の福祉と機能の強化のために，何らかの手段をもって一単位としての家族またはその成員に対して直接間接の影響をあたえようとする意図，またはその意図をもった行為。

そのうえで，小島は図表終-3のように出生政策と家族政策の共通点と相違点について示しているが，本論考は，家族政策と人口政策の関わりに眼を向けら

図表終-3　出生政策と家族政策の共通点と相違点

区分	目的	手段	対象
出生政策のみ	人口の規模・構成の適正化 [出生促進・出生抑制]	避妊・中絶の規制の改訂 人口に関する情報・研究機関の設置	集合体としての家族 特定の属性をもつ家族 まだ存在しない家族
出生政策と家族政策の両方	国民（住民）の生存・福祉 社会的安定	金銭による家族手当，税制上の優遇措置 住宅・教育・年金に関する優遇措置 出産・育児休暇制度，託児所サービス 法的婚姻年齢の改訂 家族計画・母乳保育推進プログラム	家族 [一単位としての家族・家族の成員]
家族政策のみ	家族福祉 家族機能強化 家族間の所得再分配	公共交通機関への補助金 家事援助サービス 生計維持者の兵役免除 しつけに関する両親学級の組織化 家族相談所の設置	個別の家族 あらゆる属性をもつ家族 すでに存在する家族

出所：[小島 1985：65]

れたものとして，注目に値する。

　小島はこの翌年，続いて「ヨーロッパ諸国における出生促進策について」[小島 1986] と題する論考を発表しており，そこではヨーロッパ諸国の出生促進的施策の概観を試みている。そのなかで出生促進政策の手段として紹介されるのは，以下の3つである。1．避妊・中絶の規制（近代的避妊手段普及施策，社会的理由による中絶），2．経済的誘因（家族手当制度），3．女性の就業と出産・育児を両立させるための施策（出産休暇，育児休暇，子供の看護休暇，等）。

　小島はいう。「ヨーロッパ諸国の出生促進的施策の効果については意見のわかれるところである。しかし，それらの施策が個人や夫婦の選択の自由を尊重しつつ彼等の願望実現を援助するようなものであり，家族政策や労働政策の目的にも合致するようなものであるとすれば，それらを実施する意義は十分あると思われる」。あるいはまた，「ヨーロッパ諸国においてはそれらの制度（ここで具体的に指しているのは児童手当制度，年金制度，男女雇用機会均等法－引用者）が

図表終-4

	個別家族への対応	一般的社会的な対応
性的機能への介入	民事（婚姻・戸籍）政策	人口政策・優生政策
経済的機能への介入	民事（扶養・相続）政策 所得保障政策 住宅政策 医療保健政策 福祉（家事・育児・介護）政策	労働力政策 賃金・雇用政策 消費者政策 租税政策
精神的機能への介入	福祉（相談・指導）政策	文化政策・教育政策

出所：［庄司 1986］

出生促進政策の手段として位置付けられている場合が少なくない。わが国においても他の政策目的のための施策を人口学的立場から再検討する必要があろう」とも述べている。

　これと並行する形で，庄司洋子は優生政策と人口政策を家族政策の範疇で把握している。1986年の論文で，「性的機能」「経済的機能」「精神的機能」という3つの家族機能を①家族成員の要求を充足する対個人的機能，②社会が家族に対して要請する対社会的機能という2つの側面から把握したうえで，家族政策の範疇を図表終-4のように整理している。それにしたがえば，人口政策・優生政策は「社会が家族に対して要請する性的機能」として家族政策の対象で把握しうる。

　いずれにしても，これらの研究は日本で少子化問題が本格的に議論される前夜ともいえる1985年とその翌年に発表されたものであった[12]。

　以上のように，日本では戦後，具体的には1960年代あたりから家族問題をめぐる文脈で家族福祉，ならびに家族政策をめぐる議論が登場したといえる。そこでは〈女性政策＋児童政策＋優生政策〉という戦前における家族政策の枠組みから〈優生政策〉が切り離されるとともに，日本における「現代的な解釈」としての家族政策の歴史が始まったのである。この時点で，人口政策との接点がみえにくいものとなってしまったことはいうまでもない。

4 むすびにかえて

　改めて繰り返そう。戦前の西欧先進諸国において，出生率の低下を背景に登場したのが家族政策という概念である。その提唱者はミュルダール夫妻であり，その思想に強い影響を受けた改革が，人口委員会を舞台に1930年代以降のスウェーデンで具現化されていった。このようにいえばその形成はスウェーデンに限った特別な動きとして捉えられるかもしれないが，その内実である出生促進的な社会政策は，当時のスウェーデンだけにみられた動きではなかった。出生率の低下は当時の西欧先進諸国に共通の問題であり，その意味ではあくまで個々に取り組まれていた人口増加策，あるいは人口減少防止策のスウェーデン版だったのである。2節で取り上げた北岡の論考は，まさにそのことを物語っている。

　日本で「家族政策」という言葉が用いられ始めるのは，1960年代以降のことである。そして，これまで繰り返し述べてきたように，そこでの家族政策という概念は「家族に対する福祉的対応」という文脈で再定義されることになった。その結果，「家族政策」という言葉に，本来含まれていた人口政策的な要素は切り離されて用いられることになったのである。確かに，家族政策という言葉の普及ということからいえば，日本の家族政策史は1960年代に始まるといえなくもない。ただし，それは「戦前から家族政策の歴史をもつ西欧先進諸国に対して日本では1960年代にその歴史が始まる」ということではない。起源としての家族政策は端的に〈女性政策＋児童政策＋優生政策〉の複合体であり，戦前の日本にもそれに対置しうる動きがみられたからである。

　最後に，家族政策をめぐる戦前と戦後にはさまれた空白期について再度論じておこう。3節で述べたように，戦後，具体的には1950年代から60年代にかけて，日本は急激な出生率の低下を経験した。それを支えたともいえる優生保護法と新生活運動を両輪とする時代は，まさに「戦前における」家族政策と「現代的な解釈」における家族政策をつなぐ環であるとともに，それぞれきわめて日本的なものであった。特に，優生保護法を指しては「日本の法律の中で，こ

の法律ほど世界的によく知られているものは少ない。世界諸国は現在，人工妊娠中絶の緩和の方向にあるが，この傾向につねに刺激となったのがこの優生保護法だからである」（下線－引用者）［国井 1974：215-216］といわれた。また，新生活運動については，「この企業体における家族計画というのは国際的に，かえって（1989年からみて－引用者）近年になって脚光を浴びていまして，今でもこれについての文献が欲しいとか経験を聞きたいというようなことがよくあります」［人口問題研究所 1989：254］と評されている。

　これらの出来事は，家族政策をめぐる戦前・戦後の連続性，さらにはその史的展開における日本的特質を語るにおいて，むしろ両者を重要な結節環として把握することはきわめて重要な意味をもつというべきである。

＊　＊　＊

　本書を通じて，日本における少子化論の系譜を中心に，日本における「人口問題と社会政策」をめぐる戦前から戦後にかけての動きを論じてきた。以下，その要点をまとめておこう。

　すでに述べたように，家族政策は出生率の低下を背景に戦前の西欧先進諸国で提唱された概念である。今日でもその定義が論者によって異なり，解釈にも差があるという事実が物語るように，家族政策はその普遍的な定義が難しい概念である。その家族政策が提唱された当初，それは出生促進を目的とする社会政策を意味する言葉であった。単に出生促進策といえばあくまで人口政策の範疇であるが，そこに児童家庭に対する福祉という新たな観点が導入されたのである。それは本書で取り上げたミュルダールによって〈治療的〉社会政策から〈予防的〉社会政策へとして語られたが，わかりやすくいえば人口政策と社会政策が結びつけられ，そこに家族政策という概念が成立したということである。マルサスが食糧との関係で，マルクスが失業との関係で人口問題を捉えたとするならば，家族政策概念の登場は福祉との関わりで人口問題が捉えられたことを意味しており，それは1つの画期をなしたといえるだろう。

　そもそも出生率の低下をはじめとする人口現象は，それ自体に問題があるわけではなく，それが特定の価値関心と結びついたときにはじめて「問題」として認識され，その対策が議論されることになる。本書で取り上げたスウェーデ

ンの例でいえば，1930年代以降家族政策が体現していったが，その背景には出生率の低下が「民族消滅の危機」として語られた事情があった。それに対して，同時期の「日本の人口をめぐる状況はどうだったのか。さらには西欧の動きに対置しうる政策展開はみられなかったのか」。序章に記したように，これが本書の出発点であった。すでに述べてきたように，当時の日本では出生率の低下が認識されるどころか，食糧や失業との関わりで過剰人口が「問題」とされ，その対策が議論の対象となっていた。とはいえ，当時の日本でも出生率の低下を真の人口問題として論じる主張があったわけで，本書ではそれを起点に日本における「人口問題と社会政策」の系譜と関連するテーマについて論じてきた。

そこから導き出された主要な結論は以下の点であり，それらは相互に結びついている。

1　人口の〈質〉という観点に特徴をもつ日本における「先駆的な少子化論」は，これまで必ずしも正確な形で社会政策史に位置づけられてきていなかった。

2　この「先駆的な少子化論」に眼を向けることで，戦前日本における児童社会政策形成の意義について新たな解釈が可能となる。

3　「先駆的な少子化論」は〈社会学〉系社会政策論として特徴づけることができ，日本社会政策論史の再構成につながる史的事実を提供する。

家族政策をめぐる問いは，「先駆的な少子化論」と「児童社会政策」の発見につながり，それをより深く追究することで〈社会学〉系社会政策論としての特徴づけに到達したのである。

さて，本書を閉じる前にその時代的な区切りを明らかにしておきたい。本書が中心的に論じたのはあくまで戦前期であるが，第Ⅲ部ではその戦後への連続性にも言及した。だとすればその到達点について，いいかえれば本書がその対象として論じたことの時期的な線引きについて明確にしておくべきである。

第9章で，戦後へと引き継がれる人口政策立案に向けた動きを取り上げた。それはすなわち，1926年に始まる大正・昭和初期人口論争を起点とするものである。人口を主題とする最初の政府機関である人口食糧問題調査会が設置されたのは1927年のことであり，それ以降1950年代に至るまでの期間は「産めよ殖

えよ」の戦時期は例外として過剰人口が問題として認識されていた。本書がその対象とした時期は，まさにその過剰人口が社会的な問題として認識されていた時代である。そしてその過剰人口問題対策に発する「人口政策」の系譜は，社会政策史的にいえば永井亨の歩みに沿って語ることができる。

永井は，先の人口食糧問題調査会の設置から，その延長で組織された人口問題研究会の活動を通じて学説的にも思想的にも戦後のある時期まで日本の「人口政策」をリードした。それは具体的に1960年頃までであり，ちょうど第9章で論じた新生活運動の時代がそれにあたる。永井はその思想的基盤の提供だけでなく，運動の推進にも深く関わった。本運動による受胎調節と優生保護法による人工妊娠中絶の適用によって，1950年代には大幅な出生率の低下がもたらされる。当時それは人口転換の「達成」「実現」といった形でポジティブに語られ，長年に及んだ過剰人口の問題が解消することになった。本書の時代的な区切りはここにある。

このように線引きをしたうえで，その後について少し触れておこう。人口政策立案をめぐる永井の影響力は，新生活運動の衰退と連動する形で1960年代を通じて著しく低下していく。1970年には，その永井が活動母体としていた人口問題研究会が，人口政策立案に向けた政治的な動きから切り離されるに至った。それまで「人口問題に関する三位一体論」と呼ばれた人口政策立案の体制である「人口問題研究所－人口対策委員会－人口問題審議会の関係」が1970年に政府の意向によって改められ，人口問題研究所の研究資料がただちに人口問題審議会へ送付されて審議されることになったのである。その結果人口問題研究会は従来の役割を外され，それ以降政府との縁が薄れることになって，専ら民間団体，一般大衆へ向かっての啓発教育を行わざるをえなくなる。

永井亨は1973年にその生涯を終えるが，その時期こそはまさに継続的に人口置換水準を下回るという意味での今日に至る少子化の起点にあたった。いいかえれば，1960年代は人口をめぐる政策課題が過剰人口の解決から次の段階へと転換する過渡期だったのである。新生活運動をリードしてきた永井や人口問題研究会と交代するかのように，社会保障研究所の設立（1964年）をはじめ「人口問題と社会政策」をめぐって新たな動きがみられていく。そこでは高齢化を

にらみつつ経済成長をいかに維持していくかということが政策課題となり，「人口問題と社会政策」の系譜は社会保障制度確立をめぐる次元へと移行していくのである。他方で，優生保護法をめぐる動きは人口の〈質〉をめぐる議論に引き続き展開していった。1970年代にかけて「優生結婚」や「不幸な子どもを生まれなくする」といったことが公的に語られ，生殖の質的な統制が強化されていくのである[13]。いずれにしても，永井の死去に伴って人口政策の日本的な系譜は大きな旋回を遂げていった。

1) ここでは都村による定義を採用した［都村 2002：23］。
2) あるいは，南が指摘するように「人口政策が社会政策とどういう関係にあるか」という問題に取り組んだという意味で，ミュルダールを特別視することが可能である［南 1969：120］。
3) 戦後についてみると，これ以前にスウェーデンの事例およびミュルダールの思想を紹介する資料を管見の限りでみつけることはできなかった。山下によれば，「スウェーデン研究・紹介が本格的に開始されるのは，一番ヶ瀬康子氏たちによってスウェーデン社会研究所がつくられた1960年代後半からである。それまでは福祉国家，福祉社会の典型はスウェーデンではなく，イギリスであり，あるいは左翼の側からは，ソ連が注目されていた」［山下 2005：262］。1970年頃，日本の人口政策は政策史的にも思想史的にも大きな転機を迎える。人口政策と社会政策の切り離しともいうべきこの現象は，そのことと大きく関わっている。
4) ここでいう家族政策は，冒頭で提起した本来の枠組み，すなわち女性政策，児童政策，優生政策の複合体としての家族政策である。家族政策の戦後へとつながる戦前日本の動きについては，第4章で論じている。
5) 本来ここに女性政策や児童政策も含めて論じるべきだが，ここでは人口に関わる政策に絞った。
6) 人口資質向上対策と新生活運動という分化も含め，この時期の人口行政に決定的な影響を及ぼしたのが永井亨である。その影響は人口を主題とする最初の政府機関である人口食糧問題調査会の設置（1927年）以来のことである。永井の思想，およびその人口行政との関わりについては本書の第8章で論じている。また，優生保護法をめぐる一連の動きについては，松原洋子「日本－戦後の優生保護法という名の断種法」米本昌平ほか『優生学と人間世界 生命科学の世紀はどこへ向かうのか』講談社，2000年，に詳しい。
7) 本章は「家族政策」という枠組みで戦前から戦後へという連続性を追求しようとしているが，中川の研究は「生活」というキーワードをもって優生政策への言及もなされている。また，戦前については玉井金五『防貧の創造―近代社会政策論研究―』啓文社，1992年，があり，家族政策という枠組みを提示するにおいて「生活」という観点からの分析に対して重要な示唆を得ることができた。
8) これ以降，優生政策は障害者問題との関わりに特化される形で議論されることに注意

を払う必要がある（この点については米本ほか，前掲書，に詳しい）。
9) 戦後家族の動向についてこのように整理する氏は，同書の冒頭で以下のように述べている。「戦後の家族は，その動向として，いわゆる『家族制度』を廃止したのみならず，家族規模を小さくし，家族機能をますますほつれ細くするとともに，家族員個人たちの自由・平等・快楽の立場ないし余地を拡張してきた。と同時に，何らかの原因で生活上の困難に当面して自ら正常な生活を維持し難い人々に対する援助ないし救済活動も社会公共的に目覚ましく発展してきている。戦後間もなく憲法第25条が『社会保障』と並列して『社会福祉』を掲揚して以来，はじめてわが国に導入されたこの用語を満足に解説した憲法学者は皆無に近いのにかかわらず，戦後発展した実践体系としての社会福祉事業は，単に孤児とか天涯孤独の老人たちに向けられて展開されただけに止まらず，その昔家族の者たちが何とか苦労して分かち合っていた援助活動の相当部分を，異なったディメンション（次元）といわゆる専門的記述の下において，肩代わりして引き受けてきたのである」[明山 1977：1]。
10) これらの言葉は，戦後「家族福祉」や「家族政策」という言葉が用いられ始めた時期と重なる形で登場した言葉である。これらの言葉の普及と連動して家族研究が本格的に進められるようになったのは1970年代以降のことである。例として「家族病理」を論じたものとしては大橋薫ほか編『家族病理学〈有斐閣双書〉』有斐閣，1974年，「家族診断」を論じたものとしては，岡村重夫・黒川昭登『家族福祉論』ミネルヴァ書房，1971年，があげられる。
11) もちろん，「家族政策」と「家族福祉」の区別を論じたものも存在していた。岡村は，近代家族を存続させるために必要な政策制度の1つに家族政策をあげ，「それはたしかに家族員としての役割の実行にかかわるものであった。その点において家族福祉と密接な関係をもつものではあるが，しかしそれらはある特定の専門的立場に立って，特定の生活部面にかかわるものである。ところが社会福祉としての家族福祉は，家族員個人の生活の全体を問題とし，その立場において家族員としての役割の実行を援助するものである。この両者の区別を明確にしたうえで，われわれは，はじめて両者の協力関係を正しく評価できると考えるのである」と述べている[岡村・黒川 1971：48]。とはいえ，当時の家族政策および家族福祉をめぐる議論を全体としてみれば，その区別および両者の関係は，あいまいなまま議論されていたのが実態である。
12) この時点で人口政策との接点に焦点を当てた家族政策研究は稀な存在というほかなく，当時これらの見解が家族政策をめぐる議論において広く共有されたとはいいがたい。それについては，人口研究をめぐる以下の指摘が参考になる。「戦後長らく，人口研究は日本のアカデミズムにおいて目立たぬ存在であった。（中略）日本の人口研究は，1980年代までは厚生省の付属研究機関である人口問題研究所を中心として，アカデミズムの主流とはやや離れたところで細々とつづけられてきたといえるであろう」[阿藤 2000：3-4]。小島は，まさに当研究所の所属（当時）であった。
13) この点については，土屋敦「『不幸な子どもの生まれない運動』と羊水検査の歴史的受容過程―『障害児』出生抑制政策（1960年代半ば－70年代初頭）興隆の社会構造的要因」『生命倫理』17巻1号，2007年，に詳しい。氏とは日頃から議論を重ねており，そこから多くのことを学んでいる。

引用・参考文献

青山道夫ほか［1974］『講座 家族 7 家族問題と社会保障』弘文堂
赤川学［1999］『セクシュアリティの歴史社会学』勁草書房
赤川学［2004］『子どもが減って何が悪いか！』ちくま新書
秋元律郎［2004］『近代日本と社会学：戦前・戦後の思考と経験』学文社
明山和夫［1977］『現代家族と福祉問題〈有斐閣選書〉』有斐閣
浅井亜希［2008］「スウェーデン福祉国家と人口問題—ミュルダール夫妻の『言説の政治』—」『北ヨーロッパ研究』第 4 巻
阿藤誠［2000］『現代人口学 少子高齢社会の基礎知識』日本評論社
阿藤誠・赤地麻由子［2003］「日本の少子化と家族政策：国際比較の視点から」『人口問題研究』59 巻 1 号
池田由子［1995］「小児虐待の定義と歴史」『小児内科』第27巻第11号
池田由子［1997］「児童虐待の歴史と現況」『臨床精神医学』第26巻第 1 号
池田由子［2000a］「児童虐待の歴史的考察」『公衆衛生』第64巻第 5 号
池田由子［2000b］「児童虐待の認識の歴史と取り組み」『母子保健情報』第42号
池本美和子［1999］『日本における社会事業の形成—内務行政と連帯思想をめぐって—』法律文化社
石黒史郎［2007］「戸田貞三の初期著作に見出される家族：社会改良，統計法と近代文明社会における家族」『家族社会学研究』第19巻第 1 号
市野川容孝［2000］「社会国家と優生学」『ドイツ研究』No.31
市野川容孝［2002］「黄禍論と優生学—第一次世界大戦前後のバイオポリティクス—」小森陽一ほか編『岩波講座近代日本の文化史 5　編成されるナショナリズム 1920‐1930年代 1 』岩波書店
市原亮平［1956a］「日本社会政策と人口政策の一交渉—プロシャ型日本社会政策の諸論点をめぐって—」『関西大学経済論集』第 6 巻第 1 号
市原亮平［1956b］「日本社会学派と社会政策学派—日本人口論史-続-—」『関西大学経済論集』第 6 巻第 5 号
市原亮平［1957a］「日本社会政策学派の人口論とその分化—続日本人口論史 1 —」『関西大学経済論集』第 7 巻第 1 号
市原亮平［1957b］「日本社会政策学派の人口論とその分化—続日本人口論史 2 —」『関西大学経済論集』第 7 巻第 2 号
市原亮平［1957c］「わが国のマルサス研究史」『関西大学経済論集』第 7 巻第 4 号

一番ヶ瀬康子［1968］「母子保護法制定促進運動の社会的性格について（母子保護法制定史-1-）」『社会福祉』14号
今井小の実［2005］『社会福祉思想としての母性保護論争—"差異"をめぐる運動史—』ドメス出版
今中保子［1980］「戦前における母子保護法制定運動の歴史的意義—労働婦人問題との関連において—」『歴史評論』362号
岩間麻子［1998］「明治・大正期における児童虐待とその背景」『社会福祉学』第39巻第1号
上野加代子編著［2006］『児童虐待のポリティクス』明石書店
埋橋孝文［1997］『現代福祉国家の国際比較：日本モデルの位置づけと展望』日本評論社
埋橋孝文編［2003］『比較のなかの福祉国家』ミネルヴァ書房
海野幸徳［1910］『日本人種改造論』冨山房（荻野美穂ほか［2000］『性と生殖の人権問題資料集成 第15巻』不二出版，所収）
海野幸徳［1911］『興国策としての人種改造』博文館（南博監修［1997］『叢書日本人論25 興国策としての人種改造』大空社，所収）
海野幸徳［1912a］「人口の量の問題に就て」『人性』第8巻第7号
海野幸徳［1912b］「生活難と人口政策」『日本及日本人』第581号
海野幸徳［1912c］「生殖分業論」『日本及日本人』第585号
海野幸徳［1919］「優生学の界限に就いて」『心理研究』第15巻第1冊（海野幸徳［1924］『輓近の社会事業』内外出版，にも所収）
海野幸徳［1922］「優生学と社会事業」『人道』第200号
海野幸徳［1924a］『児童保護問題』内外出版（児童問題史研究会監修［1986］『現代日本児童問題文献選集8 海野幸徳 児童保護問題』日本図書センター）
海野幸徳［1924b］『輓近の社会事業』内外出版
海野幸徳［1925a］「児童の権利」『共済』第1巻第2号
海野幸徳［1925b］「優生学の本質と界限」『社会事業研究』第13号第9巻
海野幸徳［1926］「産児調節是か非か（2）—諸名家から本誌に与へられた答—」『性と社会』第12号
海野幸徳［1931a］『社会政策概論』赤炉閣書房
海野幸徳［1931b］『社会の偶像』赤炉閣書房
海野幸徳［1953］『厚生学大綱—新科学としての社会事業学—』関書院
大河内一男［1940a］『社会政策の基本問題』日本評論社
大河内一男［1940b］『戦時社会政策論』新潮社
大河内一男［1972］『社会政策論の史的展開』有斐閣
大沢真理［2007］『現代日本の生活保障システム—座標とゆくえ—』岩波書店
太田典礼［1976］『日本産児調節百年史』出版科学総合研究所

大橋薫ほか編［1974］『家族病理学〈有斐閣双書〉』有斐閣
大淵寛［1981］『経済人口学』新評論
小笠原真［2000］『日本社会学史への誘い』世界思想社
岡村重夫・黒川昭登［1971］『家族福祉論』ミネルヴァ書房
荻野美穂［2000］「産児調節運動・解説」『性と生殖の人権問題資料集成 第1巻』不二出版
荻野美穂［2008］『「家族計画」への道―近代日本の生殖をめぐる政治―』岩波書店
小田橋貞壽［1941］「（書評）『民主主義国における人口問題』」『一橋論叢』第8巻第2号
重田園江［2000］「少子化社会の系譜―昭和30年代の『新生活運動』をめぐって―」『季刊家計経済研究』2000・夏
海後宗臣ほか［1969］『近代日本教育論集 第5巻 児童観の展開』国土社
加藤寿延［1970］「日本の人口革命と新生活運動」『亜細亜大学経済学紀要』第1巻5号
加登田恵子［1986］「「児童愛護と子供の権利」解題」児童問題史研究会監修『原題日本児童問題文献選集6』日本図書センター
金子勇監修［2003a］『高田保馬・社会学セレクション ① 勢力論』ミネルヴァ書房
金子勇監修［2003b］『高田保馬・社会学セレクション ② 階級及第三史観』ミネルヴァ書房
金子勇監修［2003c］『高田保馬・社会学セレクション ③ 社会学概論』ミネルヴァ書房
金子勇編著［2003d］『高田保馬リカバリー』ミネルヴァ書房
金子勇［2003e］『都市の少子社会 世代共生をめざして』東京大学出版会
上笙一郎編［1995-1996］『日本〈子どもの権利〉叢書（全10巻別巻1）』久山社
川合隆男監修［1993］『戸田貞三著作集（第1巻～第14巻，別巻）』大空社
川合隆男［2003a］『近代日本社会学の展開―学問運動としての社会学の制度化―』恒星社
川合隆男［2003b］『〈シリーズ 世界の社会学・日本の社会学〉戸田貞三―家族研究・実証社会学の軌跡―』東信堂
河上肇［1926］「生活難の事実を言葉の上で否認することによりこれを解決せんとする，高田，気賀二博士の意見―資本主義弁護論の現象形態の一つとしての僧侶的扮装―」『社会問題研究』1926年8月号
川越修［2004］『社会国家の生成―20世紀とナチズム―』岩波書店
川越修［2008］『社会国家を生きる―20世紀ドイツにおける国家・共同性・個人―』法政大学出版局
川越修・友部謙一編著［2008］『生命というリスク―20世紀の再生産戦略―』法政大学出版局
河田嗣郎ほか［1931］『現代経済学全集 第22巻 土地経済論・人口論・植民政策』日本評論社

河野和彦［1942a］「ミュルダールの人口論(1)」『人口問題』第4巻第3号
河野和彦［1942b］「ミュルダールの人口論(2)」『人口問題』第4巻第4号
管賀江留郎［2007］『戦前の少年犯罪』築地書館
北岡壽逸［1940a］「最近各国人口政策概観」『人口問題研究』1巻1号
北岡壽逸［1940b］「スエーデンの人口問題及人口政策」人口問題研究所編『人口問題研究』第1巻第8号
北島滋［2002］『高田保馬：理論と政策の無媒介的合一』東信堂
鬼頭宏［2000］『人口から読む日本の歴史』講談社
木本喜美子［1995］『家族・ジェンダー・企業社会―ジェンダー・アプローチの模索―』ミネルヴァ書房
国井長次郎［1974］「9節 家族計画と優生保護法」青山道夫ほか『講座家族7 家族問題と社会保障』弘文堂
黒川昭登［1984］「総合的家族福祉への課題」『社会福祉研究』35号
桑原洋子・宮城洋一郎編［2001a］『近代社会福祉法令帝国議会の記録と法令改廃一覧』港の人
桑原洋子・宮城洋一郎編［2001b］『近代福祉法制大全10』港の人
桑原洋子・宮城洋一郎編［2001c］『近代福祉法制大全11』港の人
厚生省公衆衛生局企画課編［1958］『家族計画』
厚生省大臣官房統計情報部編［2000］『人口動態統計百年の歩み』厚生省大臣官房統計情報部
小島宏［1985］「出生政策と家族政策の関係について」『人口問題研究』174号
小島宏［1986］「ヨーロッパ諸国における出生促進政策について」『人口問題研究』178号
小林英義［2006］『児童自立支援施設の教育保障―教護院からの系譜―』ミネルヴァ書房
駒松仁子［2001］『シリーズ福祉に生きる40 三田谷啓』大空社
小森陽一ほか編［2002］『岩波講座近代日本の文化史5 編成されるナショナリズム 1920‐1930年代1』岩波書店
権田保之助［1922］『民衆娯楽の基調』同人社
財団法人人口問題研究会編［1951］『日本人口白書』
財団法人人口問題研究会編［1954a］『財団法人人口問題研究会新生活指導委員会第一回総会議事速記録』
財団法人人口問題研究会［1954b］『新生活運動指導要綱』
財団法人人口問題研究会編［1955］『新生活運動と人口問題／永井亨講述』（昭和30年6月29日「新生活運動の会」世話人会での講述内容）
財団法人人口問題研究会［1960］『新生活運動の理念と実際』
財団法人人口問題研究会編［1975］『人口情報 昭和50年度第1号 戦後日本人口論議の推

移』人口問題研究会
財団法人人口問題研究会編［1983］『人口情報昭和57年度版 人口問題研究会50年略史』人口問題研究会
財団法人新生活運動協会編［1982］『新生活運動協会二十五年の歩み』
酒井慈玄［1969］「海野幸徳の生涯と文献」『龍谷大学論集』第389・390合併号
佐口和郎・中川清編［2005］『福祉社会の歴史―伝統と変容―』ミネルヴァ書房
佐々木光郎・藤原正範［2000］『戦前感化・教護実践史』春風社
雀部猛利編［1981］『調査と資料 第38号 福祉関係文献目録(2)―家族福祉および家族政策関係―』関西大学経済・政治研究所
猿田正機編著［2005］『日本におけるスウェーデン研究』ミネルヴァ書房
重松一義［2002］『少年法の思想と発展』信山社
下西さや子［2005］「明治期における児童虐待問題の構築と子どもの権利思想」『社会福祉学』第46巻第1号
児童福祉法研究会編［1978］『児童福祉法成立資料集成 上巻』ドメス出版
篠崎信男［1960］「新生活運動の実践要領」財団法人人口問題研究会編『新生活運動の理念と実際』
清水幾太郎［1986］『私の社会学者たち―ヴィーコ・コント・デューウィほか―』筑摩書房
下中弥三郎編［1957］『人口大事典』平凡社
下村宏ほか著［1933］『児童を護る』児童擁護協会
社会政策学会編［2005］『少子化・家族・社会政策（社会政策学会誌第14号）』法律文化社
社会福祉調査研究会編［1990］『戦前日本社会事業調査資料集成 第5巻 児童保護』勁草書房
社会保障研究所編［1982］『日本社会保障前史資料 第5巻』至誠堂
社会保障研究所編［1995］『社会保障の新潮流』有斐閣
社会事業調査会［1927］「児童保護事業に関する体系」『社会事業調査会報告（第2回）』
庄司洋子［1986］「家族と社会福祉」『ジュリスト増刊 総合特集41 転換期の福祉問題』有斐閣
社団法人スウェーデン社会研究所［1981］『スウェーデンの社会政策』成文堂
首藤美香子［2004］『近代的育児観への転換―啓蒙家三田谷啓と1920年代―』勁草書房
人口食糧問題調査会編［1930］『人口食糧問題調査会人口部答申説明』
人口食糧問題調査会編［1931］『人口食糧問題調査会要覧』
人口問題研究所編［1958］『家族計画を中心とする新生活態度の実地指導研究結果の概要―日本鋼管における事例―』
人口問題研究所編［1989］『人口問題研究所創立五十周年記念誌』人口問題研究所
人口問題審議会編［1959］『人口白書（昭和34年)』

杉原薫・玉井金五編［1996］『増補版 大正・大阪・スラム』新評論
杉山博昭［1997］「キリスト教社会事業家と優生思想」『キリスト教社会福祉学研究』30号
杉山博昭［2003a］「少年教護法の実施過程」『純心人文研究』第9号
杉山博昭［2003b］「山口県立育成学校の理念について―少年教護法制定まで―」『中国四国社会福祉史研究』
鈴木善次［1968］「優生学に対する日本の反応―特に導入期について―」『科学史研究Ⅱ』第7号
鈴木善次［1979］「日本における優生学運動の一断面―池田林儀の『優生運動』を中心に―」『科学史研究』Ⅱ期130号
鈴木善次［1983］『日本の優生学：その思想と運動の軌跡』三共出版
鈴木善次［1985］「日本の優生学にかかわった海野幸徳」『生物学史研究』No.45
鈴木善次［2005］『バイオロジー事始め―異文化と出会った明治人たち―』吉川弘文館
生活研究同人会［1982］『近代日本の生活研究―庶民生活を刻みとめた人々―』光生館
戦時下日本社会研究会編［1992］『戦時下の日本』行路社
第五回国際家族計画会議事務局編［1956］『第5回国際家族計画会議議事録―人口過剰と家族計画―』
高岡裕之［2008］「日本近現代史研究の現在―「社会」史の次元から考える―」『歴史評論』No.693
高田保馬［1918］『社会学的研究』宝文館
高田保馬［1920］『現代社会の諸研究』岩波書店
高田保馬［1925］『階級及第三史観』改造社
高田保馬［1926］「産めよ殖えよ」『経済往来』1926年8月号
高田保馬［1927］『人口と貧乏』日本評論社
高田保馬［1929］『社会雑記』日本評論社
高田保馬［1934a］『貧者必勝』千倉書房
高田保馬［1934b］「都市問題に関する社会学的一考察」『都市問題』19巻5号
高田保馬［1935a］『民族の問題』日本評論社
高田保馬［1935b］「人口政策の欠乏」『エコノミスト』1935年6月1日号
高田保馬［1940］「人口政策について」『経済論集』45巻1号
高田保馬［1947］『経済学論』有斐閣
高田保馬［1948］「米田博士の追憶」『社会学研究』第2巻第1集
高田保馬博士追想録刊行会編［1981］『高田保馬博士の生涯と学説』創文社
武川正吾［1999］『福祉社会の社会政策』法律文化社
武川正吾［2009］『社会政策の社会学―ネオリベラリズムの彼方へ―』ミネルヴァ書房
竹崎孜［1984］「スウェーデンにおける家族の変革と社会保障政策」『社会福祉研究』35号

建部遯吾［1932］『優生学と社会生活』雄山閣
舘稔・黒田俊夫［1969］『日経文庫133 人口問題の知識』日本経済新聞社
田中亜紀子［2005］『近代日本の未成年者処遇制度―感化法が目指したもの―』大阪大学出版会
田中宣一［2003］「新生活運動と新生活運動協会」『成城文藝』第181巻
田中弘子［1991］「『産児制限論』の歴史的位置について」『仙台白百合短期大学紀要』No.19
玉井金五［1992］『防貧の創造―近代社会政策論研究―』啓文社
玉井金五［2001］「20世紀と福祉システム」社会政策学会編『自己選択と共同性―20世紀の労働と福祉』御茶の水書房
玉井金五・大森真紀編［2007］『三訂 社会政策を学ぶ人のために』世界思想社
玉井金五・杉田菜穂［2008］「日本における〈経済学〉系社会政策論と〈社会学〉系社会政策論―戦前の軌跡―」大阪市立大学経済学会『経済學雑誌』第109巻第3号
玉井金五・久本憲夫編著［2004］『高度成長のなかの社会政策―日本における労働家族システムの誕生―』ミネルヴァ書房
田間泰子［2006］『「近代家族」とボディ・ポリティクス』世界思想社
中鉢正美［1956］『生活構造論』好学社
土屋敦［2003］「母子衛生戦略の中の優生思想―胎児を可視化するまなざしと障害児の出生を予防すること―」（東京大学大学院社会学専門分野修士論文）
土屋敦［2007］「『不幸な子どもの生まれない運動』と羊水検査の歴史的受容過程―『障害児』出生抑制政策（1960年代半ば－70年代初頭）興隆の社会構造的要因―」『生命倫理』17巻1号
津曲裕次［1986］「『児童保護問題』解題」児童問題史研究会監修『現代日本児童問題文献選集8 海野幸徳 児童保護問題』日本図書センター
都村敦子［2002］「家族政策・男女平等と社会保障」『大原社会問題研究所雑誌』No.526・527
寺脇隆夫［1996a］「昭和初頭における救貧法制定方針の確定と児童扶助法案の帰趨（上）―救護法の成立過程での『空白』に何があったのか―」『長野大学紀要』第17巻第4号
寺脇隆夫［1996b］「昭和初頭における救貧法制定方針の確定と児童扶助法案の帰趨（下）―救護法の成立過程での『空白』に何があったのか―」『長野大学紀要』第18巻第2号
東京市編纂［1924］『復興と児童問題』帝都復興叢書刊行会
東京府学務部社会課編［1933］『東京府管内児童保護事業一覧』東京府
東京府学務部社会課［1939］『社会調査資料 第32号 昭和14年6月30日 被虐待児童保護概況』
徳永幸子［2004］「家族政策のパースペクティブと児童手当の課題」『活水論文集』第47

集
所道彦［1999］「家族政策の国際比較―現状・課題・方法に関する一考察―」『海外社会保障研究127号』
戸田貞三［1917］「何故細民が出来るのか」中央慈善協会『社会と救済』第1巻第3号
戸田貞三［1921］「跋文」日本社会学院調査部編『現代社会問題研究 第24巻 国家社会観』冬夏社
戸田貞三［1926a］『家族の研究』弘文堂
戸田貞三［1926b］「階級的内婚制に就いて（上・下）」『社会学雑誌』第21・22号
戸田貞三［1926c］「社会政策と連帯責任」『社会政策時報』第68号
戸田貞三［1928a］「自然の人口と人工の人口」『社会学雑誌』第45号
戸田貞三［1928b］「自然の人口と人工の人口（承前）」『社会学雑誌』第46号
戸田貞三［1931］『社会政策』台湾社会事業協会
冨江直子［2007］『救貧のなかの日本近代―生存の義務―』ミネルヴァ書房
富永健一［2001］『社会変動の中の福祉国家』中公新書
富永健一［2004］『戦後日本の社会学：一つの同時代学史』東京大学出版会
留岡幸助［1926］「不良児の感化教育について」『社会事業』第9巻第12号
内務省衛生局［1921］『小児疾病調査成績』内務省衛生局
内務省社会局編［1930］『感化事業回顧30年』
内務省社会局社会部編［1926］『感化事業に関する統計』
永井亨［1929］『日本人口論』巌松堂書店
永井亨［1954］「戦後日本の人口問題―その転換期的特質と諸困難について―」『日本大學經濟學部創立五十周年記念論文集』
永井亨［1955］「人口問題と新生活運動」（昭和29年11月4日に開催された日本交通協会月例会における講演内容）『汎交通』55巻1号
永井亨［1956］「家族計画と新生活運動」『第5回国際家族計画会議議事録―人口過剰と家族計画―』
永井亨［1959］「我が国における人口問題に関する調査研究機関の来歴について」『人口問題研究所年報』
永井亨［1960］「新生活運動の指導理念」財団法人人口問題研究会編『新生活運動の理念と実際』
永井潜［1928］『産児制限論の批判』［地，所，年不明］
中垣昌美［1969］「海野幸徳とその社会事業研究」『龍谷大学論集』第389・390合併号
中垣昌美［1981］『社会福祉古典叢書7 海野幸徳集』鳳書院
中垣昌美［1999］『シリーズ福祉に生きる 21 海野幸徳』大空社
中川清［2000］『日本都市の生活変動』勁草書房
中川清・松村祥子編［1993］『講座生活学 第4巻 生活経済論』光生館
中野光［1992］「戦間期日本における『子どもの権利』論」『教育学論集』第34集

中久郎編［1998］『米田庄太郎の社会学』いなほ書房
中久郎［2002］『米田庄太郎―新総合社会学の先駆者―』東信堂
生江孝之［1924］「児童保護の根本概念」『社会事業』第6巻第11号
生江孝之［1925］「児童の権利」『社会教育』
奈良県教育委員会［1998］『米田庄太郎―人と思想―』
西野孝［2001］「1933年と2000年の児童虐待防止法」『花園大学社会福祉学部研究紀要』第9号
西野陸夫［1938］『母性及児童保護』保健衛生協会
西村洋子［1981］「スウェーデンの家族と家族政策」『Sociologica』第5巻第2号
日本社会学院編［1913］『日本社会学院年報』第1年第1，2合冊
日本社会学院編［1915］『日本社会学院年報』第2年第3，4合冊
日本社会学院調査部編［1920-1927］『現代社会問題研究（第1巻～第25巻）』冬夏社
日本少年教護協会編［1934］『少年教護法の解説』
日本人口学会編［2002］『人口大事典』培風館
日本大学経済学研究会［1954］『日本大學經濟學部創立五十周年記念論文集』
二文字理明・椎木章編著［2000］『世界人権問題叢書38 福祉国家の優生思想―スウェーデン発 強制不妊手術報道―』明石書店
速水融・小嶋美代子［2004］『大正デモグラフィ：歴史人口学でみた狭間の時代』文藝春秋
平田勝政［2005］「海野幸徳文献目録」『長崎大学教育学部紀要―教育科学―』第68号
廣嶋清志［1980］「現代日本人口政策史小論―人口資質概念をめぐって（1916‐1930年）―」『人口問題研究』154号
廣野喜幸ほか編［2002］『生命科学の近現代史』勁草書房
副田義也［1984］「家族政策の展開と危機―児童手当政策を中心に―」『社会福祉研究』35号
副田義也［2008］『福祉社会学宣言』岩波書店
藤田菜々子［2009］「1930年代スウェーデン人口問題におけるミュルダール―「消費の社会化」論の展開―」『経済学史研究』51-1
藤目ゆき［1986］「戦間期日本の産児調節運動とその思想」『歴史評論』（430号）
藤目ゆき［1997］『性の歴史学 公娼制度・堕胎罪体制から売春防止法・優生保護法体制へ』不二出版
古川孝順［1982］『子どもの権利―イギリス・アメリカ・日本の福祉政策史から―』有斐閣選書
平凡社編［1957］『人口大事典』平凡社
法政大学大原社会問題研究所［2004］『協調会の研究』柏書房
増田抱村［1943］「紹介」『人口問題』第6巻第2号
松下英夫［1972］「E.H.Richards の *Euthenics-the science of controllable environment* につ

いて―生活経営思想史における優境学の特質と課題―」『東海大学教養学部紀要』Vol.13
松野勝太郎［1924］『児童愛護と子供の権利』愛媛県社会事業協会
松原洋子［1996］「明治末から大正期における社会問題と『遺伝』」『日本文化研究所紀要』3号
松原洋子［1997］「民族優生保護法案と日本の優生法の系譜」『科学史研究』（第Ⅱ期）
松原洋子［2000a］「第五章 日本－戦後の優生保護法という名の断種法」米本昌平ほか『優生学と人間社会 生命科学の世紀はどこへ向かうのか』講談社
松原洋子［2000b］「優生運動・人口政策編・解説」『性と生殖の人権問題資料集成 第15巻』不二出版
松原洋子［2002］「優生学の歴史」廣野喜幸ほか編『生命科学の近現代史』勁草書房
三島亜紀子［2004］「1933年『児童虐待防止法』に先行する児童虐待への介入に関する考察」『会津大学短期大学部年報』第61号
三島亜紀子［2005］『青弓社ライブラリー38 児童虐待と動物虐待』青弓社
南亮三郎［1936］『人口論発展史』三省堂
南亮三郎［1969］『人口政策―人口政策学への道―』千倉書房
南亮三郎［1980］『人口思想の形成と発展』千倉書房
南亮三郎・上田正夫編［1976］『世界の人口政策と国際社会』千倉書房
南亮三郎・濱英彦編［1983］『人口問題の基本考察』千倉書房
宮崎県・宮崎県立慎修学校編［1930］『感化法発布三十年記念』
宮本太郎［1999］『福祉国家という戦略―スウェーデンモデルの政治経済学―』法律文化社
民族研究所編［1944］『民族研究所紀要第一冊』彰考書院創立事務所
向井利栄［1966］「家族の生活周期論と家族政策―ファミリ・ライフ・サイクルの社会・経済学的考察とその福祉計画への応用―」『京都府立大学学術報告（理学・生活科学・福祉学）』第17号C系列
望月嵩ほか［1973］『家族関係と家族福祉』高文堂
森岡正陽［1941］「自由主義的人口政策の全貌」人口問題研究会編『人口問題』第3巻第4号
森嶋通夫［1994］『思想としての近代経済学』岩波書店
森田明［2005］『少年法の史的展開―〈鬼面仏心〉の法構造―』信山社
安川正彬ほか［1978］『新版 図説人口問題』日本家族計画協会
安積鋭二［1969］「スウェーデンの家族政策―家族および児童のための社会政策―」『レファレンス』第19巻第2号
柳井郁子［2001］「1950-60年代における企業による家族管理―新生活運動の展開に即して―」『東京大学大学院教育学研究科紀要』第41巻
山口喜一［1990］『人口と社会』東洋経済新報社

山下東彦［2005］「第8章 スウェーデン・モデル」猿田正機編著『日本におけるスウェーデン研究』ミネルヴァ書房
山手茂［1973］「第五章 家族政策」望月嵩ほか『家族関係と家族福祉』高文堂
横井敏郎［2001］「戦前日本の社会学者米田庄太郎著作目録・略年譜・参考資料・書誌」『立命館大学人文科学研究所紀要』第77号
横山利明［2003］『日本進化思想史（二）―人間を探し求めた人々の記録―』新水社
吉田忠雄［1971］「人口思想と人口政策―とくに福祉政策と人口政策について―」『明治大学社会科学研究所紀要』通号8・9号
米田庄太郎［1910］「現代文明国における人口問題（其1）」『経済学商業学国民経済雑誌』第9巻第6号
米田庄太郎［1911a］「現代文明国における人口問題（其2）」『経済学商業学国民経済雑誌』第10巻第1号
米田庄太郎［1911b］「現代文明国における人口問題（其3）」『経済学商業学国民経済雑誌』第10巻第2号
米田庄太郎［1917］「女に子を生ます政策」『経済論叢』第4巻第1号（米田庄太郎［1920］『現代人口問題』弘文堂，所収）
米田庄太郎［1920］『現代人口問題』弘文堂
米田庄太郎［1921］『続 現代人口問題』弘文堂
米田庄太郎・小林照朗［1920］『日本社会学院調査部調査 現代社会問題研究 第12巻 婦人問題』冬夏社
米本昌平ほか［2000］『優生学と人間社会 生命科学の世紀はどこへ向かうのか』講談社
渡辺暁雄［1998］「米田庄太郎と優生学」『米田庄太郎の社会学』いなほ書房
『児童虐待防止に関する資料（謄写刷）』［地，所，年不明］
アダムズ, M. B. 編著（佐藤雅彦訳）［1998］『比較「優生学史」：独・仏・伯・露における「良き血筋を作る術」の展開』現代書館（原題：*The Wellborn Science: Eugenics in Germany, France, Brazil, and Russia*）
ヴェア, E. A.（住田和子・住田良仁訳）［2004］『環境教育の母：エレン・スワロウ・リチャーズ物語』東京書籍（原題：*Adventurous Spirit: A Story About Ellen Swallow Richards*）
エスピン・アンデルセン, G.（岡沢憲芙・宮本太郎監訳）［2001］『福祉資本主義の三つの世界：比較福祉国家の理論と動態』ミネルヴァ書房（原題：*The Three Worlds of Welfare Capitalism*）
ケヴルズ, D. J.（西俣総平訳）［1993］『優生学の名のもとに：「人類改良」の悪夢の百年』朝日新聞社（原題：*In the Name of Eugenics: Genetics and the Uses of Human Heredity*）
ミュルダール, G.（北川一雄監訳）［1963］『福祉国家を越えて―福祉国家での経済計画とその国際的意味関連―』ダイヤモンド社（原題：*Beyond the Welfare State : Economic Planning and its International Implications*）
ミュルダール, G.（山田雄三・佐藤隆三訳）［1967］『経済学説と政治的要素』春秋社

（原題： *The Political Element in the Development of Economic Theory*）

Berelson, Bernard (ed.) [1974] *Population Policy in Developed Countries*, New York.

Bok, Sissela [1991] *Alva Myrdal: A Daughter's Memoir*, Addison-Wesley Publishing.

Carlson, Allan [1990] *The Swedish Experiment in Family Politics: the Myrdals and the Interwar Population Crisis*, Transaction Publishers.

Darwin, Charles Robert [1901] *The Origin of Species*, London.

Dostaler, Gilles; Ethier, Diane and Lepage, Laurent (ed.) [1992] *Gunner Myrdal and His Works*, Harvast House.

Gauthier, Anne Hélène [1996] *The State and the Family: A Comparative Analysis of Family Policies in Industrialized Countries*, New York.

Hoem, Britta and Hoem, Jan M. [1996] "Sweden's Family Policies and Roller-coaster Fertility," *Journal of Population Problems*, Vol. 52, No. 3・4.

Hollingworth, Leta Stetter [1916] "Social Devices for Impelling Women to Bear and Rear Children", *The American Journal of Sociology*, July.

Kropotkin, Pyotr Alekseevich [1902] *Mutual Aid: A Factor of Evolution*, London.

Matsubara, Yoko [1998] "The Enactment of Japan's Sterilization Laws in the 1940s: A Prelude to Postwar Eugenic Policy," *Historia Scientiarum. Second Series: International Journal of the History of Science Society of Japan*, Vol. 8, No. 2.

Myrdal, Alva [1939] "A Program for Family Security in Sweden", *International Labor Review*, Vol. 39, No. 6.

Myrdal, Alva [1945] *Nation and Family: The Swedish Experiment in Democratic Family and Population Policy*, London.

Myrdal, Gunnar [1940] *Population: A Problem for Democracy*, Harvard University Press.

Myrdal, Gunnar [1967] *Objectivity in Social Research*, New York.

Myrdal, Gunnar [1972] "The Place of Values in Social Policy," *Journal of Social Policy*, Vol. 1, No. 1.

Otsubo, Sumiko [1999] "Feminist Maternal Eugenics in Wartime Japan," *U.S.-Japan Women's Journal. English Supplement: A Journal for the International Exchange of Gender Studies*, No. 17.

Otsubo, Sumiko and Batholomew, James R. [1998] "Eugenics in Japan: Some Ironies of Modernity, 1883-1945," *Science in Context* 11.

Takata, Yasuma [1931] "On the Differential Birth-rate by Classes," *Kyoto University Economic Review*, Vol. Ⅳ, No. 2.

Tim, Tilton [1991] *The Political Theory of Swedish Social Democracy*, Oxford: Clarendon Press.

あ と が き

　『人口・家族・生命と社会政策―日本の経験―』と題する本書は，ここ数年間に発表した論考を中心にとりまとめたものである。筆者は現在に至るまで実に多くの学恩を受けており，本書という形でこれまでの研究成果をまとめることができたのはその恵みによるところが大きい。

　何より，これまでの研究生活は玉井金五先生の存在なしに語ることはできない。研究の途を歩むきっかけとなったのは少子化問題への関心であり，それをテーマとした卒業論文に取り組む過程で進学に気持ちが傾いていったが，当時の指導教員こそが玉井先生であった。進路選択という大事な選択を前に，先生はとにかく眩しかった。それをもって玉井先生との出会いが決定的であったとしておくが，さらにいえば，先生には学部1年次の基礎演習からお世話になっており，実に10年来の恩師ということになる。今日に至るまでの先生の一方ならぬご指導に対して，心からお礼申し上げたい。

　他方で，学部・大学院を通じて在籍した大阪市立大学経済学部の諸先生方からは，講義の聴講や演習への参加を通じて様々なことを学ぶことができた。今日に至るまで，専門が異なる先生方のご助言や研究仲間との交流から，研究を進める上で多くの示唆をいただいてきている。大阪市立大学の充実した教育カリキュラム，学術情報総合センターをはじめとする恵まれた研究環境のなかで学生生活を送れたことにも今さらながら感謝している。

　さらに触れておくべきは，社会労働研究会のご恩である。1993年から続いている本研究会は，関西における社会政策の専門家集団の1つである。本会への参加は，狭くなりがちな研究の視野を広げるための貴重な機会であった。また，そこでの報告の折にいただいたご助言は，多数本書に活かされている。これまでお世話になってきている諸先生方と，共に学んでいる研究仲間に改めてお礼申し上げたい。

　一方，優生学に関する知識の習得という点では，松原洋子先生からの恩恵を

受けている。研究に対するご助言をいただいたほか,研究会への参加も許され,そのなかで優生学に関する知識を習得することができた。

　この場で言い尽くすことはできないが,さまざまなご恩を受けて今の自分がある。本書の出版を機に,改めてそのことを胸に刻んでおきたい。特に,昨今の厳しい出版事情のなか本書の刊行をお引き受けくださり,出版に至るまでの過程でも大変お世話になった法律文化社の代表取締役・田靡純子さまに厚くお礼申し上げる。

　末尾になるが,玉井先生の博士論文は『防貧の創造―近代社会政策論研究―』(啓文社,1992年)であった。その関連テーマで研究成果を発表できることは,一門下生として大きな喜びである。顧みて,玉井先生にめぐり会えたことをしみじみ有難く思っている。

　　平成21年12月

　　　　　　　　　　　　　　　　　　　　　　　　　　　杉田　菜穂

　付記:本書は,大阪市立大学経済学会木本基金による出版助成を受けて刊行される。
　　　このような機会に恵まれたことに,深く感謝している。

■ 初出一覧

　本書は既発表の論文を中心に構成しており，各章の初出論文および関連する論考は以下のとおりである。既発表のものは，本書に収録するにあたって必要な修正を施すとともに，初出の論文名を一部変更していることをお断りしておきたい。

　　序　章　　書き下ろし
　　第1章　　『経済學雑誌』第107巻第4号，2007年
　　第2章　　『経済學雑誌』第108巻第1号，2007年
　　第3章　　『経済學雑誌』第111巻第1号，2010年
　　第4章　　『経済學雑誌』第109巻第1号，2008年
　　第5章　　『経済學雑誌』第108巻第4号，2008年
　　第6章　　『経済學雑誌』第110巻第2号，2009年
　　第7章　　『経済學雑誌』第111巻第2号，2010年
　　第8章　　『経済學雑誌』第110巻第1号，2009年
　　第9章　　書き下ろし
　　終　章　　書き下ろし。関連する論考として「第五章 人口論」玉井金五・
　　　　　　佐口和郎編著『現代の社会政策　第1巻　戦後社会政策論』
　　　　　　明石書店，2010年刊行予定

関 連 年 表

年号	著書・論文等	学会・政府組織等	政策・運動等
1871			棄児養育米給与方
1874			恤救規則
1880			刑法
1897		社会政策学会	
1900			感化法
1908			改正感化法
1910	海野幸徳『日本人種改造論』 米田庄太郎「現代文明国における人口問題」		
1911	海野幸徳『興国策としての人種改造』		工場法
1913		日本社会学院	
1918	高田保馬『社会学的研究』		
1920	高田保馬『現代社会の諸研究』 米田庄太郎『現代人口問題』		第1回国勢調査
1922	海野幸徳「優生学と社会事業」		産児制限運動(サンガー来日) 少年法
1924	海野幸徳『児童保護問題』 海野幸徳『輓近の社会事業』	日本社会学会	
1925	高田保馬『階級及第三史観』 海野幸徳「児童の権利」		
1926	高田保馬『社会学大意』 戸田貞三『家族の研究』 戸田貞三「社会政策と連帯責任」		
1927	高田保馬『人口と貧乏』	人口食糧問題調査会 (内閣、〜1930年)	
1928	永井潜『産児制限論の批判』 戸田貞三「自然の人口と人工の人口」		
1929	高田保馬『社会雑記』 永井亨『日本人口論』		救護法
1931	海野幸徳『社会の偶像』 永井亨『人口論』(※合本) 戸田貞三『社会政策』		
1932	建部遯吾『優生学と社会生活』		
1933		財団法人人口問題研究会	児童虐待防止法 少年教護法
1934	Alva and Gunnar Myrdal, *Crisis in the Population Question* 高田保馬『貧者必勝』		
1935	高田保馬『民族の問題』	Population Commission, Sweden (〜1938年)	

281

1937			母子保護法
1938		厚生省	
1939	Alva Myrdal, "A Program for Family Security in Sweden"	人口問題研究所（厚生省）	
1940	大河内一男『社会政策の基本問題』 大河内一男『戦時社会政策論』 Gunnar Myrdal, Population: a Problem for Democracy		国民優生法 国民体力法
1941			人口政策確立要綱
1943		民族研究所（文部省）	
1946		人口問題懇談会（厚生省） 人口対策委員会（人口問題研究会内）	
1947			児童福祉法
1948		日本人口学会	優生保護法
1949		人口問題審議会（内閣、～1950年） 人口政策委員会（人口問題研究会内）	
1951	人口問題研究会『日本人口白書』	財団法人人口問題研究改組再発足	児童憲章
1952			家族計画普及運動（厚生省）
1953	海野幸徳『厚生学大綱—新科学としての社会事業学—』	人口対策委員会（人口問題研究会内） 人口問題審議会（厚生省） 日本家族計画連盟	新生活運動
1954		新生活指導委員会（人口問題研究会内） 日本家族計画連盟 日本家族計画普及会	
1955	永井亨「人口問題と新生活運動」		
1957	平凡社編『人口大事典』		
1958		人口学研究会（中央大学）	
1959	人口問題審議会『人口白書—転換期日本の人口問題—』		
1961			児童扶養手当法
1964		特殊法人社会保障研究所	母子福祉法
1965			母子保健法

1966			母子及び寡婦福祉法（母子福祉法の改正）
1968		財団法人家族計画国際協力財団	
1971			児童手当法
1972		人口研究所(駒澤大学)	勤労婦人福祉法
1978	日本人口学会『人口学研究』		
1979		人口研究所(日本大学)	
1985			男女雇用機会均等法（勤労婦人福祉法の改正）
1991		日本家族社会学会	育児休業法
1994			エンゼルプラン
1996		社会保障・人口問題研究所	母体保護法（優生保護法の廃止）
1999			男女共同参画社会基本法
2000			新エンゼルプラン 児童虐待防止法
2002	日本人口学会『人口大事典』		少子化対策プラスワン
2003			次世代育成支援対策推進法 少子化社会対策基本法
2004	内閣府『少子化社会白書』		

＊英語表記は、スウェーデン（第一章）に関わるもの。筆者作成。

事 項 索 引

あ 行

医　学 ……………………………190, 216
1.57ショック ……………………1, 2, 15
遺　伝 ………51, 131, 143, 144, 148, 155, 158, 164, 173
「産む・産まない」権利………………103
「産めよ，殖えよ」……8, 24, 25, 61, 163, 184, 236, 261,
嬰児殺し ……………………………………108
衛生学 ………………………………………190
大河内理論 ……………………………8, 81, 183

か 行

階　級 …30, 50, 61, 63, 64, 70, 80, 82, 83, 167, 181, 214
家族機能 ……………………………251, 252, 258
家族計画 ……9, 218, 219, 221, 226, 229～231, 250
家族社会学 ……………………6, 59, 60, 61
家族診断 ……………………………………251
家族政策 ………2～5, 8～10, 14, 15, 17, 22, 38, 57, 59, 87, 103, 104, 131, 162, 163, 211, 234～237, 247～249, 251～260
家族病理 ……………………………………251
家族福祉 …………………………252～256, 258
価値判断 ……………………………………176
感化法 ………7, 8, 134, 136, 137, 139, 144, 146, 147, 150, 154, 155
環　境 ………131, 144, 148, 150, 155, 158, 164, 192
企業福祉 ……………………………………231
逆淘汰 ……………………………56, 162, 192
救護法 ………………………………………100
境　遇 ………49, 51, 143, 144, 155, 158, 164, 173

協調会 …………………………………………9
共同社会 …………………………27, 30, 31, 181
経済学 ………………………………………190
刑事政策 …………………………134, 136, 154
現代文明の精神………………………………55
厚生学 ………5, 8, 163, 174～176, 179, 180
厚生省 ………………………………………29
国勢調査 ……………………………23, 24, 69
国民体力法 ……………………………104, 199
国民優生法 …………………57, 104, 171, 199, 203
個人生活 ………………………………73, 74
子どもの権利………… 7, 109, 129, 134, 137
米騒動 ……………………………23, 56, 189
婚　姻 ………28, 33, 63, 64, 80, 81, 97, 256

さ 行

産児制限　16, 29, 31, 86, 89, 192, 235, 241, 245
産児調節 ………66, 86, 88, 89, 92, 93, 192, 193, 203, 211, 217, 236
児童愛護 ……………………………………152
児童虐待 ……………………………108, 117
児童虐待防止法 …………4, 6～8, 98, 99, 102, 104～106, 111, 112, 117, 122, 123, 125, 126, 128～131, 134, 137, 138, 155, 158, 159
児童教護法案 ………………………………158
児童権 …………………………7, 108, 111, 134
児童憲章 ……………………………………111
児童社会政策 …5, 7, 10, 103, 109, 114, 129～132, 135, 162, 261
児童政策 ……4, 104, 112, 113, 130, 159, 162, 234, 258, 259
児童手当法 …………………………………253
児童の権利 ……………………………55, 109, 110
児童福祉法 ……7, 108, 110, 135, 134, 137, 158
児童扶助法案 …………………………………99, 100

児童保護 ……52, 100, 101, 103, 109, 113, 155
児童擁護協会 ………………………129, 130
社会改良 …49, 51, 52, 54, 164～166, 168, 169
社会学 ………………39, 91, 177, 180, 190
社会学的ないし生物学的人口論 ……………6, 90～93, 96, 98, 108
社会国家………………………………………57
社会事業 ……3, 6, 8, 44, 45, 49～52, 54, 56, 60, 71, 96, 97, 110, 162, 164～166, 168, 169, 172～174, 176, 181～183
社会事業学 ……5, 8, 51, 52, 163, 164, 169, 172, 174, 179, 180, 183
社会事業調査会 ……………………101, 122
社会主義 ………………………73, 165, 168
社会生活 …………72～75, 77, 176, 179, 180
社会生活論…………………………………81
社会政策
　――的人口政策………………192, 212～216
　予防的―― …………17, 21, 22, 33, 235, 260
社会政策論
　〈経済学〉系――…………………81, 182
　〈社会学〉系―― …3, 4, 80～82, 182, 261
社会的生活 …………………………46, 47
社会的生存……………………………………46
社会病理 ……………………………………56
社会福祉 ………………44, 182, 183, 251
社会保障研究所 ……………………………262
社会連帯論…………………………………81
受胎調節 ………203, 217～219, 231, 250, 262
恤救規則 …………………………………100
出生政策 ……………………………34, 256
少子化対策 ……………………………1, 232
少子化問題 …………………………1, 14, 15
少年教護法 …………5～8, 134, 135, 137～139, 144, 150, 152, 154, 155, 158, 159
少年教護協会 …………………………150
少年法 ………………………135, 137, 151, 154
女性政策 ……………………4, 234, 258, 259
女性保護 …………………………………102
親　権 …………………117, 129～132, 136, 158
人口（＝社会学的）史観 …………25, 26, 32
人口委員会 ………………17, 243, 246, 259

人口食糧問題調査会 ……7, 9, 24, 56, 89, 100, 102, 103, 182, 184, 185, 187～190, 199, 200, 212, 213, 216, 261, 262
人口政策委員会 ………………………200, 205
人口政策確立要綱 ………………29, 171, 199
人口対策委員会 ……204, 205, 207, 226, 262
人口置換水準 ……………………………250
人工妊娠中絶 ………203, 216～220, 231, 250, 260, 262
人口問題委員会 ……………………………248
人口問題研究会 ……182, 184, 188～190, 199, 200, 202, 204, 205, 207, 217, 220, 223, 225, 229～230, 262
人口問題研究所 ……29, 205, 207, 217, 220, 226, 229, 256, 262
人口問題懇談会 ……………………………200
人口問題審議会 ……203～205, 207, 217, 220, 262
人口問題同攻者会合 ……………………189
人口問題の危機 ………………………16, 17
新個人主義 …………………………169, 170, 174
人種改善………………………………………55
人種改造………………………………46～48
人種改良 ……………………………45, 164
新生活運動 ………5, 9, 211, 212, 216, 219, 220, 222, 226, 230～233, 250, 259, 262
新生活指導委員会 …………………220, 223
新マルサス主義 …………88, 236, 241, 245
新民法 ……………………………………251
心理学 ……………………………………177
人類学 ……………………………………190
生活政策 …………………………………3
生活設計 ……………9, 221, 226, 229, 230, 250
生活難 …………………………30, 47, 48
生存権 ……………………………32, 166, 181
生物学 ………………………………91, 177, 190
勢　力 ……………………………………82
　社会的―― …………………………27
勢力説 ……………………………………32
全国感化院長協議会 ………………144, 145

事項索引　287

た 行

大正・昭和初期人口論争 ………9, 29, 38, 56, 59, 61, 65, 81, 182, 185, 215, 261
力の欲望 …………………………26, 27, 55
地理学 ……………………………………190
統計学 ……………………………………190

な 行

日本感化教育会 …………………………150
日本鋼管 ……………………………222, 226, 229
日本社会学院 ……………………6, 7, 93, 96, 182
日本社会学会 ……………………………182
日本民族衛生学会 ………………………171
日本民族衛生協会 …………………171, 199

は 行

非行少年 …………………………………135
避　妊 ………………………46, 65, 88, 217, 257
　──具 ……………………………16, 89
　──法 ……………………………………89
福　祉 ……163, 173～175, 179～181, 236, 260
　──的対応 …………235, 246, 252, 255, 259
福祉国家 …………………………21, 57, 221, 247
不良児（少年） ………113, 136, 137, 143, 144, 146, 147, 150, 154, 155, 158
保健衛生調査会 …………………………112
母子扶助法 ………………………98, 100, 102
母子保健法 ………………………………253
母子保護法 ………………………98, 102, 104, 199
母性保護 …………………………………98, 250
　──論争 …………………………………98
母体保護 ……………………………212, 218

ま 行

間引き ……………………………………108
マルクス主義 ……………………………215
マルサス主義 ……………………………86
民族研究所 ………………………………31

や 行

薬事法 ………………………………202, 203
優　境 ……………………………7, 49, 96, 97, 98
　──学 ……………………………49, 96, 97, 164
優　生 ……………………33, 49, 97, 171, 263
　──学（ユーゼニックス） ……7, 21, 22, 39, 41, 42, 44, 45, 48～52, 55～57, 67, 87, 92, 95～97, 103, 104, 131, 134, 162, 170～173, 181, 190, 192, 198, 199, 216, 234, 246
優生思想 ……………………111, 162, 214, 235
優生政策 ………4, 21, 22, 33, 87, 171, 174, 193, 202, 234, 258, 259
　──的人口政策 ……………………192, 193
優生保護法 ……174, 202, 203, 212, 216, 217, 218, 219, 250, 258～260, 262, 263
養児保護 ……………………………117, 122

ら 行

利益社会 ………23, 27, 29, 31, 32, 180, 181
歴史人口学 ………………………………1
連帯責任 ……………………………6, 71, 72, 78
労働政策 ………………………3, 8, 81, 182, 257

人名索引

あ 行

荒川五郎 ……………………………150, 151
ヴィクセル ………………………………238
上田貞次郎 ………………………………189
海野幸徳 ……4～6, 8, 39, 45, 52, 59, 108, 162,
　　163, 165, 170, 174, 180～184
大河内一男 ……………………………8, 183
小田橋貞壽 ………………………………243

か 行

河上肇 ……………………………………25
北岡壽逸 …………………………………237
クチンスキー ……………………………238
倉橋惣三 …………………………………130
クロポトキン ……………………………170
河野和彦 …………………………………244

さ 行

三田谷啓 …………………………………110
篠崎信男 ……………………………226, 231

た 行

ダーウィン ………………………………170
高田保馬 ………4～6, 14, 24, 33, 34, 38, 39, 54,
　　56, 59, 62, 91
高橋義雄 …………………………………44
建部遯吾 …………………………91, 93, 96
戸田貞三 ……4, 6, 59～62, 64, 67～81, 205
　　～207

留岡幸助 ……………………………139, 140, 145

な 行

永井亨 ………5, 8, 9, 189, 192, 198, 212～213,
　　216, 219, 220, 225, 231, 232, 262
永井潜 ……………………………171, 192, 198, 199
那須皓 ……………………………………189
生江孝之 …………………………………110

は 行

福沢諭吉 …………………………………44
福田徳三 ……………………………192, 198
ブルクドェルファー ……………………238
穂積重遠 ……………………………122, 130, 131

ま 行

増田抱村 …………………………………245
マルクス ……………………25, 82, 215, 216, 260
マルサス ……25, 82, 91, 215, 216, 236, 260
ミュルダール夫妻 ……4, 5, 14, 16, 17, 20～22,
　　32～34, 38, 235～237, 243～246, 248～260
森岡正陽 …………………………………241
守屋榮夫 …………………………………99

や 行

柳沢保恵 …………………………………189
米田庄太郎 ………4, 6, 38～40, 42, 44, 55, 59,
　　91, 93, 96, 180

■著者紹介

杉田 菜穂（すぎた なほ）

1980年生まれ
2009年，大阪市立大学大学院経済学研究科後期博士課程修了（経済学博士）
現在，同志社大学政策学部講師

Horitsu Bunka Sha

2010年7月15日　初版第1刷発行

人口・家族・生命と社会政策
―日本の経験―

著　者　杉田菜穂
発行者　秋山　泰
発行所　株式会社　法律文化社
〒603-8053　京都市北区上賀茂岩ヶ垣内町71
電話 075(791)7131　FAX 075(721)8400
URL: http://www.hou-bun.co.jp/

©2010　Naho Sugita　Printed in Japan
印刷：㈱太洋社／製本：㈱藤沢製本
装幀　白沢　正
ISBN978-4-589-03264-5

久本憲夫・玉井金五編〔社会政策Ⅰ〕
ワーク・ライフ・バランスと社会政策　●3360円

現代の企業社会の諸問題—長期安定雇用，賃金処遇，査定と昇進，労働時間，男女共同参画，職業能力開発—と最賃について，歴史をふまえたうえで今日の到達点と課題を提示。精緻な労働運動史から社会政策の動態を知る。

玉井金五・久本憲夫編〔社会政策Ⅱ〕
少子高齢化と社会政策　●3150円

社会政策の全体像をバランスよく扱う基本書。社会保障の長い歩みを捉え，その経過を検証，危機的状況を打開する針路を示す。平等な社会がゆらぐなかで，大きな分岐に立たされる社会政策の現在を把握するのに最適。

河合克義著
大都市のひとり暮らし高齢者と社会的孤立　●5670円

東京港区と横浜鶴見区の大規模で精緻な調査報告。面接調査や日記，また親族・地域ネットワーク分析をとおして，生活実態と孤立状況を浮きぼりにし，その質と量を分析する。全市区町村別ひとり暮らし高齢者出現率など高齢社会対策に有用な資料を満載。

池田敬正・土井洋一編
日本社会福祉綜合年表　●12600円

社会福祉を中心に関連する領域を「前近代」「社会・生活」「思想・学術」「制度・政策」「施設・団体・運動」「専門職」「国際関係」「調査」の項目にわけて，古代から現代までを体系的にまとめた綜合年表。研究者・専門家必携の書。

〈シリーズ・新しい社会政策の課題と挑戦【全3巻】〉

〈今そこにある問題〉や〈新しく浮上してきた問題〉の本質を論究し，解決の道筋を描く。第Ⅰ部で歴史や理論を整理し，第Ⅱ部で日本の政策や事例をとりあげる。

●各3465円

1 社会的排除／包摂と社会政策　　　　福原宏幸編著
2 ワークフェア──排除から包摂へ?　　埋橋孝文編著
3 シティズンシップとベーシック・インカムの可能性　武川正吾編著

——法律文化社——

表示価格は定価（税込価格）です